回收检测误差与制造/再制造供应链优化

顾巧论　著

本研究得到教育部人文社会科学研究规划基金项目
（15YJA630018）资助

科学出版社

北　京

内 容 简 介

在制造/再制造供应链中，废旧产品的回收检测至关重要。在回收检测时，由于技术和非技术因素，可能产生检测误差。本书以废旧产品回收检测误差为切入点，针对检测误差率为零和非零两种情况，对有回收检测误差的制造/再制造供应链优化问题进行研究。书中首先介绍有检测误差的制造/再制造供应链；然后研究检测误差率为零的拆解计划优化、库存优化和线路优化等；最后研究检测误差率为非零的检测误差率优化控制、网络优化和定价策略等，并给出有质量检测的制造/再制造供应链新型模式。

本书可供从事与废旧产品回收检测有关的再制造、闭环物流及制造/再制造供应链研究的科研人员、管理类博士研究生和硕士研究生，以及在实践中涉及废旧产品回收检测的企业决策者参考。

图书在版编目（CIP）数据

回收检测误差与制造/再制造供应链优化/顾巧论著. —北京：科学出版社，2019.1

ISBN 978-7-03-060418-7

Ⅰ. ①回⋯ Ⅱ. ①顾⋯ Ⅲ. ①废品回收-误差分析 Ⅳ. ①F713.2

中国版本图书馆 CIP 数据核字（2019）第 012950 号

责任编辑：孙露露　张　星 / 责任校对：赵丽杰
责任印制：吕春珉 / 封面设计：东方人华平面设计部

科学出版社 出版
北京东黄城根北街 16 号
邮政编码：100717
http://www.sciencep.com

三河市骏杰印刷有限公司 印刷
科学出版社发行　　各地新华书店经销

*

2019 年 1 月第 一 版　　　开本：787×1092　16
2019 年 1 月第一次印刷　　印张：12 3/4
字数：300 000

定价：98.00 元
（如有印装质量问题，我社负责调换〈骏杰〉）

销售部电话 010-62136230　编辑部电话 010-62135763-2010

前　言

在有回收检测误差的制造/再制造供应链中，回收商负责从最终用户回收废旧产品，并对废旧产品进行检测，将检测后的"可再制造产品"（有检测误差Ⅰ）运送给制造/再制造商（或拆解中心），将"不可再制造产品"（有检测误差Ⅱ）进行废弃处理。如果拆解中心隶属于制造/再制造商，则制造/再制造商负责对"可再制造产品"进行拆解，拆解后将真正可再制造产品进行再制造，并将再制造产品和新产品一起在市场销售；制造/再制造商会将真正废弃产品进行废弃处理。如果拆解中心独立于制造/再制造商，则拆解中心负责对"可再制造产品"进行拆解，拆解后将真正可再制造产品运送给制造/再制造商，并将真正废弃产品进行废弃处理；而制造/再制造商对可再制造产品进行再制造，并将再制造产品和新产品一起在市场销售。

检测误差Ⅰ是指一定比率的不可再制造产品被检测为可再制造产品，即"可再制造产品"（用双引号标记）中包括一些不可再制造产品。该类检测误差率越高，表示会有越多的不可再制造的废旧产品被运输到制造/再制造商或拆解中心，并由拆卸中心进行拆卸，从而造成运输和拆解的费用增加。

检测误差Ⅱ是指一定比率的可再制造产品被检测为不可再制造产品，即"不可再制造产品"（用双引号标记）中包括一些可再制造产品。该类检测误差率越高，表示会有越多的可再制造的废旧产品被视为不可再制造的废旧产品。因此，会有更多的可再制造产品被浪费。

本书以废旧产品回收检测误差为切入点，针对检测误差率为零和非零两种情况，对有回收检测误差的制造/再制造供应链优化问题进行研究。具体内容如下：

第1章介绍有检测误差的IE-with制造/再制造供应链。主要分析废旧产品质量的形成因素及废旧产品质量的特点；给出废旧产品质量检测误差及检测误差率的概念；探讨IE-with制造/再制造供应链的定义和结构。

第2章研究基于RFID/EPC（radio frequency indentification/electronic product code，射频识别/电子产品代码）的IE-with制造/再制造供应链优化问题。主要分析RFID/EPC对逆向供应链的影响及RFID/EPC在逆向供应链中的应用。一是，考虑逆向供应链中应用RFID/EPC的监控成本和不确定性减少程度，采用博弈论方法，在有无RFID/EPC两种情况下，给出逆向供应链废旧产品回收数量的最优决策；二是，采用系统动力学方法研究RFID/EPC对逆向供应链的影响，构建有无RFID/EPC的逆向供应链系统动力学模型，依据仿真结果分析RFID/EPC对库存、服务水平和利润的影响；三是，考虑监控成本，利用系统动力学方法，根据消费市场供不应求、供过于求和供求相当3种情况，对逆向供应链中是否实施RFID/EPC进行仿真分析。依据仿真结果，当再制造产品需求量大于或等于废旧产品回收量时，可以在逆向供应链中实施RFID/EPC。

第3章研究基于再制造率的IE-with制造/再制造供应链优化问题。一是拆解计划优化，在由拆解中心和回收商组成的逆向供应链中，依据再制造率考虑有两个参数的拆解计划。利用系统动力学方法，通过对 5 种拆解方案（包括初始拆解方案）进行仿真，将初始拆解计划与其他 4 种拆解计划进行比较，得到了最优拆解计划。二是库存和备货计划优化，在制造/再制造供应链中，依据再制造率及再制造开始周期，应用系统动力学方法构建有生产中断的制造/再制造供应链系统动力学模型。基于仿真结果，分析生产中断不同恢复时间对销售速率的影响，进而给出在生产中断发生前设置多阶段库存水平及在生产中断发生后制订备货计划的新方法，以确保销售速率达到所需的销售比率。

第 4 章研究基于多种返回产品的 IE-with 制造/再制造供应链优化问题。主要考虑与单供应商（制造商）和多买方（零售商）组成的正向供应链在配送数量和时间上的匹配，研究由多供应商（零售商和第三方回收商）和单买方（制造商）组成的逆向供应链中的多种返回产品的整合运输问题，建立 0-1 混合整数规划模型。多种返回产品包括商业退货产品、租赁到期返回产品、使用寿命到期产品和生命周期到期产品。利用该模型并依据正向供应链中新产品的运输量和运输到达的时间，优化逆向供应链中多种返回产品的返回数量、时间及回收车辆路线等。

第 5 章研究 IE-with 制造/再制造供应链 IERs（inspection error rates，检测误差率）管理策略。针对回收商负责检测的情况，应用系统动力学方法建立有两种检测误差的再制造逆向供应链系统动力学模型。通过对有检测误差的再制造逆向供应链动态行为的仿真分析，探讨检测误差率对再制造商和回收商库存、利润及市场满足率的影响。通过检测误差率对市场满足率影响的仿真分析，给出检测误差率缩小的合理范围。

第 6 章研究 IE-with 制造/再制造供应链成本分担与 IERs 优化控制。考虑在由再制造商和回收商构成的逆向供应链中，回收商负责从最终消费者回收废旧产品，并对回收的废旧产品进行检测；随着检测误差率的降低，单位检测成本将增加，再制造商是否与回收商分担检测成本会影响双方的利润。通过建立逆向供应链系统动力学模型，可以对逆向供应链中的成本分担进行动态分析。依据数值仿真，分析不同的检测误差率和成本分担比例对再制造商和回收商利润的影响，并给出最优的分担比例，以确保再制造商和回收商的利润。

第 7 章研究目标导向的 IE-with 制造/再制造供应链 IERs 优化策略。构建有检测误差率和控制策略的逆向供应链系统动力学模型，考虑每种策略受投资和相应目标的约束，研究不同方案下 3 种典型的控制策略，通过仿真结果和灵敏度分析，给出最优的检测误差率和平均利润增长率。

第 8 章研究 IE-with 制造/再制造供应链 CDPD（collection-disassembly-production-distribution，回收-拆解-生产-配送）网络优化问题。构建由制造/再制造商、批发商、零售商（兼回收商）和拆解中心构成的、有检测误差的制造/再制造 CDPD 网络优化模型。基于检测误差率和检测费用的关系，通过数值算例，给出检测误差率降低时制造/再制造供应链 CDPD 网络最优方案。

第 9 章研究 IE-with 制造/再制造供应链定价策略。主要考虑检测误差率和单位检测成本，研究逆向供应链的定价决策。在由再制造商和回收商组成的逆向供应链中，回收商负责从废旧产品市场回收废旧产品，并对回收的废旧产品进行检测。为了减少检测误差率，回收商将增加更多投资，即单位检测成本将增加。基于检测误差率与单位检测成本之间的线性关系，利用博弈论方法，研究给出再制造商从回收商回收废旧产品的最优回收价格和回收商从废旧产品市场回收废旧产品的最优回收价格。

第 10 章提出 IE-with 制造/再制造供应链新型模式 R/MiSC&QC（R/M integrated supply chain and quality chain）。将 R/M（remanufacturing/manufacturing，再制造/制造）集成供应链与质量链相融合，分析 IE-with 制造/再制造供应链新型模式 R/MiSC&QC，给出 R/MiSC&QC 的定义和结构，并探讨 R/MiSC&QC 的特点和物联网环境下的运作方式；在分析相关文献的基础上，明确 R/MiSC&QC 优化的进一步研究内容，为后续研究奠定基础。

感谢教育部人文社会科学研究规划基金项目"有回收检测误差的制造/再制造最优生产决策研究"及天津市宣传文化"五个一批"人才项目对本书出版的支持。

感谢多年科研生涯中知遇的每位良师益友，感谢本书参考文献的每位专家学者，感谢辛勤付出和给予诸多宝贵建议的科学出版社每位编辑。

由于作者水平所限，书中内容有待完善之处在所难免，恳请各位读者批评指正。

顾巧论

2018 年 10 月 13 日于静心阁

目　　录

第 1 章　IE-with 制造/再制造供应链概述

在制造/再制造供应链中，废旧产品的质量具有不确定性。本章在分析废旧产品质量特点的基础上，给出废旧产品质量检测误差及检测误差率的概念，并给出有检测误差的制造/再制造供应链，即 IE-with（with inspection error）制造/再制造供应链的定义和结构。

1.1　废旧产品质量

对于出厂合格的新产品，其质量是确定的。当新产品在消费市场销售、经消费者使用后，新产品成为废旧产品等待回收处理。由于多种因素的影响，废旧产品的质量不容易确定。下面给出废旧产品质量的形成因素及废旧产品质量的特点。

1.1.1　废旧产品质量的形成因素

一件废旧产品的形成受多种因素影响，包括人为因素、环境因素、意外事件及产品因素，或这些因素的组合。例如，产品使用时间、意外损坏程度、闲置时间及场所等，这些因素决定了该废旧产品的质量，见表 1.1。

表 1.1　废旧产品质量的形成因素

因素		描述
人为因素	产品使用时间	通常情况下，产品使用时间越长，使用后废旧产品质量越差
	产品损坏程度	产品使用过程中，损坏越严重，使用后废旧产品质量越差
	产品闲置时间	虽然产品闲置不用，但闲置也会损耗产品。闲置时间越长，损耗程度越严重，形成的废旧产品的质量越差
环境因素	产品闲置场所	闲置产品放置场所不同，对产品的损耗程度有差异，形成的废旧产品质量也不同
意外事件	产品意外损坏程度	产品使用过程中，会由意外事件导致产品损坏。损坏越严重，使用后废旧产品质量越差
产品因素	产品本身质量问题	由于产品本身某部分的质量问题而召回的废旧产品，除了该部分质量问题之外，其余部分质量完好

1.1.2　废旧产品质量的特点

由于废旧产品质量的形成因素众多，因此废旧产品的质量具有不确定性：有的废旧产品回收后可直接再使用；有的废旧产品需要翻新、简单处理后才可使用；有的废旧产品只能经过拆解，之后，部分零部件再制造后组装成再制造产品，部分零部件用于产品维修，其余部分可用于材料级的循环利用，见表 1.2。

表 1.2 废旧产品质量的特点

再利用方式		质量
不需处理	可直接再使用	废旧产品整体质量好
翻新处理	需要翻新再使用	废旧产品整体质量较好
拆解	关键零部件再制造,用于生产再制造产品	废旧产品整体质量不好,但关键零部件可再制造,普通零部件可再使用,其余部分可用于循环材料
	普通零部件用于维修	
	材料级再循环	

其中,再使用主要是指回收的废旧产品质量完好,可以重新投放市场。租赁产品的到期返还和再租赁也属于再使用范畴;翻新再使用是指回收的废旧产品经过简单的翻新处理,质量达标后重新投放市场;再制造是一个将不能再用的产品恢复到“新”状态的过程,它通过一系列的处理,首先对废旧产品进行回收、检测/拆解,对可以用的零部件进行清洗、翻新或升级,然后通过重新组装(可能需要加进部分新的零部件),得到在性能上和寿命上等同于原来产品的再制造产品;再循环主要是指回收的废旧产品拆解后,对可以循环再利用的材料进行再循环。

1.2 废旧产品质量检测

在制造/再制造业中,废旧产品的回收占据非常重要的位置。然而,废旧产品的回收无论是在回收时间、回收数量,还是在回收产品质量上都具有高度不确定性。一般情况下,废旧产品的真实质量只有在拆解后才被揭晓,而拆解不但耗时,而且费用较高。因此,在废旧产品回收初期,即在拆解之前获得该废旧产品的质量信息可以有效减轻拆解工作量和降低拆解费用,即使这种初期质量信息不完全准确。这种废旧产品初期质量信息可由各个回收商使用快速检测分类技术获取。

1.2.1 废旧产品质量检测误差

在废旧产品质量检测过程中,由于技术和非技术的因素,质量检测可能产生检测误差(inspection error, IE)。回收商依据检测参照变量,将检测后认为可拆解再制造的“可再制造”废旧产品(“可再制造”加引号,表示其中有少量废旧产品在拆解后发现是不可再制造的,此处产生回收检测误差Ⅰ)运送至负责拆解的专业拆解中心或制造/再制造商,将检测后认为不可拆解再制造的“不可再制造”废旧产品(“不可再制造”加引号,表示其中有些废旧产品其实是可再制造的,此处产生回收检测误差Ⅱ)进行废弃处理。

1.2.2 检测误差率

与检测误差相对应,检测误差率(inspection error rates, IERs)有以下两类。

第Ⅰ类是,一定比率的不可再制造产品被检测为可再制造产品,即“可再制造产品”(用双引号标记)中包括一些不可再制造产品。该类检测误差率越高,表示更多的不可再制造的废旧产品被运输到制造/再制造商或拆解中心，并由拆解中心进行拆解，从而造成运输和拆解的费用增加。

第Ⅱ类是，一定比率的可再制造产品被检测为不可再制造产品，即"不可再制造产品"（用双引号标记）中包括一些可再制造产品。该类检测误差率越高，说明更多的可再制造的废旧产品被视为不可再制造的废旧产品。因此，有更多的可再制造产品被浪费。

近年来，已经有一些研究成果用于评估废旧产品的质量（Blackburn et al.，2004），这种评估是在拆解之前，从而避免了拆解费用过于昂贵。例如，RFID（radio frequency identification，射频识别）技术已经被用在车辆生命周期结束后零部件的回收利用中（Parlikad et al.，2010）。随着物联网技术的日趋成熟，物联网在供应链管理中也得到了应用，通过物联网或其他平台对废旧产品是否可再制造进行快速评估和分类在技术上是可行的（Atzori et al.，2010）。

1. 检测误差率为零

检测误差率为零是废旧产品质量检测的理想状态。其实，这种状态不容易达到，但有时确有研究的必要。例如，关于废旧产品分类检测无差错问题，Galbreth 等（2006）针对确定需求和随机需求建立了定量模型，为独立再制造商解决最优获取和分类策略。再制造商从第三方回收商获取未分类的、不同质量的废旧产品，然后进行分类以便再制造或废弃。研究假设分类操作准确无误。Zikopoulos 等（2007）考虑由一个再制造商和两个回收商构成的逆向供应链，废旧产品从消费者获取，再制造商对废旧产品进行分类和再制造，研究了集中决策和随机需求情况下的最优获取和生产量。Galbreth 等（2010）拓展了之前的工作，研究了当回收的废旧产品质量有高度不确定性时的最优获取量问题。Teunter 等（2011）研究了从第三方回收商获取未分类的废旧产品的情况。获取后，再制造商进行无差错分类。在集中决策情形，考虑废旧产品的不同质量等级，给出了确定需求和随机需求的最优获取和再制造策略。

2. 检测误差率为非零

检测误差率为非零是废旧产品质量检测的常态。这种检测误差对制造/再制造供应链的影响不言而喻，也是众多专家学者的研究课题。例如，关于废旧产品分类检测有差错问题，Zikopoulos 等（2008）考虑由一个再制造商和一个回收商构成的逆向供应链。其中，废旧产品拆解和再制造前已经过简单但有差错的分类处理，这种快速分类是由再制造商完成的。研究给出集中决策情况下最优的获取和再制造量。Wassenhove 等（2010）对由一个再制造商和多个相互独立的回收商构成的逆向供应链进行了研究。在各回收点，回收商按照再制造商提供的列表对回收的废旧产品进行分级和分类。由于废旧产品的质量状况被高估，分类（分级和分类）会产生差错，研究给出了集中决策情况下再制造商最优的获取决策。

本书将针对废旧产品检测误差率为零和非零两种情况，研究 IE-with 制造/再制造供应链优化问题。

1.3 IE-with 制造/再制造供应链的定义和结构

1.3.1 IE-with 制造/再制造供应链的定义

制造/再制造供应链包括正向供应链和逆向供应链。在逆向供应链中，废旧产品的回收检测是由回收商完成的，回收商检测废旧产品质量的过程如图 1.1 所示。首先，回收商从废旧产品市场回收废旧产品；然后，回收商依据检测参照变量对回收的废旧产品进行检测；最后，回收商将"可再制造产品"（有回收检测误差Ⅰ）运送到拆解中心（或制造/再制造商）进行拆解和再制造，将"不可再制造产品"（有回收检测误差Ⅱ）进行废弃处理。

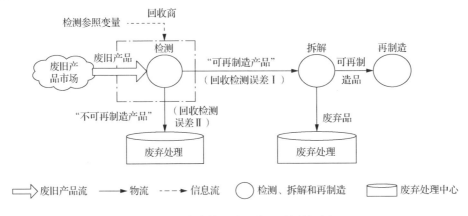

图 1.1 回收商检测废旧产品质量的过程

依据回收商检测废旧产品质量的过程，IE-with 制造/再制造供应链可定义为：包括正向供应链和逆向供应链，且逆向供应链中回收的废旧产品经质量检测后产生检测误差的供应链。

1.3.2 IE-with 制造/再制造供应链的结构

1. 拆解中心隶属于制造/再制造商

拆解中心隶属于制造/再制造商的 IE-with 制造/再制造供应链结构如图 1.2 所示，其中包括回收商和制造/再制造商两个成员，拆解是由制造/再制造商负责完成的。回收商负责从废旧产品市场回收废旧产品，并对废旧产品进行检测，然后将检测后的"可再制造产品"（有检测误差Ⅰ）运送给制造/再制造商，将"不可再制造产品"（有检测误差Ⅱ）进行废弃处理。制造/再制造商负责对"可再制造产品"进行拆解，拆解后将真正可再制造的零部件进行再制造，并将再制造产品和新产品一起在新/再制造产品市场销售。对于真正废弃产品，制造/再制造商进行废弃处理。

由于制造/再制造商的生产能力是有限制的，因此再制造产品和新产品的生产计划相互关联。在图 1.2 中废旧产品的回收数量、"可再制造产品"的数量、可再制造产品的数量都将影响再制造产品生产量,从而影响新产品的生产计划。

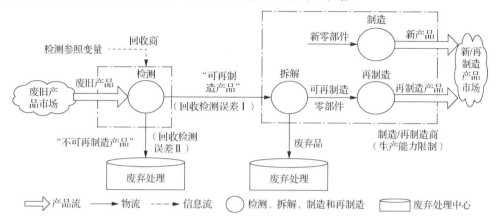

图 1.2　拆解中心隶属于制造/再制造商的 IE-with 制造/再制造供应链结构

该结构的 IE-with 制造/再制造供应链关键问题如下。

1)有回收检测误差的制造/再制造回收-生产-配送网络优化模型

针对不同的废旧产品检测参照变量,构建有检测误差的制造/再制造回收-生产-配送网络优化模型。该类模型主要是针对多个回收商和多个制造/再制造商组成的供应链,研究制造/再制造商生产能力受限的 IE-with 制造/再制造供应链回收-生产-配送网络优化模型,为回收商、制造/再制造商降低物流费用提供帮助。

2)有回收检测误差的制造/再制造回收-生产计划长期行为分析

针对不同的废旧产品检测参照变量,构建图 1.2 所示的回收商和制造/再制造商之间的检测、拆解和再制造过程系统动力学模型,研究有检测误差的制造/再制造回收-生产计划长期行为,分析检测误差对制造/再制造回收-生产计划长期行为的影响,为回收商、制造/再制造商制订多周期回收-生产计划提供理论依据。

3)有回收检测误差的制造/再制造协调机制

当制造/再制造商负责拆解废旧产品时,在制造/再制造商和回收商之间就形成了合约关系。鉴于制造/再制造商生产能力的限制,研究有回收检测误差的制造/再制造协调机制,主要是依据检测参照变量,制订有检测误差的单周期随机需求的可再制造产品供应量和再制造产品生产量之间的协调机制、多周期随机需求的可再制造产品供应量和再制造产品生产量之间的协调机制、多个回收商单周期随机需求的可再制造产品供应量和再制造产品生产量之间的协调机制,以及相关的定价策略等。

面对不同的约束条件,如由于检测误差 I 的存在,当回收商运送给制造/再制造商的"可再制造产品"经拆解后真正可再制造产品数量不能满足需求时,则需要支付罚金;当面对随机需求而出现过剩的真正可再制造产品时,则直接填埋或销售到另一市场,可再制造产品供应量和再制造产品生产量之间需要相应的协调机制。适宜的协调机制及相关定价策略可减少拆解负担、降低费用和提高整体利润。

2. 拆解中心独立于制造/再制造商

拆解中心独立于制造/再制造商的 IE-with 制造/再制造供应链结构如图 1.3 所示，其中包括回收商、拆解中心和制造/再制造商 3 个成员，拆解由专业拆解中心负责完成。这里，回收商负责从废旧产品市场回收废旧产品，并对废旧产品进行检测，然后将检测后的"可再制造产品"（有检测误差Ⅰ）运送给专业拆解中心，将"不可再制造产品"（有检测误差Ⅱ）进行废弃处理。专业拆解中心负责对"可再制造产品"进行拆解，拆解后将真正可再制造产品运送给制造/再制造商。对于真正废弃产品，专业拆解中心进行废弃处理。制造/再制造商对可再制造产品进行再制造，并将再制造产品和新产品一起在新/再制造产品市场销售。

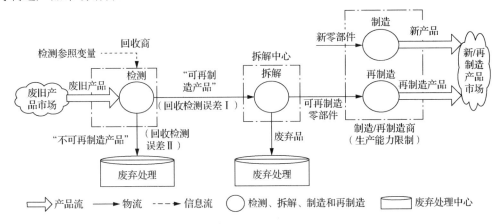

图 1.3 拆解中心独立于制造/再制造商的 IE-with 制造/再制造供应链结构

由于拆解是由独立于制造/再制造商的专业拆解中心完成的，制造/再制造商需要从拆解中心获取可再制造零部件，因此该获取量会影响到再制造产品的生产数量。由于制造/再制造商生产能力是有限制的，再制造产品和新产品的生产计划相互关联，因此制造/再制造商从拆解中心获取的可再制造零部件数量也影响新产品生产数量。

该结构的 IE-with 制造/再制造供应链关键问题如下。

1）有回收检测误差的制造/再制造回收-拆解-生产-配送网络优化模型

针对不同的废旧产品检测参照变量，构建有检测误差的制造/再制造回收-拆解-生产-配送网络优化模型。该类模型主要是针对多个回收商、多个拆解中心和多个制造/再制造商组成的供应链，研究制造/再制造商生产能力受限的 IE-with 制造/再制造供应链回收-拆解-生产-配送网络优化模型，为回收商、拆解中心和制造/再制造商降低物流费用提供帮助。

2）有回收检测误差的制造/再制造回收-拆解-生产计划长期行为分析

针对不同的废旧产品检测参照变量，构建图 1.3 所示的检测、拆解和再制造过程系统动力学模型，研究有检测误差的制造/再制造回收-拆解-生产计划长期行为，分析检测误差对制造/再制造回收-拆解-生产计划长期行为的影响，为回收商、拆解中心和制造/再制造商制订多周期回收-拆解-生产计划提供理论依据。

3）多重合约下有回收检测误差的制造/再制造协调机制

当专业拆解中心以独立于制造/再制造商的身份完成废旧产品的拆解时，不仅在制造/再制造商和拆解中心之间有合约关系，拆解中心和回收商之间也需要合约关系。此时双重合约使三方的协调比较复杂。这里，主要是依据检测参照变量，制订有检测误差的单周期"可再制造产品"供应量、可再制造零部件和再制造产品生产量之间的协调机制、多个回收商单周期随机需求的"可再制造产品"供应量、可再制造零部件和再制造产品生产量之间的协调机制，等等。

本书将基于以上两种结构中的部分关键问题，对 IE-with 制造/再制造供应链的优化展开研究。

1.4　本　章　小　结

IE-with 制造/再制造供应链包括正向供应链和逆向供应链。在逆向供应链中，废旧产品回收检测有两种检测误差：检测误差 I 和检测误差 II。本章分析了废旧产品质量的形成因素及废旧产品质量的特点，给出了废旧产品检测误差及检测误差率的概念，探讨了 IE-with 制造/再制造供应链的定义和结构，为本书研究内容奠定了基础。本书将以废旧产品回收检测误差为切入点，研究 IE-with 制造/再制造供应链的优化问题。

参　考　文　献

ATZORI L, IERA A, MORABITO G, 2010. The internet of things: a survey [J]. Computer networks, 54(15): 2787-2805.

BLACKBURN J D, GUIDE V D R, SOUZA G C, et al., 2004. Reverse supply chains for commercial returns [J]. California management review, 46(2): 6-22.

GALBRETH M R, BLACKBURN J D, 2006. Optimal acquisition and sorting policies for remanufacturing [J]. Production and operations management, 15(3): 384-392.

GALBRETH M R, BLACKBURN J D, 2010. Optimal acquisition quantities in remanufacturing with condition uncertainty [J]. Production and operations management, 19(1): 61-69.

PARLIKAD A K, MCFARLANE D, 2010. Quantifying the impact of AIDC technologies for vehicle component recovery [J]. Computers and industrial engineering, 59(2): 296-307.

TEUNTER R H, FLAPPER S D P, 2011. Optimal core acquisition and remanufacturing policies under uncertain core quality fractions [J]. European journal of operational research, 210(2): 241-248.

WASSENHOVE L N V, ZIKOPOULOS C, 2010. On the effect of quality overestimation in remanufacturing [J]. International journal of production research, 48(18): 5263-5280.

ZIKOPOULOS C, TAGARAS G, 2007. Impact of uncertainty in the quality of returns on the profitability of a single-period refurbishing operation [J]. European journal of operational research, 182(1): 205-225.

ZIKOPOULOS C, TAGARAS G, 2008. On the attractiveness of sorting before disassembly in remanufacturing [J]. IIE transactions, 40(3): 313-323.

第2章 基于 RFID/EPC 的 IE-with 制造/再制造供应链优化

RFID/EPC（radio frequency identification/electronic product code，射频识别/电子产品代码）可以帮助实现对制造/再制造供应链每个环节的实时监控。假定通过实时监控获得的废旧产品质量误差率可以忽略不计，本章研究基于 RFID/EPC 的 IE-with 制造/再制造供应链优化策略，研究侧重于 IE-with 制造/再制造供应链中的逆向供应链，包括 3 个要点：一是，RFID/EPC 对 IE-with 制造/再制造供应链最优决策影响的研究。研究给出有无 RFID/EPC 两种情况下废旧产品回收数量的最优决策，并分析监控成本和不确定性减少程度对最优决策的影响。二是，RFID/EPC 对 IE-with 制造/再制造供应链影响的仿真分析。通过构建系统动力学模型，应用仿真工具 Vensim 5.10 对有无 RFID/EPC 的两种逆向供应链进行仿真，分析 RFID/EPC 对 IE-with 制造/再制造供应链的影响。三是，RFID/EPC 在 IE-with 制造/再制造供应链中的应用。考虑到监控成本，应用系统动力学方法，针对供不应求、供过于求和供求相当 3 种情况，对 RFID/EPC 在逆向供应链中的实施情况进行仿真分析，给出 RFID/EPC 实施的条件。

2.1 RFID/EPC 对 IE-with 制造/再制造供应链最优决策的影响

2.1.1 引言

在由制造商和零售商构成的逆向供应链中，零售商负责从最终消费者处回收废旧产品，制造商负责对回收的废旧产品进行再制造。逆向供应链的总利润来自于以下过程：从最终消费者处回收废旧产品，将回收的废旧产品再制造成再制造产品，然后，把再制造产品销售到消费市场。显然，回收废旧产品的数量是逆向供应链总利润的关键因素。然而，回收废旧产品的数量是不确定的，这个不确定性将会导致逆向供应链总利润的损失。

RFID 是一种新兴的技术，近年来越来越多的行业，尤其是供应链行业对 RFID 的兴趣越来越大（Johansson et al.，2009）。RFID/EPC 可以帮助实现对供应链大多数环节的实时监控，从产品设计、原材料采购、生产、运输、仓储、配送、销售半成品和产品、退货处理到售后服务（Atzori et al.，2010）。一个 RFID 标签是通过储存在内存中的 EPC 唯一识别的，而且 RFID 能够关联到大多数事物（Chatziantoniou et al.，2011）。因此，实时信息将有助于减少回收废旧产品数量和质量的不确定性，即 RFID/EPC 将影响到逆向供应链中回收废旧产品数量的最优决策。

本节将给出逆向供应链中回收旧产品数量的最优决策，并分析 RFID/EPC 对最优决策的影响。内容安排如下：2.1.2 节将回顾关于 RFID 和 EPC 技术在供应链管理中的相关文献；2.1.3 节将研究在有无 RFID/EPC 两种情况下逆向供应链的最优决策；2.1.4 节将分析 RFID/EPC 对最优决策的影响；2.1.5 节将给出数值算例；2.1.6 节将对 2.1 节的研究进行总结。

2.1.2　文献回顾

关于 RFID/EPC 在供应链管理中的应用，Lee 等（2009）提出了一种遗传算法用来确定回收点位置，以便最大限度地覆盖消费者，还建议使用 RFID 计算在回收点回收的废旧产品的数量，并将信息发送到回收中心。Gaukler 等（2010）考虑了由一个制造商和一个零售商组成的供应链，在不同的场景下，展示了如何将物品 RFID 的成本在供应链伙伴之间分配，从而使供应链利润得到优化。Tong 等（2010）在假设市场需求预测精度随交货提前期变化及制造商承担 RFID 标签成本的前提下，研究了交货提前期压缩对供应链成员利润的影响。Jakkhupan 等（2011）运用仿真技术把 RFID 系统引入供应链中，通过基于情景的仿真，对供应链过程重组和 EPC 信息流进行评估。为了在支持 RFID 的大规模供应链中有效地跟踪带 RFID 标签的产品，Ko 等（2011）设计了一种产品跟踪系统。该系统可以与 EPC 网络协作，用于供应链中 RFID 数据管理的网络服务。

本节将在 RFID/EPC 能够减少逆向供应链中回收废旧产品数量的不确定性的假设下，研究废旧产品回收数量的最优决策（Gu et al.，2011a）。

2.1.3　最优决策

此处最优决策包括不使用 RFID/EPC 和使用 RFID/EPC 两种情况下，废旧产品回收数量的最优决策。

1.　无 RFID/EPC 时的最优决策

在这种情况下，逆向供应链如图 2.1 所示。

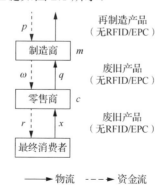

图 2.1　无 RFID/EPC 时的逆向供应链

在该逆向供应链中，零售商（兼回收商）从最终消费者处回收废旧产品。因为回收的废旧产品的数量不确定，假设废旧产品的回收量 x 是一个服从正态分布 $N(\mu, \sigma^2)$ 的随机变量。制造商从零售商回收所有回收的废旧产品，对这些废旧产品进行再制造使其形成再制造产品，并将再制造产品在市场销售。

图 2.1 中的符号描述如下。

p：再制造产品的单位销售价格。

ω：制造商从零售商处回收废旧产品的单位回收价格。

r：零售商从最终消费者处回收废旧产品的单位回收价格。

x：废旧产品的回收量。

c：废旧产品的单位运营成本，包括零售商管理成本和持有成本。

q：零售商应为制造商提供的回收废旧产品的数量，是决策变量。

m：废旧产品单位再制造成本，包括制造商的拆解成本和持有成本。

此外，本节还将使用下面的符号。

w：当回收的废旧产品的数量小于 q 时的单位损失。

α：制造商分担单位损失 w 的比例。

$f(\cdot)$：x 的正态密度函数。

$F(\cdot)$：x 的正态分布函数。

$\Pi_R(q)$ 和 $\Pi_S(q)$：零售商利润和逆向供应链的总利润。

$E[\Pi_R(q)]$ 和 $E[\Pi_S(q)]$：零售商期望利润和逆向供应链总利润的期望值。

1）零售商独立决策

此时，零售商的利润可描述为

$$\Pi_R(q) = (\omega - r - c)q - (\omega - r - c + (1 - \alpha)w)(q - x)^+ \tag{2.1}$$

零售商利润的期望值为

$$E[\Pi_R(q)] = (\omega - r - c)q - (\omega - r - c + (1 - \alpha)w)\int_0^q (q - x)f(x)\mathrm{d}x \tag{2.2}$$

用 q_R^* 表示当零售商独立决策时废旧产品的最优回收数量。由式（2.2）容易得出：

$$F(q_R^*) = \frac{\omega - r - c}{\omega - r - c + (1 - \alpha)w} \tag{2.3}$$

用 $\phi(\cdot)$ 表示标准正态密度函数，$\Phi(\cdot)$ 表示标准正态分布函数。因为 x 服从正态分布 $N(\mu, \sigma^2)$，$(x - \mu)/\sigma$ 服从标准正态分布 $N(0,1)$，所以，

$$F(q_R^*) = \Phi\left(\frac{q_R^* - \mu}{\sigma}\right) \tag{2.4}$$

从式（2.3）和式（2.4）可得出 q_R^*：

$$q_R^* = \mu + \sigma\Phi^{-1}\left(\frac{\omega - r - c}{\omega - r - c + (1 - \alpha)w}\right) \tag{2.5}$$

2）制造商集中决策

此时，制造商负责为整个逆向供应链制订决策。逆向供应链的总利润可描述为

$$\Pi_S(q) = (p - m - r - c)q - (p - m - r - c + w)(q - x)^+ \tag{2.6}$$

逆向供应链总利润的期望值为

$$E[\Pi_S(q)] = (p - m - r - c)q - (p - m - r - c + w)\int_0^q (q - x)f(x)\mathrm{d}x \tag{2.7}$$

用 q_S^* 表示当制造商做决策时废旧产品的最优回收数量，则容易从式（2.7）得出：

$$F(q_S^*) = \frac{p-m-r-c}{p-m-r-c+w} \tag{2.8}$$

进一步，可得

$$q_S^* = \mu + \sigma\varPhi^{-1}\left(\frac{p-m-r-c}{p-m-r-c+w}\right) \tag{2.9}$$

2. 有 RFID/EPC 时的最优决策

在这种情况下，逆向供应链如图 2.2 所示。

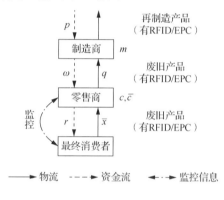

图 2.2　有 RFID/EPC 时的逆向供应链

在该逆向供应链中，零售商（兼回收商）从最终消费者处回收废旧产品，通过使用 RFID/EPC 技术和实时信息，零售商能够监控最终消费者产品的状态，单位监控成本是 $\bar{c}$。监控能减少回收废旧产品数量的不确定性。因此，可以假设废旧产品回收量 $\bar{x}$ 是一个服从正态分布 $\bar{N}((1+\beta)\mu, (\theta\sigma)^2)$ 的随机变量，这里 $0 \leqslant \beta \leqslant 1$，$0 \leqslant \theta \leqslant 1$，$\theta$ 是不确定性减少程度。制造商回收零售商回收的所有废旧产品，通过再制造形成再制造产品，并把再制造产品销售到市场。

1）零售商独立决策

此时，零售商的利润可描述为

$$\varPi_R(q) = (\omega - r - c - \bar{c})q - (\omega - r - c - \bar{c} + (1-\alpha)w)(q - \bar{x})^+ \tag{2.10}$$

零售商利润的期望值为

$$E[\varPi_R(q)] = (\omega - r - c - \bar{c})q - (\omega - r - c - \bar{c} + (1-\alpha)w)\int_0^q (q - \bar{x})f(\bar{x})\mathrm{d}\bar{x} \tag{2.11}$$

用 $\bar{q}_R^*$ 表示当零售商独立决策时废旧产品的最优回收数量。由式（2.11）可得出：

$$F(\bar{q}_R^*) = \frac{\omega - r - c - \bar{c}}{\omega - r - c - \bar{c} + (1-\alpha)w} \tag{2.12}$$

因为 $\bar{x}$ 服从正态分布 $\bar{N}((1+\beta)\mu, (\theta\sigma)^2)$，$(\bar{x} - (1+\beta)\mu)/(\theta\sigma)$ 服从标准正态分布 $N(0,1)$，所以，

$$F(\bar{q}_R^*) = \varPhi\left(\frac{\bar{q}_R^* - (1+\beta)\mu}{\theta\sigma}\right) \tag{2.13}$$

从式（2.12）和式（2.13）可以得出 $\bar{q}_R^*$：

$$\bar{q}_R^* = (1+\beta)\mu + \theta\sigma\Phi^{-1}\left(\frac{\omega-r-c-\bar{c}}{\omega-r-c-\bar{c}+(1-\alpha)w}\right) \qquad (2.14)$$

2）制造商集中决策

此时，制造商为整个逆向供应链制订决策。逆向供应链的总利润可描述为

$$\Pi_S(q) = (p-m-r-c-\bar{c})q - (p-m-r-c-\bar{c}+w)(q-\bar{x})^+ \qquad (2.15)$$

逆向供应链总利润的期望值为

$$E[\Pi_S(q)] = (p-m-r-c-\bar{c})q - (p-m-r-c-\bar{c}+w)\int_0^q (q-\bar{x})f(\bar{x})\mathrm{d}\bar{x} \qquad (2.16)$$

用 $\bar{q}_S^*$ 表示当制造商做决策时废旧产品的最优回收数量，则容易从式（2.16）得出：

$$F(\bar{q}_S^*) = \frac{p-m-r-c-\bar{c}}{p-m-r-c-\bar{c}+w} \qquad (2.17)$$

进一步，可得

$$\bar{q}_S^* = (1+\beta)\mu + \theta\sigma\Phi^{-1}\left(\frac{p-m-r-c-\bar{c}}{p-m-r-c-\bar{c}+w}\right) \qquad (2.18)$$

2.1.4 RFID/EPC 对最优决策的影响分析

用 α^* 表示在没有 RFID/EPC 的逆向供应链中制造商和零售商分担单位损失 w 的最优分担比例，而 $\bar{\alpha}^*$ 表示在有 RFID/EPC 的逆向供应链中制造商和零售商分担单位损失 w 的最优分担比例。

命题 1：$\alpha^* < \bar{\alpha}^*$。

证明：在没有 RFID/EPC 的逆向供应链中，为使零售商的利润最大化，q_R^* 应该等于 q_S^*。由式（2.5）和式（2.9）可得

$$\alpha^* = \frac{p-m-\omega}{p-m-r-c} \qquad (2.19)$$

在有 RFID/EPC 的逆向供应链中，为使零售商的利润最大化，$\bar{q}_R^*$ 应该等于 $\bar{q}_S^*$。由式（2.14）和式（2.18）可得

$$\bar{\alpha}^* = \frac{p-m-\omega}{p-m-r-c-\bar{c}} \qquad (2.20)$$

考虑到 $\bar{c} \geq 0$，故由式（2.19）和式（2.20）得出 $\alpha^* < \bar{\alpha}^*$。

命题 1 表明：如果零售商使用 RFID/EPC 监控逆向供应链上废旧产品的状况，则制造商应该分担更大比例的单位损失。

由式（2.9）和式（2.18）容易得到命题 2。

命题 2：若 RFID/EPC 被应用在逆向供应链中，则监控成本 $\bar{c}$ 对最优回收数量有如下影响：

（1）如果 $\Phi^{-1}\left(\dfrac{\gamma-\bar{c}}{\gamma+w-\bar{c}}\right) \geq \left(\sigma\Phi^{-1}\left(\dfrac{\gamma}{\gamma+w}\right)-\beta\mu\right)\Big/(\theta\sigma)$，则 $\bar{q}_S^* \geq q_S^*$；

（2）如果 $\Phi^{-1}\left(\dfrac{\gamma-\overline{c}}{\gamma+w-\overline{c}}\right)<\left(\sigma\Phi^{-1}\left(\dfrac{\gamma}{\gamma+w}\right)-\beta\mu\right)\Big/(\theta\sigma)$，则 $\overline{q}_S^*<q_S^*$。

这里，$\gamma=p-m-r-c$。

命题 2 表明：由于监控成本会影响最优回收数量，因此即使 RFID/EPC 可以降低回收数量的相对不确定性，制造商和零售商也应该更加关注监控成本。

2.1.5　数值算例

本节将通过一个数值算例来说明 $\overline{c}$ 和 θ 对废旧产品最优回收数量的影响。

在这个例子中，假设市场上有一类废旧产品，其单位回收价格 r 是 80 元，单位销售价格 p 是 300 元，单位利润损失 w 是 200 元。此外，$m=50$，$c=20$，$\beta=0.1$，$\omega=100$，$x\sim N(1200,400^2)$。

1. $\overline{c}$ 对废旧产品最优回收数量的影响

$\overline{c}$ 对废旧产品最优回收数量的影响如图 2.3 所示，这里 $\theta=0.3$。从图 2.3 中不难发现，如果 $\overline{c}\leqslant138.4$，那么 $\overline{q}_S^*\geqslant q_S^*$；如果 $\overline{c}>138.4$，那么 $\overline{q}_S^*<q_S^*$。也就是说，$\overline{c}$ 不应该大于 138.4 元$\left[\text{该值来自}\Phi^{-1}\left(\dfrac{\gamma-\overline{c}}{\gamma+w-\overline{c}}\right)\geqslant\left(\sigma\Phi^{-1}\left(\dfrac{\gamma}{\gamma+w}\right)-\beta\mu\right)\Big/(\theta\sigma)\right]$。

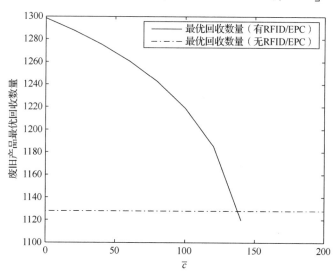

图 2.3　$\overline{c}$ 对废旧产品最优回收数量的影响

2. θ 对废旧产品最优回收数量的影响

θ 对废旧产品最优回收数量的影响如图 2.4 所示，这里 $\overline{c}=100$。从图 2.4 中可以发现，当 θ 减少时，废旧产品最优回收数量将会增加。也就是说，不确定性越小，最优回收数量越大。

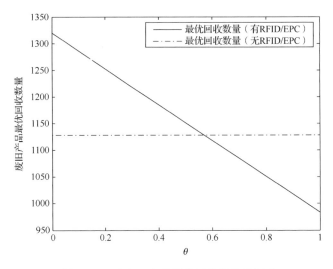

图 2.4　θ 对废旧产品最优回收数量的影响

2.1.6　结论

在逆向供应链中，监控成本 $\bar{c}$ 和不确定性减少程度 θ 是与 RFID/EPC 相关的重要因素。为分析 RFID/EPC 对最优决策的影响，在有无 RFID/EPC 两种情况下，本节首先给出了有无 RFID/EPC 的逆向供应链废旧产品回收数量的最优决策，以及有无 RFID/EPC 时制造商和零售商对单位损失的最优分担比例；然后，通过算例分析 $\bar{c}$ 和 θ 对最优回收数量的影响。

2.2　RFID/EPC 对 IE-with 制造/再制造供应链影响的仿真分析

2.2.1　引言

在逆向供应链中，回收处理是对从最终消费者处回收的废旧产品的处理。废旧产品的处理过程包括回收、检测、拆解和再制造。显然，废旧产品的回收数量是逆向供应链的关键因素，因为回收数量的充足与否决定着逆向供应链能否成功运作。但是，废旧产品的回收数量是不确定的。这种不确定性将影响逆向供应链成员的库存、服务水平和利润。RFID/EPC 的使用可以降低制造/再制造供应链中回收废旧产品质量和数量的不确定性。

在物联网新环境下，使用 RFID/EPC 技术将有助于逆向供应链的管理。本节将通过仿真工具 Vensim 5.10 给出逆向供应链系统动力学模型，对有无 RFID/EPC 两种情况下的逆向供应链进行仿真，依据仿真结果分析 RFID/EPC 对逆向供应链的影响（Gu et al.，2011b）。内容安排如下：2.2.2 节将回顾与本节研究相关的文献；2.2.3 节将给出逆向供应链的存流图；2.2.4 节将展示有无 RFID/EPC 时逆向供应链的仿真结果，并分析 RFID/EPC 对逆向供应链的影响；2.2.5 节将对 2.2 节的研究进行总结。

2.2.2　文献回顾

关于 RFID/EPC 在供应链中的应用，Kwok 等（2010）将 RFID 技术和 EPC 概念集成，提出了基于移动平台的产品防伪自我评估与可视化系统。作者提出了一种能够集成移动技术和 RFID/EPC 应用的体系结构。Jakkhupan 等（2011）提供了一种方法，运用仿真技术将 RFID 系统引入供应链中。通过特定场景仿真结果，对供应链过程重组和 EPC 信息流进行了评估。Ko 等（2011）应用 EPC 网络设计了产品跟踪系统，提供供应链中 RFID 数据管理的网络服务。EPC 网络是由 EPCglobal 组织提出的，该组织是制定 EPC 工业标准的领导者。EPC 网络是一个分布式 RFID 数据管理系统，是一个提供在大规模供应链中如何收集产品位置数据并在成员之间交换的基本机制（Jakkhupan et al.，2011）。

对于 RFID/EPC 在逆向供应链中的应用，Lee 等（2009）提出了一种遗传算法确定回收点位置，以便最大限度地覆盖消费者，还建议使用 RFID 计算在回收点收集到的废旧产品的数量，并将信息发送到回收中心。Tong 等（2010）在假设市场需求预测精度随交货提前期变化及制造商承担 RFID 标签成本的前提下，研究了交货提前期压缩对供应链成员利润的影响。Gu 等（2011a）研究了有无 RFID/EPC 的逆向供应链中回收废旧产品数量的最优决策，分析了 RFID/EPC 对最优决策的影响。

对于系统动力学（system dynamics，SD）在逆向供应链中的应用，Zamudio-Ramirez（1996）对美国汽车工业的零部件回收和材料回收情况进行了分析，为增进汽车回收利用的前景提出看法。Taylor（1999）对纸张回收中导致物流和价格不稳定性与无效性的市场机制进行了研究。Sterman（2000）基于两个案例，应用系统动力学方法对逆向物流问题进行建模。Spengler 等（2003）给出了生产和回收系统的系统动力学模型。利用系统动力学，Georgiadis 等（2004）模拟了环境影响和再制造能力规划政策对逆向物流系统行为的影响。Schaik 等（2004）以汽车为研究对象建立的系统动力学模型表明，欧洲联盟（简称欧盟）立法目标的实现依赖于产品设计。Georgiadis 等（2006）利用系统动力学方法构建再制造系统模型，研究了产品生命周期对具有不同生命周期和返回特性的几种产品的最优回收计划和再制造能力的影响。Vlachos 等（2007）考虑经济和环境问题，如立法规定的制造商负责制和绿色效应对客户需求的影响，使用系统动力学建模技术解决逆向供应链中再制造设施能力规划问题。Biehl 等（2007）对地毯闭环供应链进行仿真，分析产品可循环性和法律对逆向物流系统运作性能的影响。Georgiadis 等（2008）利用系统动力学方法研究了生态激励和技术创新对有回收活动的闭环供应链长期行为的影响。

本节将运用系统动力学方法研究 RFID/EPC 对逆向供应链的影响。

2.2.3 模型构建

关于系统动力学分析，有一些高级仿真程序，如 iThink®、Powersim®和 Vensim®。本节将应用可视化建模工具 Vensim 5.10 给出逆向供应链存流图，并对仿真结果进行分析。

1. 存流图

本节研究的逆向供应链包括 3 个成员：回收商、拆解中心和再制造商。回收商负责从最终消费者处回收废旧产品，并将它们运送到拆解中心。拆解中心负责拆解废旧产品，并将关键部件（关键部件可通过拆解废旧产品获得，且再制造后具有较高的可用价值）运送给再制造商。再制造商负责再制造，并将再制造产品销售到消费市场。

该逆向供应链存流图如图 2.5 所示。

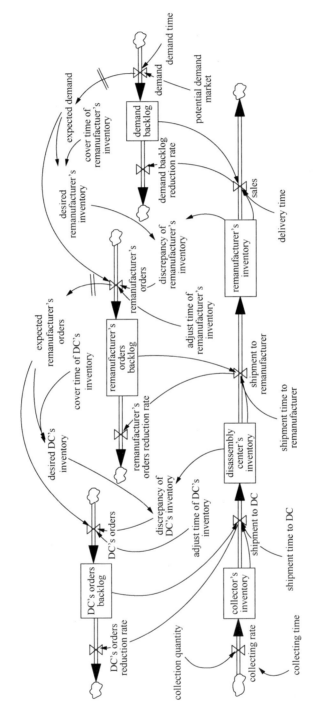

图 2.5 逆向供应链存流图

图 2.5 所示的存流图中涉及的各变量和常量的含义如下。

sales：再制造产品销售速率。

adjust time of DC's inventory：拆解中心库存调整时间。

adjust time of remanufacturer's inventory：再制造商库存调整时间。

collecting rate：废旧产品回收速率。

collecting time：回收时间。

collection quantity：回收数量。

collector's inventory：回收商库存。

cover time of DC's inventory：拆解中心库存覆盖时间。

cover time of remanufacturer's inventory：再制造商库存覆盖时间。

DC's orders：拆解中心订购速率。

DC's orders backlog：拆解中心未被满足的订单量，在后续周期中当回收商有库存时将被满足。

DC's orders reduction rate：拆解中心订单被满足的速率。

delivery time：交货时间。

demand：需求速率。

demand backlog：市场需求未被满足的数量，在后续周期中当再制造商有库存时将被满足。

demand backlog reduction rate：市场需求满足速率。

demand time：用来计算市场需求的时间。

desired DC's inventory：拆解中心期望库存。

desired remanufacturer's inventory：再制造商期望库存。

disassembly center's inventory：拆解中心库存。

discrepancy of DC's inventory：拆解中心期望库存和实际库存之间的差额。

discrepancy of remanufacturer's inventory：再制造商期望库存和实际库存之间的差额。

expected demand：期望需求速率。

expected remanufacturer's orders：期望再制造商订购速率。

potential demand market：潜在市场需求。

remanufacturer's inventory：再制造商库存。

remanufacturer's orders：再制造商订购速率。

remanufacturer's orders backlog：再制造商未被满足的订单量，在后续周期中当拆解中心有库存时将被满足。

remanufacturer's orders reduction rate：再制造商订单满足速率。

shipment time to DC：回收商到拆解中心的供应时间。

shipment time to remanufacturer：拆解中心到再制造商的供应时间。

shipment to DC：回收商到拆解中心的供应速率。

shipment to remanufacturer：拆解中心到再制造商的供应速率。

回收商拥有回收库存（collector's inventory），并且回收数量（collection quantity）服

从正态分布 $N(\mu, \sigma^2)$。回收商根据拆解中心的需求（DC's orders backlog）运送回收的废旧产品到拆解中心。如果需求不能被满足，回收商会受到惩罚。

拆解中心拥有拆解中心库存（disassembly center's inventory），并根据再制造商的需求（remanufacturer's orders backlog）运送关键部件到再制造商。如果需求不被满足，拆解中心也会受到惩罚。

再制造商拥有一个再制造商库存（remanufacturer's inventory），并根据市场需求（demand backlog）运送再制造商品到消费市场。如果需求不被满足，再制造商就会有利润损失。

因为在没有 RFID/EPC 的逆向供应链中回收数量（collection quantity）是不确定的，假设回收数量（collection quantity）服从正态分布 $N(\mu, \sigma^2)$。通过应用 RFID/EPC 技术和实时信息，回收商能监控消费者使用产品的状况，这样可以减少回收数量（collection quantity）的不确定性。因此可以假设回收数量（collection quantity）服从正态分布 $\bar{N}((1+\theta)\mu,(\theta\sigma)^2)$，这里，$0 < \theta \leqslant 1$，$\theta$ 是不确定性减少程度。

2. 等式

在 Vensim 5.10 中，仿真模型需要在存流图涉及的所有变量中添加代数关系式。下面将依次写出逆向供应链存流图中变量之间的关系式：库存相关等式、服务水平相关等式和利润相关等式。

1）库存相关等式

回收商库存（collector's inventory）相关等式：

collector's inventory = INTEG (collecting rate － shipment to DC, 0)

collecting rate = collection quantity / collecting time

shipment to DC = MIN (collector's inventory, DC's orders backlog) / shipment time to DC

collection quantity = RANDOM NORMAL ({min}, {max}, {mean}, {stdev}, {seed})

拆解中心库存（disassembly center's inventory）相关等式：

disassembly center's inventory = INTEG (shipment to DC － shipment to remanufacturer, 0)

shipment to DC = MIN (collector's inventory, DC's orders backlog) / shipment time to DC

shipment to remanufacturer = MIN(disassembly center's inventory, remanufacturer's orders backlog) / shipment time to remanufacturer

再制造商库存（remanufacturer's inventory）相关等式：

remanufacturer's inventory = INTEG (shipment to remanufacturer － sales, 0)

shipment to remanufacturer = MIN(disassembly center's inventory, remanufacturer's orders backlog) / shipment time to remanufacturer

sales = MIN (remanufacturer's inventory, demand backlog) / delivery time

2）服务水平相关等式

这里将服务水平定义为 DC's orders backlog、remanufacturer's orders backlog 和 demand backlog 的值。也就是说，DC's orders backlog、remanufacturer's orders backlog 和 demand backlog 的值越小，回收商、拆解中心和再制造商的服务水平越高。

DC's orders backlog 相关等式：

DC's orders backlog = INTEG (DC's orders − DC's orders reduction rate, 0)

DC's orders = expected remanufacturer's orders + discrepancy of DC's inventory /adjust time of DC's inventory

DC's orders reduction rate = shipment to DC

expected remanufacturer's orders = DELAY FIXED (remanufacturer's orders, 1, remanufacturer's orders)

discrepancy of DC's inventory = MAX (desired DC's inventory − disassembly center's inventory, 0)

desired DC's inventory = expected remanufacturer's orders × cover time of DC's inventory

remanufacturer's orders backlog 相关等式：

remanufacturer's orders backlog = INTEG(remanufacturer's orders − remanufacturer's orders reduction rate, 0)

remanufacturer's orders = expected demand + discrepancy of remanufacturer's inventory / adjust time of remanufacturer's inventory

remanufacturer's orders reduction rate = shipment to remanufacturer

expected demand = DELAY FIXED (demand, 1, demand)

discrepancy of remanufacturer's inventory = MAX (desired remanufacturer's inventory − remanufacturer's inventory, 0)

desired remanufacturer's inventory = expected demand × cover time of remanufacturer's inventory

demand backlog 相关等式：

demand backlog = INTEG (demand − demand backlog reduction rate, 0)

demand = potential demand market / demand time

demand backlog reduction rate = sales

3）利润相关等式

回收商利润：

collector's profit = (p_1-t_1) × shipment to DC × shipment time to DC − $(p_0 + cR)$ × collecting rate × collecting time − h_1 × collector's inventory − b_1 × DC's orders backlog

式中，p_1 是回收商将回收的废旧产品销售给拆解中心时的单位销售价格；t_1 是回收商将回收的废旧产品运送到拆解中心时的单位运输费用；p_0 是回收商从最终消费者处回收废旧产品时的单位回收价格；cR 是回收商使用 RFID/EPC 监控等待回收的废旧产品状态时的单位监控成本；h_1 为回收商库存中废旧产品的单位持有成本；b_1 是当拆解中心的订单积压（DC's orders backlog）无法被满足时的单位惩罚。

拆解中心利润：

$$\text{disassembly center's profit} = (p_2 - t_2) \times \text{shipment to remanufacturer} \times \text{shipment time to remanufacturer} - h_2 \times \text{disassembly center's inventory} - b_2 \times \text{remanufacturer's orders backlog}$$

式中，p_2 是拆解中心将关键部件销售给再制造商时的单位销售价格；t_2 是拆解中心将关键部件运输给再制造商时的单位运输费用；h_2 是拆解中心库存中关键部件的单位持有成本；b_2 就是当再制造商的订单积压（remanufacturer's orders backlog）无法得到满足时的单位惩罚。

再制造商利润：

$$\text{remanufacturer's profit} = (p_3 - t_3) \times \text{sales} \times \text{delivery time} - h_3 \times \text{remanufacturer's inventory} - b_3 \times \text{demand backlog}$$

式中，p_3 是再制造商向消费市场销售再制造产品时的单位销售价格；t_3 是再制造商将再制造产品运输到最终消费者时的单位运输费用；h_3 是再制造商库存中再制造产品的单位持有成本；b_3 是需求积压（demand backlog）无法满足的单位利润损失。

2.2.4　仿真结果和影响分析

仿真中所用常量设置如下：

adjust time of DC's inventory = 3
adjust time of remanufacturer's inventory = 3
cover time of DC's inventory = 1
cover time of remanufacturer's inventory = 1.5
delivery time = 4
demand time = 4
potential demand market = 4000
collecting time = 4
shipment time to DC = 1
shipment time to remanufacturer = 1.5

另外，$b_1 = 40$，$b_2 = 50$，$b_3 = 100$，$h_1 = 10$，$h_2 = 15$，$h_3 = 20$，$p_0 = 20$，$p_1 = 400$，$p_2 = 500$，$p_3 = 800$，$t_1 = 1$，$t_2 = 1.5$，$t_3 = 2$。这些费用单位为元。

当逆向供应链应用 RFID/EPC 技术时，回收数量和 cR 分别为 collection quantity = RANDOM NORMAL(2000, 10000, 4400, 100, 2000)（单位：件）和 cR = 5（单位：元）。

当逆向供应链不应用 RFID/EPC 时，回收数量和 cR 分别为 collection quantity = RANDOM NORMAL(2000, 10000, 4000, 1000, 2000)（单位：件）和 cR = 0（单位：元）。

基于以上常量值，下面将分析 RFID/EPC 对库存、服务水平和利润的影响。

1. RFID/EPC 对库存的影响

回收商库存、拆解中心库存和再制造商库存仿真结果如图 2.6 所示。

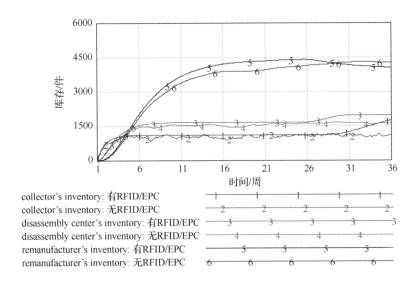

图 2.6　有无 RFID/EPC 时逆向供应链各成员库存的变化

从图 2.6 的仿真结果可以看出，采用 RFID/EPC 后回收商库存要高于没有采用 RFID/EPC 时的回收商库存，并且采用 RFID/EPC 后回收商库存从大约第 30 周开始迅速增加；有 RFID/EPC 后拆解中心库存将高于没有 RFID/EPC 时的拆解中心库存，并且运用 RFID/EPC 后拆解中心的库存将从第 26 周左右开始迅速增加；有 RFID/EPC 后再制造商的库存在大约第 30 周前会高于没有 RFID/EPC 的再制造商库存，而在大约第 30 周后，有 RFID/EPC 再制造商库存会低于没有 RFID/EPC 的再制造商库存。

2. RFID/EPC 对服务水平的影响

回收商、拆解中心和再制造商服务水平仿真结果如图 2.7 所示。

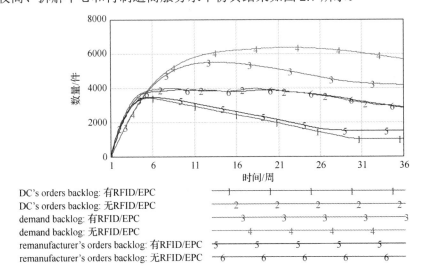

图 2.7　有无 RFID/EPC 时逆向供应链中服务水平的变化

从图 2.7 的仿真结果可以看出，采用 RFID/EPC 时拆解中心的 DC's orders backlog 将会低于没有 RFID/EPC 时拆解中心的 DC's orders backlog，即有 RFID/EPC 时回收商的服务水平高于没有 RFID/EPC 时回收商的服务水平；有 RFID/EPC 时再制造商的 remanufacturer's orders backlog 将会低于没有 RFID/EPC 时再制造商的 remanufacturer's orders backlog，即有 RFID/EPC 时拆解中心的服务水平高于没有 RFID/EPC 时拆解中心的服务水平；有 RFID/EPC 时 demand backlog 将会低于没有 RFID/EPC 时的 demand backlog，即有 RFID/EPC 时再制造商服务水平高于没有 RFID/EPC 时再制造商的服务水平。

3. RFID/EPC 对利润的影响

回收商利润、拆解中心利润和再制造商利润的仿真结果分别如图 2.8~图 2.10 所示。

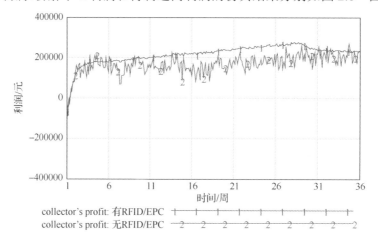

图 2.8 有无 RFID/EPC 时逆向供应链中回收商利润的变化

由图 2.8 可知，有 RFID/EPC 时回收商的利润将大于没有 RFID/EPC 时回收商的利润，尽管有 RFID/EPC 时回收商库存高于没有 RFID/EPC 时回收商的库存。

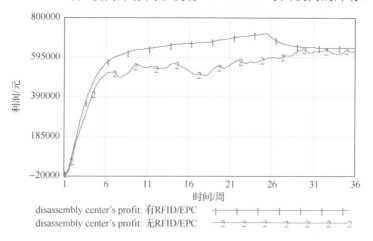

图 2.9 有无 RFID/EPC 时逆向供应链中拆解中心利润的变化

由图 2.9 可知，有 RFID/EPC 时拆解中心的利润将大于没有 RFID/EPC 的拆解中心的利润，尽管有 RFID/EPC 时拆解中心的库存高于没有 RFID/EPC 时拆解中心的库存。

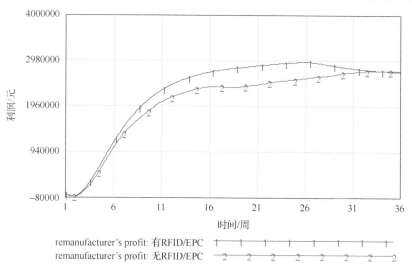

图 2.10　有无 RFID/EPC 时逆向供应链中再制造商利润的变化

由图 2.10 可知，在第 32 周之前，有 RFID/EPC 时再制造商的利润将大于没有 RFID/EPC 时再制造商的利润，之后，有 RFID/EPC 时再制造商的利润等于没有 RFID/EPC 时再制造商的利润，即使在约第 30 周之前有 RFID/EPC 时再制造商的库存高于没有 RFID/EPC 时再制造商的库存，约第 30 周之后有 RFID/EPC 时再制造商的库存低于没有 RFID/EPC 时再制造商的库存（图 2.6）。

一般来讲，库存的增长可能导致相关的持有成本增长，利润减少。但是，从图 2.8～图 2.10 来看，有 RFID/EPC 时逆向供应链中所有成员的利润都没有减少，即使应用 RFID/EPC 增加了成员的库存。

2.2.5　结论

在物联网环境下，使用 RFID/EPC 技术将有助于逆向供应链的管理。本节采用系统动力学方法研究了 RFID/EPC 对逆向供应链的影响。首先应用 Vensim 5.10 作为系统动力学分析工具开发有无 RFID/EPC 逆向供应链的存流图，然后依据仿真结果分析 RFID/EPC 对库存、服务水平和利润的影响。研究发现，采用 RFID/EPC 时逆向供应链中所有成员的利润都没有减少，即使使用 RFID/EPC 增加了成员的库存。

2.3　针对消费市场的 RFID/EPC 在 IE-with 制造/再制造供应链中的应用

2.3.1　引言

RFID/EPC 作为物联网的重要组成部分，能够提供实时监控，降低逆向供应链中废旧产品回收数量和质量的不确定性。对于实时监控,监控成本是逆向供应链成员决定是否采用 RFID/EPC 的关键因素,因为监控成本将影响逆向供应链的总利润。

2.1 节研究了有 RFID/EPC 的逆向供应链中废旧产品回收数量的最优决策,并分析了 RFID/EPC 对最优决策的影响。2.2 节采用系统动力学方法研究了 RFID/EPC 对逆向供应链的影响,依据仿真结果分析了 RFID/EPC 对库存、服务水平和利润的影响。本节将继续前两节的研究,考虑监控成本,应用系统动力学方法,基于消费市场供不应求、供过于求和供求相当 3 种情况,对 RFID/EPC 在逆向供应链中实施的长期行为进行仿真分析,探讨在何种市场条件下逆向供应链适合采用 RFID/EPC 技术(Gu et al.,2011c)。内容安排如下:2.3.2 节将对问题进行描述;2.3.3 节将运用系统动力学方法建立仿真模型;2.3.4 节将对仿真结果进行分析;2.3.5 节将总结 2.3 节的研究及未来研究方向。

2.3.2 问题描述

本节将对所研究的有无 RFID/EPC 的逆向供应链进行描述。

有无 RFID/EPC 的逆向供应链如图 2.11 所示,其成员包括回收商、拆解中心和再制造商。回收商负责从最终消费者处回收废旧产品并将它们运送到拆解中心,拆解中心负责拆解废旧产品并将关键部件运送给再制造商,而再制造商负责实施再制造并将再制造产品销售到消费市场。假设所有回收的废旧产品都能够被再制造。

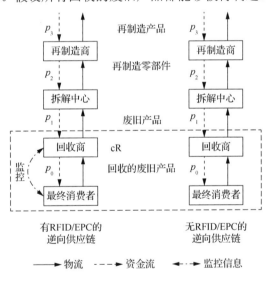

图 2.11 有无 RFID/EPC 的逆向供应链

在图 2.11 中,p_0 是当回收商从最终消费者处回收废旧产品时的单位回收价格;p_1 是回收商把回收的废旧产品销售给拆解中心时的单位销售价格;p_2 是拆解中心将关键部件销售给再制造商的单位销售价格;p_3 是再制造商将再制造产品销售到消费市场的单位销售价格;cR 是回收商使用 RFID/EPC 监控最终消费者产品状态时的单位监控成本,该产品正等待被回收。

正如 2.2 节所述，在没有 RFID/EPC 的逆向供应链中，回收商不需要去监控最终消费者的产品状况。回收废旧产品数量具有不确定性，假设回收的废旧产品数量是一个服从正态分布 $N(\mu, \sigma^2)$ 的随机变量。在有 RFID/EPC 逆向供应链中，通过 RFID/EPC 技术和实时信息，回收商可以监控最终消费者产品的状态，单位监控成本为 cR。这种监控可以减少废旧产品回收数量的不确定性。因此，在有 RFID/EPC 时，可以假设回收的废旧产品的数量服从正态分布 $\bar{N}((1+\theta)\mu, (\theta\sigma)^2)$，这里，$0 < \theta \leqslant 1$，$\theta$ 是不确定性的降低程度。

问题是：在消费市场供不应求、供过于求和供求相当 3 种情况下，是否都可以在逆向供应链中实施 RFID/EPC 技术？什么情况下可以在逆向供应链中实施 RFID/EPC 技术？下面应用仿真软件 Vensim 5.10 建模，并通过分析仿真结果来回答这些问题。

2.3.3　仿真模型

为探讨图 2.11 所示的有无 RFID/EPC 的逆向供应链中实施 RFID/EPC 是否合适，接下来通过仿真模型比较有无 RFID/EPC 的逆向供应链的总利润和库存。仿真模型中的存流图及相关等式参见 2.2.3 节。依据研究的需要，这里添加了总利润等式，并列出供应链成员库存等式。

逆向供应链总利润等式：

$$
\begin{aligned}
\text{profit} = &[(p_1 - t_1) \times \text{shipment to DC} \times \text{shipment time to DC} - (p_0 + \text{cR}) \times \text{collecting rate} \\
&\times \text{collecting time} - h_1 \times \text{collector's inventory} - b_1 \times \text{DC's orders backlog}] \\
&+ [(p_2 - t_2) \times \text{shipment time to remanufacturer} \times \text{shipment to remanufacturer} \\
&- h_2 \times \text{disassembly center's inventory} - b_2 \times \text{remanufacturer's orders backlog}] \\
&+ [(p_3 - t_3) \times \text{sales} \times \text{delivery time} - h_3 \times \text{remanufacturer's inventory} - b_3 \\
&\times \text{demand backlog}]
\end{aligned}
$$

总利润等式第一部分中，t_1 是回收商运送回收的废旧产品到拆解中心的单位运输费用；h_1 是回收商库存中废旧产品的单位持有成本；b_1 是当拆解中心的 DC's orders backlog 不能被满足时的单位惩罚。第二部分中，t_2 是拆解中心运输关键部件给再制造商的单位运输费用；h_2 是拆解中心库存中关键部件的单位持有成本；b_2 是当再制造商的 remanufacturer's orders backlog 不能满足时的单位惩罚。第三部分中，t_3 是再制造商给最终消费者运送再制造产品的单位运输费用；h_3 是再制造商库存中再制造产品的单位持有成本；b_3 是当需求 demand backlog 无法满足时的单位利润损失。总利润等式中其他参数见本节前面说明。

关于回收商库存、拆解中心库存和再制造商库存的等式列出如下：

$$
\text{collector's inventory} = \text{INTEG (collecting rate} - \text{shipment to DC}, 0)
$$
$$
\text{disassembly center's inventory} = \text{INTEG (shipment to DC} - \text{shipment to}
$$
$$
\text{remanufacturer}, 0)
$$

remanufacturer's inventory = INTEG (shipment to remanufacturer − sales, 0)

2.3.4 仿真结果分析

此处将根据消费市场供不应求、供过于求和供求相当 3 种情况,给出有无 RFID/EPC 的逆向供应链总利润和库存的仿真结果,并进行分析。其中,供不应求是指回收的废旧产品不足以满足再制造产品市场对再制造产品的需求;供过于求是指回收的废旧产品数量超过了再制造产品市场对再制造产品的需求;供求相当是指回收的废旧产品的数量和再制造产品市场对再制造产品的需求相当。

相关参数值设置如下:$b_1 = 40$,$b_2 = 50$,$b_3 = 100$,$h_1 = 10$,$h_2 = 15$,$h_3 = 20$,$p_0 = 20$,$p_1 = 400$,$p_2 = 500$,$p_3 = 800$,$t_1 = 1$,$t_2 = 1.5$,$t_3 = 2$,这些参数的单位为元。设置 $\mu = 4000$,$\sigma = 1000$ 及 $\theta = 0.1$。当 RFID/EPC 技术被应用在逆向供应链中时,回收数量 collection quantity = RANDOM NORMAL (2000, 10000, 4400, 100, 2000)(单位:件),且 cR=5(单位:元)。当 RFID/EPC 技术没有在逆向供应链中使用时,回收数量 collection quantity = RANDOM NORMAL (2000, 10000, 4000, 1000, 2000)(单位:件),且 cR=0(单位:元)。

1. 供不应求时的总利润和库存

在这种情况下,再制造产品潜在的市场需求 potential demand market = 6000(单位:件),大于废旧产品回收数量均值 $\mu = 4000$。库存和总利润的仿真结果如图 2.12 和图 2.13 所示。

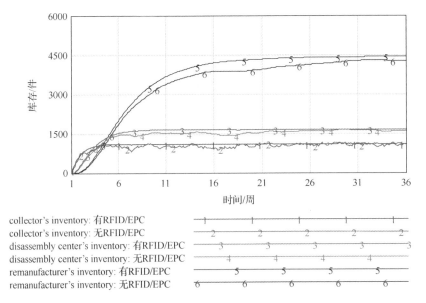

图 2.12 有无 RFID/EPC 的逆向供应链各成员库存的变化(供不应求)

从图 2.12 和图 2.13 的仿真结果可以看出,当消费市场供不应求时,有 RFID/EPC

的逆向供应链的总利润要高于没有 RFID/EPC 的逆向供应链的总利润，即使有 RFID/EPC 时回收商的库存、拆解中心的库存和再制造商的库存高于没有 RFID/EPC 时相应的库存。原因是逆向供应链实施 RFID/EPC 后，回收的废旧产品数量和销售到市场的再制造产品数量会增加。也就是说，如果供不应求，那么应在逆向供应链中实施 RFID/EPC 技术。

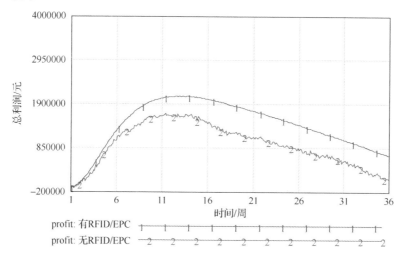

图 2.13　有无 RFID/EPC 的逆向供应链总利润的变化（供不应求)

2. 供过于求时的总利润和库存

在这种情况下，再制造产品潜在的市场需求 potential demand market = 2000（单位：件），小于废旧产品回收数量均值 $\mu = 4000$。库存和总利润的仿真结果如图 2.14 和图 2.15 所示。

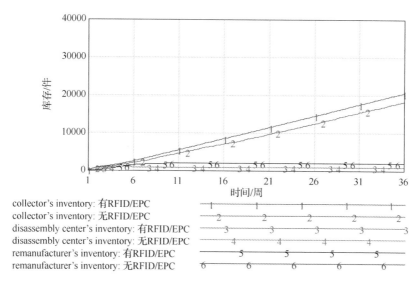

图 2.14　有无 RFID/EPC 的逆向供应链各成员库存的变化（供过于求）

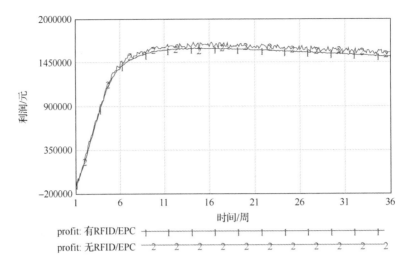

图 2.15　有无 RFID/EPC 的逆向供应链总利润的变化（供过于求）

由图 2.14 和图 2.15 的仿真结果可以得出，当消费市场供过于求时，有 RFID/EPC 的逆向供应链的总利润低于没有 RFID/EPC 的逆向供应链的总利润，有 RFID/EPC 时回收商的库存高于没有 RFID/EPC 时回收商库存，有 RFID/EPC 时拆解中心的库存和再制造商的库存与没有 RFID/EPC 时拆解中心的库存和再制造商的库存是一样的。这是因为，采用 RFID/EPC 时，废旧产品回收数量增加并不会导致再制造产品销量增加。因此，在这种情况下，逆向供应链不应实施 RFID/EPC 技术。

3. 供求相当时的总利润和库存

在这种情况下，再制造产品潜在市场需求 potential demand market =4000（单位：件），与废旧产品回收数量均值 μ = 4000 相当。库存和总利润的仿真结果如图 2.16 和图 2.17 所示。

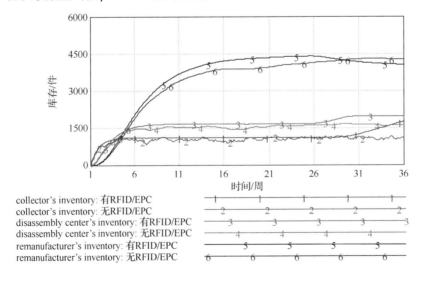

图 2.16　有无 RFID/EPC 的逆向供应链各成员库存的变化（供求相当）

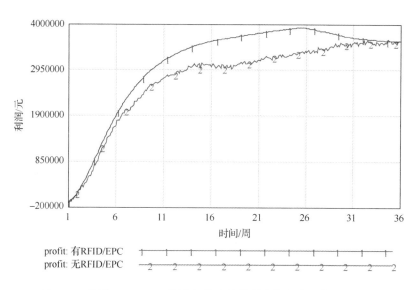

图 2.17　有无 RFID/EPC 的逆向供应链总利润的变化（供求相当）

由图 2.16 和图 2.17 的仿真结果可知，在供求相当的情况下，开始时，有 RFID/EPC 的逆向供应链的总利润要高于没有 RFID/EPC 的逆向供应链的总利润，有 RFID/EPC 时回收商库存、拆解中心库存和再制造商库存将依次高于没有 RFID/EPC 时的回收商库存、拆解中心库存和再制造商的库存。这是因为，开始使用 RFID/EPC 后回收的废旧产品数量和销售到市场的再制造产品数量都有所增加。接下来，有 RFID/EPC 时逆向供应链的总利润将等于没有 RFID/EPC 时逆向供应链的总利润，有 RFID/EPC 时的回收商库存和拆解中心库存将增加，有 RFID/EPC 时的再制造商库存将低于没有 RFID/EPC 时的再制商库存。这是因为在逆向供应链中使用 RFID/EPC 可以降低回收的废旧产品的不确定性。因此，在这种情况下，可以在逆向供应链中采用 RFID/EPC 技术。

2.3.5　结论

本节在考虑监控成本的基础上，利用系统动力学方法，根据供不应求、供过于求和供求相当 3 种不同的消费市场情况，对逆向供应链中有无实施 RFID/EPC 进行了仿真分析。从各成员库存和逆向供应链总利润的仿真结果来看，当再制造产品的需求大于或等于废旧产品回收数量时，可以在逆向供应链中实施 RFID/EPC 技术。未来将重点研究 RFID/EPC 对闭环供应链的影响。

2.4　本　章　小　结

在物联网环境下，使用 RFID/EPC 技术将有助于逆向供应链的管理。本章主要分析 RFID/EPC 对逆向供应链的影响及 RFID/EPC 在逆向供应链中的应用。研究结果如下。

考虑逆向供应链中应用 RFID/EPC 的监控成本 $\bar{c}$ 和不确定性减少程度 θ，采用博弈论方法，在有无 RFID/EPC 两种情况下，给出了逆向供应链废旧产品回收数量的最优决策，然后通过算例分析 $\bar{c}$ 和 θ 对最优决策的影响。

采用系统动力学方法研究了 RFID/EPC 对逆向供应链的影响。应用 Vensim 5.10 作为系统动力学分析工具开发有无 RFID/EPC 逆向供应链的存流图，依据仿真结果分析 RFID/EPC 对库存、服务水平和利润的影响。

考虑监控成本，利用系统动力学方法，根据消费市场供不应求、供过于求和供求相当 3 种情况，对逆向供应链中有无实施 RFID/EPC 进行了仿真分析。从各成员库存和逆向供应链总利润的仿真结果来看，当再制造产品的需求量大于或等于废旧产品回收数量时，可以在逆向供应链中实施 RFID/EPC 技术。

参 考 文 献

ATZORI L, IERA A, MORABITO G, 2010. The internet of things: a survey [J]. Computer networks, 54(15): 2787-2805.

BIEHL M, PRATER E, REALFF M J, 2007. Assessing performance and uncertainty in developing carpet reverse logistics systems [J]. Computers and operations research, 34(2): 443-463.

CHATZIANTONIOU D, PRAMATARI K, SOTIROPOULOS Y, 2011. Supporting real-time supply chain decisions based on RFID data streams [J]. Journal of systems and software, 84(4): 700-710.

GAUKLER G M, SEIFERT R W, HAUSMAN W H, 2010. Item-level RFID in the retail supply chain [J]. Production and operations management, 16(1): 65-76.

GEORGIADIS P, BESIOU M, 2008. Sustainability in electrical and electronic equipment closed-loop supply chains: a system dynamics approach [J]. Journal of cleaner production, 16(15): 1665-1678.

GEORGIADIS P, VLACHOS D, 2004. The effect of environmental parameters on product recovery [J]. European journal of operational research, 157(2): 449-464.

GEORGIADIS P, VLACHOS D, TAGARAS G, 2006. The impact of product lifecycle on capacity planning of closed-loop supply chains with remanufacturing [J]. Production and operations management, 15(4): 514-527.

GU Q L, GAO T G, 2011a. Impacts of RFID/EPC on optimal decisions of reverse supply chain [C]// International Conference on Business Computing and Global Informatization. Shanghai: IEEE: 512-515.

GU Q L, GAO T G, 2011b. System dynamics analysis of RFID/EPC's impact on reverse supply chain [C]// International Conference on Management Science & Engineering. Rome: IEEE: 250-255.

GU Q L, GAO T G, 2011c. Simulation for implementing RFID/EPC in reverse supply chain based on consumer market [C]// The IEEE International Conference on Industrial Engineering and Engineering Management. Singapore: IEEE: 580-584.

JAKKHUPAN W, ARCH-INTA S, LIB Y, 2011. Business process analysis and simulation for the RFID and EPCglobal network enabled supply chain: a proof-of-concept approach [J]. Journal of network and computer applications, 34(3): 949-957.

JOHANSSON O, PALSSON H, 2009. The impact of Auto-ID on logistics performance [J]. Benchmarking: an international journal, 16(4): 504-522.

KO J M, KWAK C, CHO Y, et al., 2011. Adaptive product tracking in RFID-enabled large-scale supply chain [J]. Expert systems with applications, 38(3): 1583-1590.

KWOK S K, TING J S L, TSANG A H C, et al., 2010. Design and development of a mobile EPC-RFID-based self-validation system (MESS) for product authentication [J]. Computers in industry, 61(7): 624-635.

LEE C K M, CHAN T M, 2009. Development of RFID-based reverse logistics system [J]. Expert systems with applications, 36(5): 9299-9307.

SCHAIK A V, and REUTER M A, 2004. The time-varying factors influencing the recycling rate of products [J]. Resources conservation and recycling, 40(4): 301-328.

SPENGLER T, SCHROTER M, 2003. Strategic management of spare parts in closed-loop supply chains: a system dynamics approach [J]. Interfaces, 33(6): 7-17.

STERMAN J D, 2000. Business dynamics: systems thinking and modeling for a complex world [M]. New York: McGraw-Hill.

TAYLOR H, 1999. Modeling paper material flows and recycling in the US macroeconomy [D]. Cambridge: Department of Civil Engineering MIT.

TONG B, YANG D L, PAN X, 2010. Research on effect of RFID on supply chain lead-time compression and coordination [J]. Operations research and management science, 19(5): 52-58.

VLACHOS D, GEORGIADIS P, IAKOVOU E, 2007. A system dynamics model for dynamic capacity planning of remanufacturing in closed-loop supply chains [J]. Computers and operations research, 34(2): 367-394.

ZAMUDIO-RAMIREZ P, 1996. The economics of automobile recycling[D]. Cambridge: MIT.

第3章 基于再制造率的 IE-with 制造/再制造供应链优化

在 IE-with 制造/再制造供应链中，废旧产品的拆解是重要一环。而当 IE-with 制造/再制造遭遇生产中断风险时，风险规避与消除风险时的库存及备货至关重要。为此，针对检测误差率为零的情况，本章主要研究两个问题：一是拆解计划优化。依据再制造率考虑有两个参数(N units, M units)的拆解计划，构建逆向供应链系统动力学模型，通过对拆解计划进行仿真分析，给出拆解计划最优决策。二是库存和备货优化。依据再制造率和再制造开始周期，采用系统动力学方法，建立有生产中断的 IE-with 制造/再制造供应链系统动力学模型，通过数值算例和仿真结果，分析生产中断的不同恢复时间对销售速率的影响，并给出确定多阶段库存水平和制订备货计划的新方法。

3.1 依据再制造率的拆解计划优化

3.1.1 引言

考虑由拆解中心和回收商构成的逆向供应链，回收商负责从废旧产品市场回收废旧产品，拆解中心负责对回收的废旧产品进行拆解。

拆解中心拆解废旧产品时，可以获得一定数量的可再制造零部件和再循环材料。当然，再制造零部件可进一步拆解。如果再制造零件被进一步拆解，可再循环材料的数量将会增加。为此，拆解中心需要制订拆解计划，以便决定是否进一步拆解可再制造零部件。不同的拆解计划会导致不同的库存水平和不同的市场服务水平。

本节将通过仿真工具 Vensim 5.10，构建逆向供应链系统动力学仿真模型。目的是通过分析不同拆解计划的仿真结果，对拆解计划做出最优决策，以较小的拆解速率降低库存水平并确保服务水平（Gu et al.，2011）。

3.1.2 文献回顾

关于系统动力学在供应链中的应用，自 20 世纪 60 年代 Forrester（1961）将系统动力学方法引入供应链以来，基于系统动力学方法的不同领域的研究成果有很多（Minegishi 等，2000；Shi et al.，2009；Li et al.，2010a；Guo et al.，2011；Lo et al.，2011）。在逆向供应链方面，Sterman（2000）给出将系统动力学方法应用于逆向物流建模的两个案例研究——RL 问题。Spengler 等（2003）应用系统动力学方法构建了一个生产和回收系统。Georgiadis 等（2004a）通过系统动力学仿真工具分析了各种活动对逆向物流网络的动态行为和影响。在另一篇论文中，Georgiadis 等（2004b）利用系统动力学方法模拟了环境影响和再制造能力计划政策对逆向物流系统行为的影响。Vlachos 等（2007）利用系统动力学建模技术研究了逆向供应链中再制造设施的有效容量计划策略。在这些文献的研究中，再利用活动是指逆向渠道中的再制造。Georgiadis 等（2008）利用系统动力学方法研究了生态动机和技术创新对闭环供应链长期行为的影响，其中再利用活动是逆向渠道中的再循环。

与上述文献的关键区别在于，本节研究的逆向渠道中有 3 种再利用活动，即再使用（reusing）、再制造（remanufacturing）和再循环（recycling）。研究目的是考虑再制造零部件市场需求（与再制造率相关）和再生材料的市场需求，通过对仿真结果进行分析，给出最优的拆解计划。

3.1.3 模型

1. 概念模型

本节研究的逆向供应链的概念模型如图 3.1 所示。

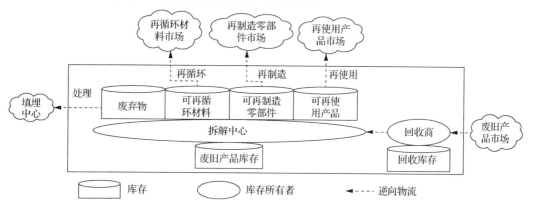

图 3.1 逆向供应链的概念模型

回收商拥有一个回收库存，从废旧产品市场回收废旧产品，回收的废旧产品将出售给拆解中心。

拆解中心有 5 类库存：废旧产品库存、可再使用产品库存、可再制造零部件库存、可再循环材料库存和废弃物。首先，拆解中心从回收商获取废旧产品；然后，测试和拆解这些废旧产品；最后，分别将再使用产品、再制造零部件和再循环材料销售给再使用产品市场、再制造零部件市场和再循环材料市场，把剩余废弃物运送到填埋中心。

在拆解中心，废旧产品的处理过程如下：一个废旧产品经检测和清洗后，如果可以直接再使用，则销售到再使用产品市场；如果不能直接再使用，则将其拆解，从而得到可再制造零部件、可再循环材料及剩余废弃物。

根据以上概念模型，下面将使用 Vensim 5.10 构建逆向供应链的存流图。

2. 存流图

图 3.1 所示的逆向供应链的存流图如图 3.2 所示。依据再制造率考虑拆解中心拆解计划，拆解计划包括两个参数(N units, M units)。N units 和 M units 分别为单位废旧产品经拆解后获得的可再制造零部件的总数（和再制造率相关）和可再循环材料总量。下面

将对不同拆解计划的逆向供应链进行仿真分析，选择最优的拆解计划，通过较小的拆解速率（disassembly rate）来降低库存水平并确保服务质量。

图 3.2 所示逆向供应链存流图中涉及的各变量、常量说明见附录 1A，存流图中其他等式见附录 1B。此处仅给出与库存、服务水平、拆解速率相关的关键等式。

1）回收库存相关等式

回收库存（collection inventory）相关等式：

$$\text{collection inventory} = \text{INTEG (expected collecting rate} - \text{purchase rate, 0)}$$

$$\text{expected collecting rate} = \text{expected purchase rate} + \text{discrepancy of collection inventory / adjust time}$$

$$\text{purchase rate} = \text{“used-product should satisfy” / purchase time}$$

2）废旧产品库存相关等式

废旧产品库存（used-product inventory）相关等式：

$$\text{“used-product inventory”} = \text{INTEG (purchase rate} - \text{product can be reused directly} - \text{product can't be reused directly, 0)}$$

$$\text{purchase rate} = \text{“used-product should satisfy” / purchase time}$$

$$\text{product can be reused directly} = \text{MIN(“used-product inventory”} \times \text{reusing percentage, reusable product should satisfy) / testing time}$$

$$\text{product can't be reused directly} = \text{“used-product inventory”} \times (1 - \text{reusing percentage) / testing time}$$

3）可再使用产品库存相关等式

可再使用产品库存（reusable product inventory）相关等式：

$$\text{reusable product inventory} = \text{INTEG (product can be reused directly} - \text{reusing rate, 0)}$$

$$\text{product can be reused directly} = \text{MIN(“used-product Inventory”} \times \text{reusing percentage, reusable product should satisfy) / testing time}$$

$$\text{resuing rate} = \text{MIN(reused product demand, reusable product inventory) / reusing time}$$

4）可再制造零部件库存相关等式

可再制造零部件库存（remanufacturable part inventory）相关等式：

$$\text{remanufacturable part inventory} = \text{INTEG (parts can be remanufactured} - \text{remanufacturing rate, 0)}$$

$$\text{parts can be remanufactured} = \text{disassembly rate} \times N \text{ units}$$

$$\text{remanufacturing rate} = \text{MIN(remanufacturable part inventory, remanufactured part demand) / remanufacturing time}$$

5）可再循环材料库存相关等式

可再循环材料库存（recyclable material inventory）相关等式：

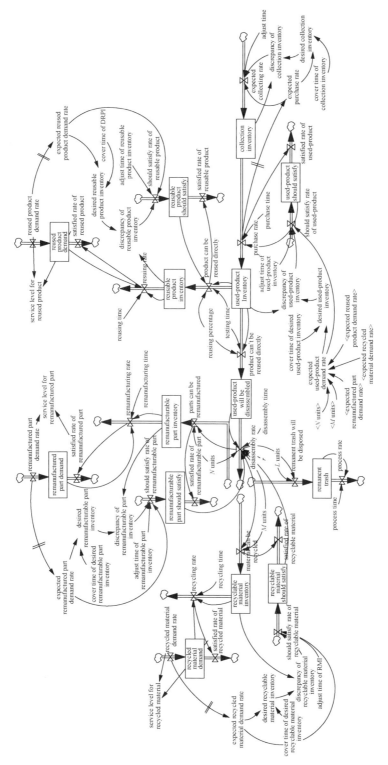

图 3.2　逆向供应链存流图

recyclable material inventory = INTEG (material can be recycled － recycling rate, 0)

material can be recycled = disassembly rate × *M* units

recycling rate = MIN(recyclable material inventory, recycled material demand)
/ recycling time

6）服务水平相关等式

服务水平相关等式：

service level for recycled material = satisfied rate of recycled material / recycled
material demand rate

service level for remanufactured part = satisfied rate of remanufactured part
/ remanufactured part demand rate

service level for reused product = satisfied rate of reused product / reused product
demand rate

7）拆解速率相关等式

拆解速率（disassembly rate）相关等式：

disassembly rate = MIN("used-product will be disassembled", MAX(recyclable
material should satisfy / *M* units, remanufacturable part should
satisfy / *N* units) × *r*) / disassembly time

"used-product will be disassembled" = INTEG (product can't be reused directly
－ disassembly rate, 0)

recyclable material should satisfy = INTEG (should satisfy rate of recyclable
material － satisfied rate of recyclable material, 0)

remanufacturable part should satisfy = INTEG (should satisfy rate of
remanufacturable part － satisfied rate of
remanufacturable part, 0)

3.1.4 仿真结果和最优拆解计划

1. 仿真结果

仿真中假定拆解中心拆解一件废旧产品后可以得到 6 个单位的可再制造零部件和 7 个单位的可循环材料，即初始拆解计划为(*N* units = 6, *M* units = 7)。如果一个单位可再制造零部件被进一步拆解，可循环材料的数量可以增加 3 个单位。拆解中心旨在通过其他 4 个拆解计划来改变初始的拆解计划：(*N* units = 5, *M* units = 10)、(*N* units = 4, *M* units = 13)、(*N* units = 3, *M* units = 16)及(*N* units=2, *M* units = 19)。这表明可再制造零部件将进一步拆解，那么哪一个是最好的拆解计划？

5 种拆解计划的仿真结果如图 3.3 所示。这里，拆解计划(*N* units = 6, *M* units = 7)、(*N* units = 5, *M* units = 10)、(*N* units = 4, *M* units = 13)、(*N* units = 3, *M* units = 16)及(*N* units = 2, *M* units = 19)分别标记为(*N* = 6, *M* = 7)、(*N* = 5, *M* = 10)、(*N* = 4, *M* = 13)、(*N* = 3, *M* = 16)、(*N* = 2, *M* = 19)。

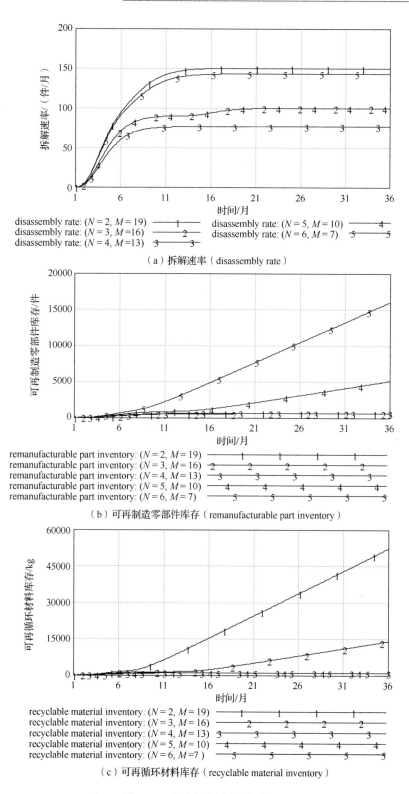

disassembly rate: ($N = 2, M = 19$) ——1——　disassembly rate: ($N = 5, M = 10$) ——4——
disassembly rate: ($N = 3, M = 16$) ——2——　disassembly rate: ($N = 6, M = 7$) ——5——
disassembly rate: ($N = 4, M = 13$) ——3——

（a）拆解速率（disassembly rate）

remanufacturable part inventory: ($N = 2, M = 19$) ——1——
remanufacturable part inventory: ($N = 3, M = 16$) ——2——
remanufacturable part inventory: ($N = 4, M = 13$) ——3——
remanufacturable part inventory: ($N = 5, M = 10$) ——4——
remanufacturable part inventory: ($N = 6, M = 7$) ——5——

（b）可再制造零部件库存（remanufacturable part inventory）

recyclable material inventory: ($N = 2, M = 19$) ——1——
recyclable material inventory: ($N = 3, M = 16$) ——2——
recyclable material inventory: ($N = 4, M = 13$) ——3——
recyclable material inventory: ($N = 5, M = 10$) ——4——
recyclable material inventory: ($N = 6, M = 7$) ——5——

（c）可再循环材料库存（recyclable material inventory）

图 3.3　不同拆解计划仿真结果

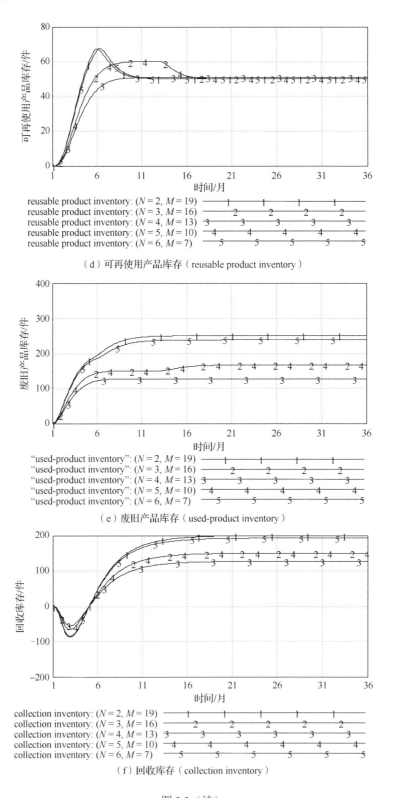

（d）可再使用产品库存（reusable product inventory）

（e）废旧产品库存（used-product inventory）

（f）回收库存（collection inventory）

图 3.3（续）

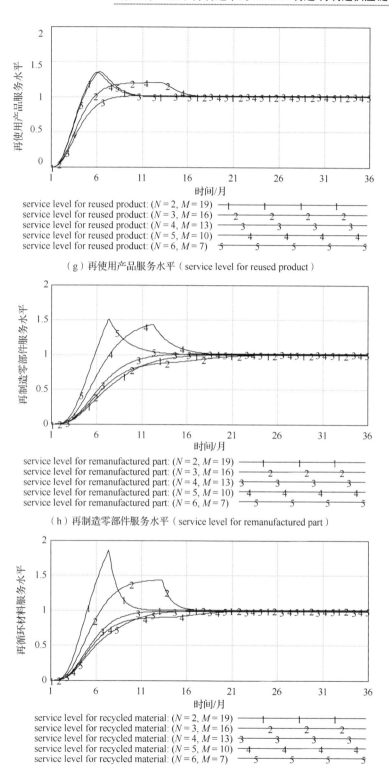

（g）再使用产品服务水平（service level for reused product）

（h）再制造零部件服务水平（service level for remanufactured part）

（i）再循环材料服务水平（service level for recycled material）

图 3.3（续）

2. 最优拆解计划

将上述 4 种拆解计划的仿真结果与初始拆解计划的仿真结果(N units = 6, M units = 7)进行比较,可以发现:第一,考虑长期行为,采用拆解计划(N units = 4, M units = 13)时,可再制造零部件库存水平、可再循环材料库存水平、可再使用产品库存水平、废旧产品库存水平及回收库存水平在 5 种拆解计划中是最低的[图 3.3(b)～(f)]。第二,拆解计划(N units = 4, M units = 13)的再使用产品服务水平、再制造零部件服务水平及再循环材料服务水平可以确保最高的供应,同时避免供过于求[图 3.3(g)～(i)]。第三,拆解计划(N units = 4, M units = 13)的拆解速率(disassembly rate)在 5 种拆解计划中是最小的[图 3.3(a)]。

因此,拆解计划(N units = 4, M units = 13)是最好的。即采用这一拆解计划,拆解中心可以通过较小的拆解速率降低库存水平并保证服务水平。

3.1.5 结论

在由拆解中心和回收商组成的逆向供应链中,对废旧产品的拆解计划是非常重要的。在本节的研究中,拆解计划包括两个参数(N units, M units)。研究给出了 5 种拆解方案(包括初始拆解方案)的仿真结果,并将其他 4 种拆解计划的仿真结果与初始拆解计划的仿真结果进行比较,得到了最优拆解计划。

3.2 依据再制造率的有中断风险的库存和备货计划优化

3.2.1 引言

生产中断是一种可能导致严重后果的供应链中断风险。例如,1999 年的台湾地震就是一个典型的例子,反映了供应中断的巨大影响。这次地震导致两周的全球半导体短缺,从而影响了世界范围内很多的公司(Li et al., 2010b)。正是两周的全球半导体短缺导致相关公司不得不面对生产中断风险。

无论生产中断的原因是什么,如何应对或管理生产中断风险对供应链的所有成员都非常重要。例如,2000 年的雷电事故灾难性地摧毁了飞利浦电子半导体工厂,它是爱立信唯一的供应商。结果,爱立信报告称由于不能及时收到飞利浦电子半导体工厂的供货而造成了 4 亿美元的亏损。然而,爱立信的竞争对手诺基亚立刻意识到了供应中断风险并积极响应。由于诺基亚公司采取了更好的应对措施,诺基亚的手机市场份额从 27%增长到 30%(Latour, 2001)。

通常来说,管理供应链中断风险的策略包括增加库存水平和从其他供应商备货。但是,当中断持续不同时间时,库存水平和备货计划应进行相应调整。本节主要研究有生产中断的制造/再制造供应链库存优化和备货计划优化,目的是找到新的方法,以便在生产中断风险发生之前确定多阶段的库存水平和在生产中断发生后制订备货计划。

在制造/再制造供应链中,制造商使用新零部件或再制造零部件装配新产品,新产品通过正向供应链销售给最终顾客。经过一定时间的使用后,新产品就变成了废旧产品。在逆向供应链中,回收商负责从最终顾客回收废旧产品。拆解中心从回收商获取废旧产品,对于可直接再使用的产品,经过简单处理后供应给消费市场;而对不可直接再使用的产品进行拆解，拆解后，拆解中心将可再制造零部件和可循环利用材料分别供应给制造商和零部件生产商。当然，在这个过程中也会产生一些废弃物。

本节所考虑的制造商生产中断的主要问题如下。

（1）生产中断的不同恢复时间对销售速率有什么影响？

（2）在中断发生前，如何确定多阶段的库存水平以确保销售达到所需的销售比率？

（3）在中断发生后，如何制订备货计划以确保销售达到所需的销售比率？

基于这些问题，本节应用系统动力学软件 Vensim 5.10 建立有生产中断的制造/再制造供应链系统动力学模型。通过数值算例和仿真结果，说明生产中断的不同恢复时间对销售速率的影响，并给出确定多阶段库存水平和制订备货计划的方法（Gu et al.，2017）。内容安排如下：3.2.2 节将回顾与本节研究相关的文献；3.2.3 节将给出有生产中断的制造/再制造供应链系统动力学模型；3.2.4 节将阐述生产中断的不同恢复时间对销售速率的影响，并给出确定多阶段库存水平和制订备货计划的方法，以确保销售达到所需的销售比率；3.2.5 节将进行灵敏度分析；3.2.6 节将总结 3.2 节的研究结果和进一步的研究方向。

3.2.2　文献回顾

本节研究内容的相关文献包括 4 部分：供应链中断管理、应用系统动力学方法的供应链中断管理、系统动力学在再制造供应链中的应用和基于系统动力学方法的再制造供应链的中断管理。

关于供应链中断管理有许多研究成果。Rice 等（2003）通过对一家公司进行调查和评估发现，其供应网络中断对日常成本造成的影响将在 5000 万～1 亿美元。Qi 等（2004）研究了在规划期内经历需求中断的单供应商单零售商供应链，结果显示由中断引起的对原始计划的改变可能在整个系统中造成相当大的偏差成本。Xia 等（2004）研究了原材料供应中断导致生产成本波动的批量生产和库存系统。Yang 等（2005）针对某一公司的需求和成本的中断管理，提出了一个动态规划方法。Xiao 等（2006）构建间接进化博弈模型，研究在同质商品数量已定的双寡头情况下零售商的进化稳定策略，并分析了需求和原材料供应中断对零售商策略的影响。Xiao 等（2008）基于由一个制造商和两个竞争零售商构成的供应链，研究了制造商生产成本中断后的协调问题，并进一步将模型扩展到成本中断和需求中断的情况。Chen 等（2009）基于一个制造商、一个主要零售商和多个次要零售商构成的供应链，构建了两种供应链协调模型，用来研究在需求中断后如何协调供应链。研究还发现，需求量的中断在很大程度上影响着供应链利润的分配。Yu 等（2009）针对具有非平稳和价格敏感需求的两阶段供应链，给出了供应中断对单源和双源方法的影响的风险评估。在存在供应中断风险的情况下，得到了两种采购模式的期望利润函数，并通过数值例子检验了期望利润对各种输入因素的敏感性。Cauvin 等（2009）基于对中断事件和恢复过程特征的分析，以及分布式工业系统的协同维修，提出了一种最小化中断事件对整个系统影响的方法。

基于系统动力学方法的供应链中断管理的研究也受到了重视。Wilson（2007）采用系统动力学仿真研究了运输中断对供应链性能的影响。当运输中断发生在五级供应链中的两级时，作者对传统供应链和供应商管理库存供应链进行了比较。Chen 等（2011）为研究供应链中断对供应链性能长期行为的影响，运用系统动力学方法构建了传统供应链模型和供应商管理库存供应链模型等。Lorentz 等（2012）运用系统动力学方法，举例说明在中断情景下，如何对功能型和功能失调的供应链设计的竞争性假设进行评估。

关于系统动力学方法在再制造供应链中的应用，Vlachos 等（2007）解决了逆向供应链中再制造设施的有效能力规划政策的相关问题，其研究不仅考虑到经济问题还包括环境问题，如通过立法强制实施生产商回收责任制及"绿色形象"对顾客需求的影响。在其研究中，正向供应链只有两级（生产商和分销商），逆向渠道中也仅有一项再利用活动即再制造。Georgiadis 等（2008）采用系统动力学方法，研究了生态动机和技术创新对闭环供应链长期行为的影响。在正向供应链中有两级（生产商和分销商），在逆向渠道中也有一项再利用活动即再循环。Gu 等（2012a）构建了一个系统动力学模型来研究 R/M 集成供应链的长期行为，该供应链包括再使用、再制造和再循环，并基于仿真结果给出了 R/M 集成供应链的联合决策。Papachristos（2014）采用系统动力学方法提出了零售商开始再制造并与 OEM 品牌产品竞争的供应链模型。Wang 等（2014）应用系统动力学方法研究了补贴政策对回收和再制造产业发展的影响。

关于采用系统动力学方法对再制造供应链的中断管理的研究，Gu 等（2012b）构建了一个关键再制造零部件供应中断的系统动力学模型，用来评估再制造商的利润。研究给出相关策略，以确保当供应中断持续较长时间时再制造商不会遭受利润损失。Gu 等（2014）研究了由 3 个成员（回收商、拆解中心和再制造商）组成的逆向供应链，该供应链经受4种不同类型的供应中断,每一种中断都会对供应链成员产生不同程度的影响。作者采用系统动力学方法，通过仿真分析每种供应中断对各供应链成员平均利润的影响，重点研究了中断风险的定量评估方法。

本节采用系统动力学方法，对供应链的中断管理进行研究。本节研究与上述文献的不同在于：首先，以上文献考虑了运输中断或供应中断，而本节讨论由供应中断或自然灾害导致的生产中断。其次，以上文献着重比较不同层级上发生的中断的影响，或者给出当中断发生时减轻影响的方法，而本节从制造商的角度重点研究了生产中断对消费市场的影响，提出了在生产中断发生前确定多阶段库存水平和在生产中断发生后制订备货计划的新方法。

与本节密切相关的文献是 Gu 等（2012a）的研究成果，作者采用 Vensim 5.10 软件包开发了一个制造/再制造供应链系统动力学模型，并给出了 R/M 集成供应链的联合决策。不过，该文献中没有涉及任何供应链中断。基于 Gu 等（2012a）所研究的制造/再制造供应链模型，本节将研究依据再制造率的具有生产中断风险的制造/再制造供应链模型，给出在生产中断发生前确定多阶段库存水平和在生产中断发生后制订备货计划的新方法。

3.2.3 模型描述

1. 模型结构

本节研究的制造/再制造供应链结构如图 3.4 所示。制造/再制造供应链共有 7 个成员：原材料供应商、零部件生产商、制造商、批发商、零售商、回收商和拆解中心。图 3.4 展示出供应链成员之间物流和信息流的关系。模型结构更详细的描述体现在应用 Vensim 5.10 软件包开发的因果关系图中（图 3.5）。图 3.5 中涉及的所有变量和常量的解释说明都可以在 Gu 等（2012a）文献中找到。为方便查看，附录 2A 中列出了这些变量和常量的解释说明。

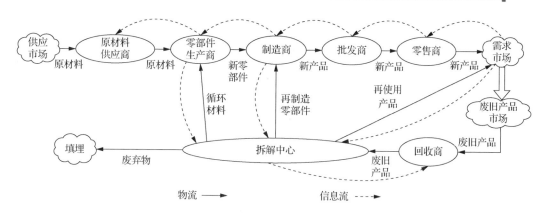

图 3.4　制造/再制造供应链中的物流和信息流

原材料供应商从供应市场获取原材料,并根据原材料订单将原材料运送到零部件生产商。

零部件生产商使用两种材料生产新零部件:原材料和循环材料。当然,在拆解中心(或其他再循环处理厂)实施再循环后,循环材料须与原材料供应商所供应的材料质量相同。零部件生产商从拆解中心接收循环材料,将原材料的订单信息发送给原材料供应商,并根据新零部件订单将新零部件运送给制造商。

制造商使用两种零部件来制造新产品:零部件生产商提供的新零部件和拆解中心提供的再制造零部件。当然,经过拆解中心(或其他再制造厂)实施再制造后,再制造零部件须与新的零部件质量相同。制造商从拆解中心获取再制造零部件,将新零部件订单信息发送给零部件生产商,并根据新产品订单将新产品运送给批发商。

批发商从制造商采购产品,将自己新产品订单信息发送给制造商,然后根据零售商新产品订单信息将新产品运送给零售商。

零售商从批发商采购产品,将自己新产品订单信息发送给批发商,并根据新产品市场需求将新产品销售给最终消费者。

回收商考虑废旧产品的需求,从废旧产品市场回收废旧产品。这些回收的废旧产品被出售给拆解中心。

拆解中心从回收商获取废旧产品,对这些废旧产品进行检测和拆解,得到可再使用产品、可再制造零部件、可循环材料和废弃物。拆解中心根据市场信息将再使用产品供应给市场,根据制造商的需求信息向制造商提供再制造零部件,根据零部件生产商的需求信息将循环材料供应给零部件生产商。

本节研究图 3.5 中以圆圈为标记的销售速率(sales),以及以灰色为标记的制造商库存(manufacturer's inventory)、批发商库存(wholesaler's inventory)和零售商库存(retailer's inventory)。目的是研究制造/再制造供应链中生产中断对销售速率(sales)的影响及生产中断的管理方法,以确保销售速率达到所需的销售比率。

2. 存流图

有生产中断的制造/再制造供应链存流图如图 3.6 所示,该存流图是 Gu 等(2012a)的文献中模型的进一步深化,添加了有关中断风险的内容。因此,与 Gu 等(2012a)的文献相同的变量、常量和等式见附录 2A 和附录 2B,这里只给出增加的和有变化的内容(表 3.1)。

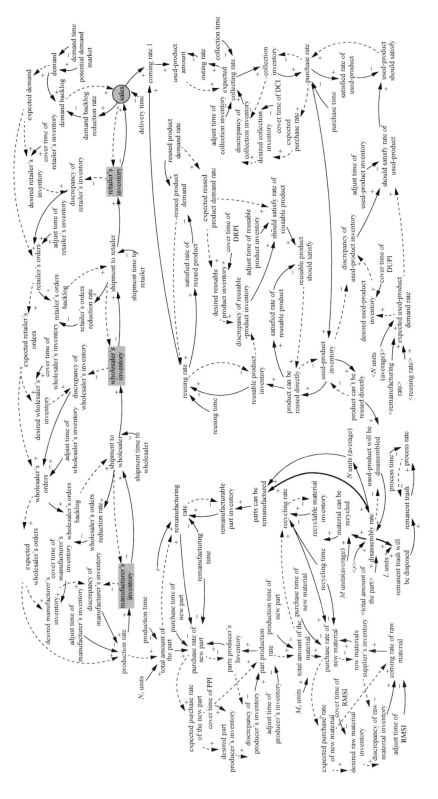

图 3.5　制造/再制造供应链因果关系图

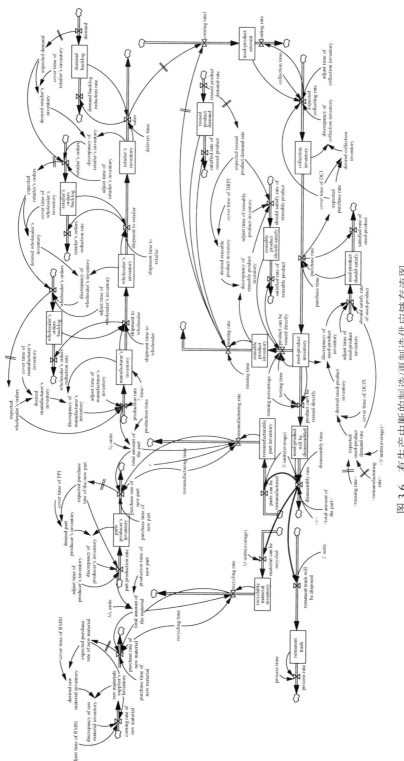

图 3.6　有生产中断的制造/再制造供应链存流图

表 3.1 有无生产中断的存流图中内容比较

在有生产中断的存流图中（本节内容）	在没有生产中断的存流图中（Gu et al., 2012a）
production rate = IF THEN ELSE(time>=i:AND:time<=j, 0, expected wholesaler's orders + discrepancy of manufacturer's inventory / adjust time of manufacturer's inventory)	production rate = expected wholesaler's orders + discrepancy of manufacturer's inventory / adjust time of manufacturer's inventory
demand = RANDOM NORMAL(minimum value, maximum value, mean, standard deviation, initial value)	demand = potential demand market / demand time
<time>	—
—	potential demand market
—	demand time
manufacturer's inventory = INTEG(IF THEN ELSE(time = k_1, mean of manufacturer's inventory × α_1, production rate − shipment to wholesaler))	manufacturer's inventory = INTEG(production rate − shipment to wholesaler, 0)
wholesaler's inventory = INTEG(IF THEN ELSE(time = k_2, mean of wholesaler's inventory × α_2, shipment to wholesaler − shipment to retailer))	wholesaler's inventory = INTEG (shipment to wholesaler − shipment to retailer, 0)
retailer's inventory = INTEG(IF THEN ELSE(time = k_3, mean of retailer's inventory× α_3, shipment to retailer − sales))	retailer's inventory = INTEG (shipment to retailer − sales, 0)

在有生产中断的存流图中生产速率（production rate）的含义是：如果生产中断发生在第 i 周期并持续到第 j 周期，那么这些周期内的生产速率的值是 0；否则，生产速率的值是"expected wholesaler's orders + discrepancy of manufacturer's inventory / adjust time of manufacturer's inventory"。这里，i 和 j 是仿真周期，$i \leqslant j$。

在有生产中断的存流图中需求（demand）等式中，RANDOM NORMAL ()是含有 5 个参数的正态分布函数，包括最小值、最大值、均值、标准差和初始值。

<time>在有生产中断的存流图中是一个影子变量，用于描述生产中断的发生和结束。

在没有生产中断的存流图中用到的 potential demand market 和 demand time，将从本节中有生产中断的存流图里删除。

在制造商库存（manufacturer's inventory）、批发商库存（wholesaler's inventory）和零售商库存（retailer's inventory）的等式中，INTEG ()是 Vensim 5.10 中的函数，用于定义积分量（随时间对变量进行积分）。制造商库存均值（mean of manufacturer's inventory）、批发商库存均值（mean of wholesaler's inventory）和零售商库存均值（mean of retailer's inventory）依次为没有生产中断时制造商库存（manufacturer's inventory）、批发商库存（wholesaler's inventory）和零售商库存（retailer's inventory）各自的平均值。k_1、k_2 和 k_3 是存货量需要增加的周期，增加的比例依次为 α_1、α_2 和 α_3。

3.2.4 数值算例

此处的数值算例基于以下假设：通过采纳 Gu 等（2012a）给出的联合决策，制造/

再制造供应链已成功运作，但制造商面临潜在的生产中断风险。作为制造/再制造供应链的核心成员，制造商计划找到一些有效的方法来管理生产中断的潜在风险。因此，下面应用数值算例对这些方法进行探讨。

在 Gu 等（2012a）的研究中有一个关键参数 r，$r = \text{STEP}(u, v)$，其中 u 代表再制造率，v 代表再制造开始周期。$\text{STEP}(u, v)$ 意味着制造商将从第 v 周期开始实施再制造，再制造率是 u。根据 Gu 等（2012a）的研究结果，制造商可以选择最优值 r：$r = \text{STEP}(0.1, 7)$、$r = \text{STEP}(0.2, 8)$、$r = \text{STEP}(0.3, 8)$、$r = \text{STEP}(0.4, 8)$、$r = \text{STEP}(0.5, 8)$、$r = \text{STEP}(0.6, 9)$、$r = \text{STEP}(0.7, 9)$、$r = \text{STEP}(0.8, 10)$、$r = \text{STEP}(0.9, 10)$ 和 $r = \text{STEP}(1, 11)$。在接下来的仿真中，r 取值为 $r = \text{STEP}(0.5, 8)$、$r = \text{STEP}(0.3, 8)$ 和 $r = \text{STEP}(0.7, 9)$。

不失一般性，在数值算例中假定制造商从第 8 周开始再制造，再制造率是 0.5，即 $r = \text{STEP}(0.5, 8)$，生产中断出现在第 21 周。制造商可以在 T 周期（$T = 1, 2, 3, 4, 5, 6$）内恢复生产，即恢复生产时间是 T 周期。需求（demand）为 "RANDOM NORMAL (8000, 12000, 10000, 2000, 10000)"。其他参数设置见表 3.2。

表 3.2　参数设置

参数	成员						
	制造商	批发商	零售商	零部件生产商	原材料供应商	回收商	拆解中心
库存初始值	0	0	0	1000	100000	0	0
库存调整时间	3	3	3	3	3	3	3
库存覆盖时间	1, 1.5, 2, 2.5, 3	1, 1.5, 2, 2.5, 3	1, 1.5, 2, 2.5, 3	2	1.5	2	1.5
提前期	2	1	1.5	1.5	—	2	2
生产时间	2	—	—	1.5	—	—	1.5

基于 3.2.3 节所描述的模型和这一算例，下面首先给出生产中断的不同恢复时间对销售速率（sales）的影响。然后，给出生产中断发生前确定多阶段库存水平的方法和生产中断发生后制订备货计划的方法，以降低中断风险并确保销售比率（sales ratio）。

1. 生产中断不同恢复时间对销售速率的影响

当第 21 周期发生生产中断，且中断恢复时间为 T 周期（$T = 1, 2, 3, 4, 5$ 和 6）时，每个恢复周期的生产速率可以表示为

$$\text{production rate} = \text{IF THEN ELSE (time}>=21: \text{AND: time}<=j, 0, \text{expected wholesaler's orders} + \text{discrepancy of manufacturer's inventory / adjust time of manufacturer's inventory)} \quad 21 \leqslant j \leqslant 26 \quad (3.1)$$

制造商库存覆盖周期（cover time of manufacturer's inventor）、批发商库存覆盖周期（cover time of wholesaler's inventory）和零售商库存覆盖周期（cover time of retailer's inventory）分别为 1.5 周、1 周和 1.5 周。生产中断的不同恢复时间对销售速率影响的仿真结果如图 3.7（a）所示。在图 3.7（a）中，"sales:恢复时间为 T 周" 表示当恢复时间为 T 周（$T = 1, 2, 3, 4, 5$ 和 6）时销售速率（sales）的仿真结果。

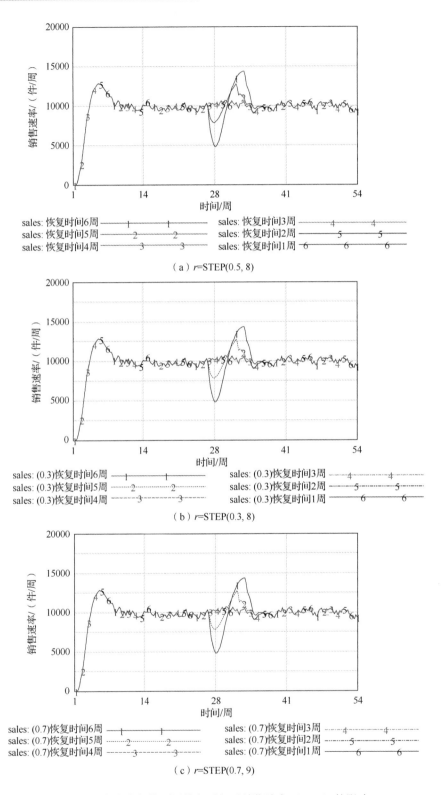

图 3.7　生产中断的不同恢复时间对销售速率（sales）的影响

图 3.7（a）表明，如果恢复时间为 1 周（2 周、3 周和 4 周），或者说生产中断可在中断发生后的 4 周内恢复，则销售速率（sales）不会受到影响。但是，如果恢复时间超过 4 周，销售速率（sales）则会受到生产中断的影响：生产中断恢复时间越长，销售速率（sales）波动就越大。

显然，销售速率（sales）波动是制造/再制造供应链成员面临的生产中断风险造成的后果。如何消除销售速率（sales）波动是本研究的主要目的。

为了消除销售速率（sales）波动，下面以恢复时间为 6 周为例，给出如何确定多阶段库存水平和如何制订备货计划。

在研究消除波动方法前，还需要讨论另外两个问题。在数值算例中，再制造从第 8 个周期开始，同时再制造率为 0.5，即 $r = $ STEP (0.5, 8)。如果再制造率不是 0.5，再制造从其他不同时期开始，销售速率（sales）将如何波动？进一步的仿真结果表明[图 3.7（b）和（c）]，当再制造率或再制造开始周期变化时，销售速率（sales）波动具有和图 3.7（a）相同的行为。例如，在图 3.7（b）中，再制造从第 8 周期开始、再制造率为 0.3，即 $r = $ STEP (0.3, 8)；在图 3.7（c）中，再制造从第 9 周期开始、再制造率是 0.7，即 $r = $ STEP (0.7, 9)。注意，$r = $ STEP (0.3, 8) 和 $r = $ STEP (0.7, 9) 都是从 r 的最优值中选出的。这表明，在数值算例中选取 $r = $ STEP (0.5, 8) 具有代表性，是合理的和有效的。

另外，在图 3.7（b）中，"sales:(0.3)恢复时间为 T 周"表示当再制造率为 0.3、恢复时间为 T 周（$T = 1, 2, 3, 4, 5$ 和 6）时销售速率（sales）的仿真结果；在图 3.7（c）中，"sales:(0.7)恢复时间为 T 周"表示当再制造率为 0.7、恢复时间为 T 周（$T = 1, 2, 3, 4, 5$ 和 6）时销售速率（sales）的仿真结果。

2. 确定多阶段库存水平的方法

在生产中断发生之前，可以通过设置多阶库存水平来消除生产中断对销售速率（sales）的影响。在该模型中，多阶段库存水平的设置可通过 3 个步骤来实现：选择制造商库存覆盖周期（cover time of manufacturer's inventor）、批发商库存覆盖周期（cover time of wholesaler's inventory）和零售商库存覆盖周期（cover time of retailer's inventory）。经过这 3 个步骤，销售速率（sales）波动就会消失。

1）步骤 1：选择制造商库存覆盖周期

仿真中，批发商库存覆盖周期为 1，零售商库存覆盖周期为 1.5。没有生产中断和有生产中断的仿真结果分别如图 3.8 和图 3.9 所示。在图 3.8 中，"sales:(无中断)T_1 周"表示在没有生产中断、制造商库存覆盖周期为 T_1 周（$T_1 = 1, 1.5, 2, 2.5$ 和 3）时销售速率（sales）的仿真结果；在图 3.9 中，"sales:(有中断)T_1 周"表示在有生产中断、制造商库存覆盖周期为 T_1 周（$T_1 = 1, 1.5, 2, 2.5$ 和 3）时销售速率（sales）的仿真结果。

图 3.8 表明，在没有生产中断时，即使制造商库存覆盖周期取值不同，销售速率（sales）行为也是相同的。也就是说，如果没有生产中断，无论制造商库存覆盖周期是多少，销售速率（sales）都是正常的。如果生产中断 6 周（图 3.9），销售速率（sales）

在某些周期就会出现波动。表 3.3 给出了没有生产中断和中断 6 周时销售速率（sales）的比较结果。

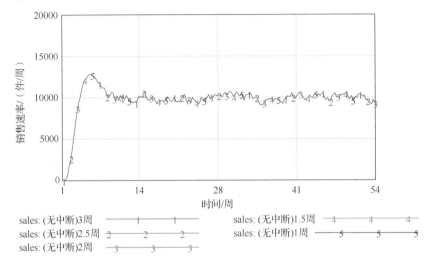

图 3.8　制造商库存覆盖周期不同时销售速率（sales）的变化（无中断）

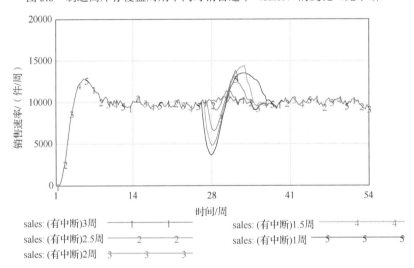

图 3.9　制造商库存覆盖周期不同时销售速率（sales）的变化（中断 6 周）

表 3.3　没有生产中断和中断 6 周时销售速率（sales）的比较

制造商库存覆盖周期		每周期的销售速率（sales）								
		第 26 周	第 27 周	第 28 周	第 29 周	第 30 周	第 31 周	第 32 周	第 33 周	第 34 周
3 周	中断 6 周	10265	10253	10250	10230	10254	10202	9608	10422	9996
	无中断	10265	10253	10250	10230	10254	10202	9608	10422	9996
	销售比率（sales ratio）	1.00	1.00	1.00	1.00	1.00	1.00	1.00	1.00	1.00

制造商库存覆盖周期		每周期的销售速率（sales）								
		第 26 周	第 27 周	第 28 周	第 29 周	第 30 周	第 31 周	第 32 周	第 33 周	第 34 周
2.5 周	中断 6 周	10265	10253	9179	9655	11386	10692	9763	10471	10012
	无中断	10265	10253	10250	10230	10254	10202	9608	10422	9996
	销售比率（sales ratio）	1.00	1.00	0.90	0.94	1.11	1.05	1.02	1.00	1.00
2 周	中断 6 周	10265	8737	6567	8237	10740	12918	12321	11280	10268
	无中断	10265	10253	10250	10230	10254	10202	9608	10422	9996
	销售比率（sales ratio）	1.00	0.85	0.64	0.81	1.05	1.27	1.28	1.08	1.03
1.5 周	中断 6 周	10265	5704	5053	7412	10401	12680	13910	14344	11553
	无中断	10265	10253	10250	10230	10254	10202	9608	10422	9996
	销售比率（sales ratio）	1.00	0.56	0.49	0.72	1.01	1.24	1.45	1.38	1.16
1 周	中断 6 周	8203	4025	4139	6860	10020	12243	13260	13477	13144
	无中断	10265	10253	10250	10230	10254	10202	9608	10422	9996
	销售比率（sales ratio）	0.80	0.39	0.40	0.67	0.98	1.20	1.38	1.29	1.31

在表 3.3 中，销售比率（sales ratio）表示由于生产中断导致的销售速率（sales）的变化：

$$\text{sales ratio} = \text{sales with 6 weeks disruption / sales no disruption} \tag{3.2}$$

即销售比率等于中断 6 周的销售速率（sales）与没有中断时销售速率（sales）之比。例如，当制造商库存覆盖周期为 2.5 周时，第 28 周期的销售比率（sales ratio）为 0.90，这意味着有中断 6 周时销售速率（sales）仅是没有中断时销售速率（sales）的 90%。

表 3.4(步骤 1)表明了步骤 1 中中断 6 周时不同库存水平组合下的最低销售比率(sales ratio)。从表 3.4 可知，当批发商的库存覆盖周期为 1 和零售商的库存覆盖周期为 1.5 时，制造商应该设定制造商库存覆盖周期不短于 2.5 周（3 周、2 周、1.5 周和 1 周），以确保销售比率（sales ratio）在每个周期不少于 90%（100%、64%、49% 和 39%）。此处，制造商应选择满足相关条件的库存覆盖周期最短的一个。注意，这是本节研究使用的选择规则。

接下来，假设制造商承担 50% 左右的销售比率（sales ratio），选择 1.5 周作为制造商库存覆盖周期。如果批发商和零售商分担另外 50% 的销售比率（sales ratio）中的一半，如何选择批发商库存覆盖周期和零售商库存覆盖周期呢？

2）步骤 2：选择批发商库存覆盖周期

图 3.10 展示出批发商库存覆盖周期不同（中断 6 周）时销售速率（sales）的变化。此处，已选定制造商库存覆盖周期为 1.5、零售商库存覆盖周期为 1.5。在图 3.10 中，"sales:(有中断)T_1 周"表示在有生产中断、批发商库存覆盖周期为 T_1 周（$T_1 = 1$, 1.5, 2, 2.5 和 3）时的仿真结果。表 3.4（步骤 2）展示了当已经选定制造商库存覆盖周期、中断 6 周时，不同库存水平组合下的最低销售比率（sales ratio）。

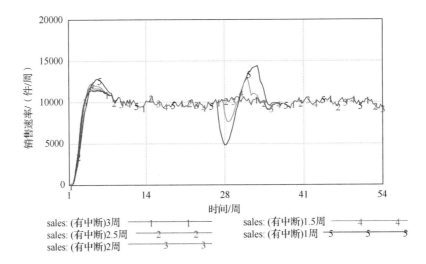

图 3.10　批发商库存覆盖周期不同时销售速率（sales）的变化（中断 6 周）

表 3.4　中断 6 周时不同库存水平组合下的最低销售比率（sales ratio）

步骤	供应链成员库存覆盖周期组合/周			最低销售比率（sales ratio）（发生周期）
	制造商	批发商	零售商	
步骤 1	3	1	1.5	100%（所有）
	2.5	1	1.5	90%（第 28 周）
	2	1	1.5	64%（第 28 周）
	1.5	1	1.5	49%（第 28 周）
	1	1	1.5	39%（第 27 周）
步骤 2	1.5	3	1.5	100%（所有）
		2.5	1.5	100%（所有）
		2	1.5	100%（所有）
		1.5	1.5	75%（第 28 周）
		1	1.5	49%（第 28 周）
步骤 3	1.5	1.5	3	100%（所有）
			2.5	100%（所有）
			2	100%（所有）
			1.5	75%（第 28 周）
			1	42%（第 27 周）

当制造商和批发商承担 50% 和 25% 的销售比率（sales ratio）时，应选定批发商库存的覆盖周期，使得销售比率（sales ratio）不低于 75%。从图 3.10 和表 3.4 可以看出，批发商库存覆盖周期应选定为 1.5。

3）步骤 3：选择零售商库存覆盖周期

现在，根据选择规则，制造商库存覆盖周期和批发商库存覆盖周期已经选定（1.5 周和 1.5 周）。在这种情况下，生产中断 6 周时销售速率（sales）的仿真结果如图 3.11 所示。在图 3.11 中，"sales:(有中断)T_1 周"表示在有生产中断、零售商库存覆盖周期为

T_1 周（T_1=1, 1.5, 2, 2.5 和 3）时的仿真结果。表 3.4（步骤 3）显示出当已经选定制造商库存覆盖周期和批发商库存覆盖周期、生产中断 6 周时，不同库存水平组合下的最低销售比率（sales ratio）。

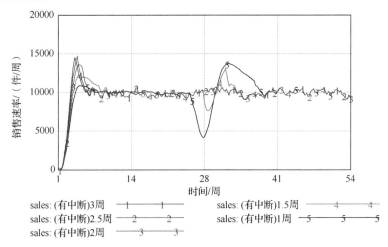

图 3.11　零售商库存覆盖周期不同时销售速率（sales）的变化（中断 6 周）

同样地，当制造商、批发商和零售商分别承担 50%、25% 和 25% 的销售比率（sales ratio）时，应选择零售商库存覆盖周期，以使销售比率（sales ratio）达到 100%。从图 3.11 和表 3.4 及选择规则可以得出，零售商库存覆盖周期应选定为 2 周。

综上所述，通过选定制造商库存覆盖周期、批发商库存覆盖周期及零售商库存覆盖周期（1.5 周、1.5 周和 2 周），图 3.12 给出当生产中断 6 周时的销售速率（sales）和需求（demand）的变化情况。从图 3.12 中可以看出，经过 3 个步骤做出的选择不仅可以保证 100% 的销售比率（sales ratio），还可以使销售速率（sales）和需求（demand）保持同步，即销售速率（sales）波动已经消失。

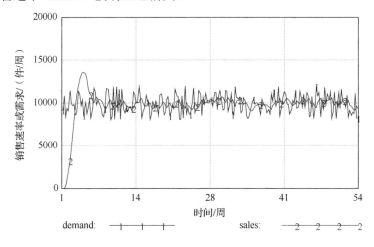

图 3.12　选定各成员库存覆盖周期时销售速率（sales）和需求（demand）的变化（中断 6 周）

3. 制订备货计划的方法

当生产中断发生时，作为一种管理中断风险的方法，制造商、批发商或零售商可以依据情况制订备货计划，如从其他的制造商、批发商或零售商处备货以便风险发生后进行调配。然而，制造商、批发商或零售商中谁应为这些产品制订备货计划？什么时间、储备多少？下面将决定制造商、批发商或零售商的备货周期（k_1、k_2 和 k_3）。在这些周期内，供应链成员制订备货计划并根据其库存水平选择补货比例（α_1、α_2 和 α_3）。k_1（k_2、k_3）的选择规则如下：当生产中断造成的库存水平在 k_1 周期（k_2 周期或 k_3 周期）下降到 50%左右时，则制造商（批发商或零售商）应在 k_1 周期（k_2 周期或 k_3 周期）实施备货计划。α_1、α_2 和 α_3 的选择规则是必须确保销售速率（sales）达到所需的销售比率（sales ratio）。

1）制造商选择 k_1 和 α_1

生产中断 6 周时制造商库存的仿真结果如图 3.13 所示。在图 3.13 中，"manufacturer's inventory:(有中断)T_1 周"表示在有生产中断、制造商库存覆盖周期为 T_1 周（$T_1 = 1$、1.5、2、2.5 和 3）时的仿真结果。此处，批发商库存覆盖周期为 1、零售商库存覆盖周期为 1.5。

从一致性的角度考虑，k_1 和 α_1 可通过制造商库存覆盖周期为 1.5 周时的仿真结果进行分析和选择。

容易发现，在第 23 周期制造商的库存减少到 50%左右（图 3.13），所以 k_1 应选择 23。式（3.3）给出的制造商库存的等式将用于对 α_1 取不同值时的销售速率（sales）进行仿真。

$$\text{manufacturer's inventory} = \text{INTEG (IF THEN ELSE (time} = 23,$$
$$\text{mean of manufacturer's inventory} \times \alpha_1,$$
$$\text{production rate} - \text{shipment to wholesaler))} \qquad (3.3)$$

式中，制造商库存均值（mean of manufacturer's inventory）是 30358，$\alpha_1 = 0$、0.5、1、1.5 和 2。

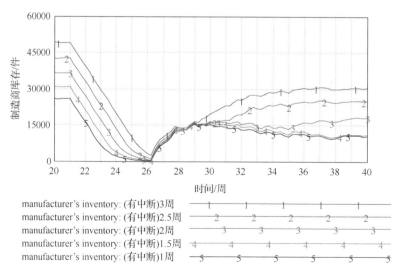

图 3.13 制造商库存覆盖周期不同时制造商库存的变化情况（中断 6 周）

图 3.14 给出了 α_1 取不同值时销售速率（sales）的仿真结果。在图 3.14 中，"sales:(有中断) α_1"表示在有生产中断、补货比例为 α_1（α_1 = 0、0.5、1、1.5 和 2）时销售速率（sales）的仿真结果。结果表明，当 α_1 = 0(0.5、1、1.5 和 2)时，制造商可确保销售比率（sales ratio）达到 49%（63%、75%、87% 和 100%），见表 3.5。

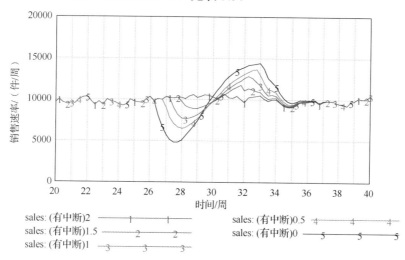

图 3.14　α_1 取不同值时销售速率（sales）的变化情况（中断 6 周）

表 3.5　备货计划的选择

备货计划者和参数		选择				
制造商	(k_1, α_1)	(23, 0)	(23, 0.5)	(23, 1)	(23, 1.5)	(23, 2)
	销售比率（sales ratio）	49%	63%	75%	87%	100%
批发商	(k_2, α_2)	(25, 0)	(25, 1)	(25, 2)	(25, 3)	(25, 3.5)
	销售比率（sales ratio）	49%	62%,	77%	91%	100%
零售商	(k_3, α_3)	(26, 0)	(26, 1)	(26, 2)	(26, 3)	(26, 4)
	销售比率（sales ratio）	49%	62%	80%	95%	100%

2）批发商选择 k_2 和 α_2

生产中断 6 周时批发商库存的仿真结果如图 3.15 所示。该图来自于和图 3.13 相同的仿真过程。通过制造商库存覆盖周期为 1.5 时的仿真结果可对 k_2 和 α_2 进行分析和选择。

从仿真结果来看，批发商库存在第 25 周期下降 50% 左右（图 3.15），所以 k_2 应选择 25。式（3.4）给出的批发商库存的等式可用于对 α_2 取不同值时的销售速率（sales）进行仿真。

$$\text{wholesaler's inventory} = \text{INTEG (IF THEN ELSE (time} = 25, 17750 \times \alpha_2,}$$
$$\text{shipment to wholesaler} - \text{shipment to retailer)}) \quad (3.4)$$

式中，17750 是批发商库存均值（mean of wholesaler's inventory），α_2 = 0、1、2、3 和 3.5。

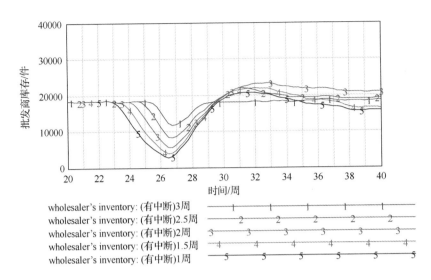

图 3.15 批发商库存覆盖周期不同时批发商库存的变化情况（中断 6 周）

图 3.16 给出了 α_2 取不同值时销售速率（sales）仿真结果。在图 3.16 中，"sales:(有中断) α_2"表示在有生产中断、补货比例为 α_2（$\alpha_2 = 0, 1, 2, 3$ 和 3.5）时销售速率（sales）的仿真结果。结果表明，当 $\alpha_2 = 0(1, 2, 3$ 和 3.5)时，批发商可以确保销售比率（sales ratio）达到 49%（62%、77%、91% 和 100%），见表 3.5。

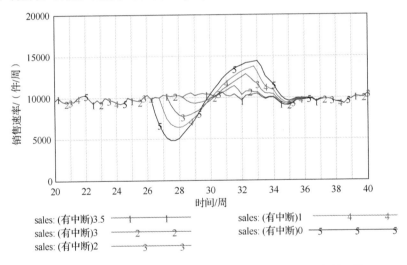

图 3.16 α_2 取不同值时销售速率（sales）的变化情况（中断 6 周）

3）零售商选择 k_3 和 α_3

同样地，生产中断 6 周时零售商库存的仿真结果如图 3.17 所示。图 3.17 来自于和图 3.13 相同的仿真过程。通过制造商库存覆盖周期为 1.5 时的仿真结果可对 k_3 和 α_3 进行分析和选择。

从仿真结果来看，零售商库存在第 26 期或第 27 期减少了 50% 左右（图 3.17），所

以 k_3 应选择 26。式（3.5）给出的零售商库存的等式可用于对 α_3 取不同值时的销售速率（sales）进行仿真。

$$\text{retailer's inventory} = \text{INTEG (IF THEN ELSE (time} = 26, 15132 \times \alpha_3,$$
$$\text{shipment to retailer} - \text{sales))} \tag{3.5}$$

式中，15132 是零售商库存均值（mean of retailer's inventory），$\alpha_3 = 0$、1、2、3 和 4。

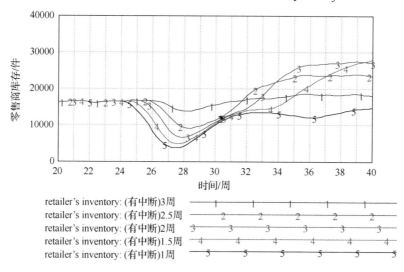

图 3.17　零售商库存覆盖周期不同时零售商库存的变化情况（中断 6 周）

图 3.18 给出了 α_3 取不同值时销售速率（sales）的仿真结果。在图 3.18 中，"sales:(有中断) α_3" 表示在有生产中断、补货比例为 α_3（$\alpha_3 = 0, 1, 2, 3$ 和 4）时销售速率（sales）的仿真结果。结果表明，当 $\alpha_3 = 0(1, 2, 3$ 和 4)时，零售商可以确保销售比率（sales ratio）达到 49%（62%、80%、95%和 100%），见表 3.5。

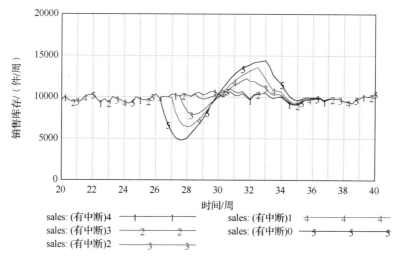

图 3.18　α_3 取不同值时销售速率（sales）的变化情况（中断 6 周）

4）备货计划选择

表 3.5 对以上多种选择进行了总结。当一个 6 周期生产中断发生时，决策者可以根据销售比率（sales ratio）的需求选择备货方案。例如，为了保持市场份额，销售比率（sales ratio）必须大于 90%，则备货计划可由制造商、批发商和零售商制订：

（1）如果由制造商制订备货计划，必须选择$(k_1, \alpha_1) = (23, 2)$。在这种选择下，销售比率（sales ratio）达到了 100%，同时备货数量是 mean of manufacturer's inventory $\times \alpha_1 =$ 30358 × 2=60716。

（2）如果批发商是备货计划的制订者，则有两个选择$(k_2, \alpha_2) = (25, 3)$ 和$(k_2, \alpha_2) = (25, 3.5)$，而销售比率（sales ratio）分别是 91% 和 100%。备货数量是 mean of wholesaler's inventory $\times \alpha_2 = 17750 \times 3 = 53250$ 和 mean of wholesaler's inventory $\times \alpha_2 = 17750 \times 3.5 = 62125$。

（3）如果零售商制订备货计划，也有两个选择$(k_3, \alpha_3) = (26, 3)$ 和$(k_3, \alpha_3) = (26, 4)$，销售比率（sales ratio）分别是 95% 和 100%。备货数量是 mean of retailer's inventory $\times \alpha_3 = 15132 \times 3 = 45396$ 和 mean of retailer's inventory $\times \alpha_3 = 15132 \times 4 = 60528$。

从经济角度看，当每件备用产品的采购成本对制造商、批发商和零售商来说都相同时，选择最低的备货数量就是最优的方案。通过比较上述不同选择时的备货数量发现，备货计划应该由零售商制订。

4. 数值算例的效果

在 3.2.4 节中，通过数值算例展示了在生产中断发生前确定多阶段库存水平和在生产中断发生后制订备货计划的方法。在制造/再制造供应链的实际运作中，变量和常量的取值多种多样。这里的算例当然不能研究所有可能的情况，但可以：

（1）说明方法的有效性；

（2）说明如何在中断发生前逐步确定多阶段库存水平；

（3）说明如何在生产中断发生后制订备货计划。

3.2.5 灵敏度分析

为了确保销售速率（sales）达到所需的销售比率（sales ratio），3.2.4 节给出了在生产中断发生前确定多阶段库存水平和在生产中断发生后制订备货计划的方法。这些方法基于图 3.7（a）的仿真结果：生产中断恢复时间越长，销售速率（sales）波动越大。

不过，当一些参数值发生变化时，生产中断和销售速率（sales）是否还有相同的行为？下面通过灵敏度分析对该问题进行研究。灵敏度分析的参数值设置见表 3.6，包括情景 1、情景 2、情景 3、情景 4 和情景 5，仿真结果如图 3.19 所示。图中"sales:（情景 S）T 周"是在情景 $S(S = 1, 2, 3, 4$ 和 5)下，当中断恢复时间为 T 周$(T = 1, 2, 3, 4, 5$ 和 6)时的仿真结果。

从图 3.19 的仿真结果可知，即使参数设置不同值，生产中断和销售速率（sales）也都各自有相同的行为。这意味着，研究给出的确定多阶段库存水平和制订备货计划的方法是有效的。

表 3.6　灵敏度分析的参数值设置

参数		成员		
		制造商	批发商	零售商
情景 1	库存调整时间	3.5	3.5	3.5
	库存覆盖时间	1.5	1	1.5
	提前期	2	1	1.5
情景 2	库存调整时间	3.5	3.5	3.5
	库存覆盖时间	1.5	1	1.5
	提前期	2.5	1.5	2
情景 3	库存调整时间	2.5	2.5	2.5
	库存覆盖时间	1.5	1	1.5
	提前期	2	1	1.5
情景 4	库存调整时间	2.5	2.5	2.5
	库存覆盖时间	1.5	1	1.5
	提前期	2.5	1.5	2
情景 5	库存调整时间	4	3.5	3
	库存覆盖时间	1.5	1	1.5
	提前期	2	1.5	1

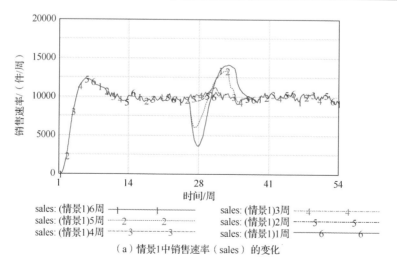

（a）情景1中销售速率（sales）的变化

图 3.19　不同生产中断恢复时间对 sales 的影响（$r = \text{STEP}(0.5, 8)$）（情景 1～情景 5）

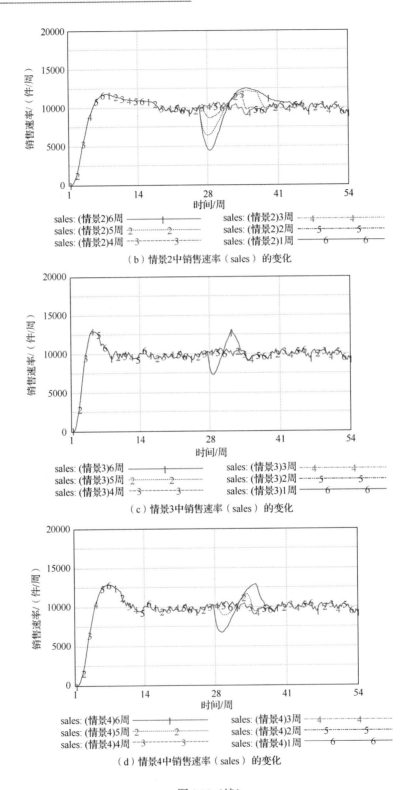

（b）情景2中销售速率（sales）的变化

（c）情景3中销售速率（sales）的变化

（d）情景4中销售速率（sales）的变化

图3.19（续）

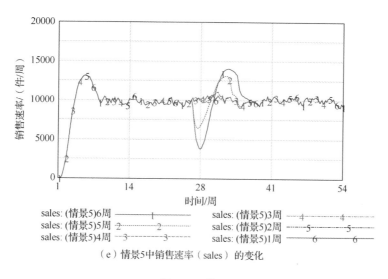

（e）情景5中销售速率（sales）的变化

图 3.19（续）

3.2.6　结论

供应链的中断管理是非常重要的，因为中断可能导致严重的后果。有两种管理中断的常用策略：增加库存水平和从其他供应商那里备货。本节给出了建立多阶段库存水平和制订备货计划的新方法。

在制造/再制造供应链中，考虑制造商的生产中断问题，应用 Vensim 5.10 软件包构建了有生产中断的制造/再制造供应链系统动力学模型。通过数值算例，分析了生产中断的不同恢复时间对销售速率（sales）的影响。基于仿真结果，给出了在生产中断发生前设置多阶段库存水平及在生产中断发生后制订备货计划的方法，以确保销售速率（sales）达到所需的销售比率（sales ratio）。

3.3　本 章 小 结

在制造/再制造供应链中，废旧产品再制造率是一个重要参数。本章主要研究依据再制造率的制造/再制造供应链拆解计划优化、库存和备货计划优化问题。研究结果如下。

基于由拆解中心和回收商组成的逆向供应链，依据再制造率考虑拆解计划，拆解计划包括两个参数(N units, M units)。通过对 5 种拆解方案（包括初始拆解方案）进行仿真，将初始拆解计划的仿真结果与其他 4 种拆解计划的仿真结果进行比较，得到了最优拆解计划。

在制造/再制造供应链中，依据再制造率及再制造开始周期，应用 Vensim 5.10 构建了有生产中断的制造/再制造供应链系统动力学模型。基于仿真结果，分析了生产中断不同恢复时间对销售速率（sales）的影响；为确保销售速率（sales）达到所需的销售比率（sales ratio），给出在生产中断发生前设置多阶段库存水平及在生产中断发生后制订备货计划的新方法。

参 考 文 献

CAUVIN A C A, FERRARINI A F A, TRANVOUEZ E T E, 2009. Disruption management in distributed enterprises: a multi-agent modelling and simulation of cooperative recovery behaviours [J]. International journal of production economics, 122(1): 429-439.

CHEN J X, LI G H, SHI G H, 2011. Supply chain system dynamics simulation with disruption risks [J]. Industrial engineering and management, 16(6): 35-41.

CHEN K B, XIAO T J, 2009. Demand disruption and coordination of the supply chain with a dominant retailer [J]. European journal of operational research, 197 (1): 225-234.

FORRESTER J W, 1961. Industrial dynamics [M]. Cambridge: MIT Press.

GEORGIADIS P, BESIOU M, 2008. Sustainability in electrical and electronic equipment closed-loop supply chains: a system dynamics approach [J]. Journal of cleaner production, 16(15): 1665-1678.

GEORGIADIS P, VLACHOS D, 2004a. Decision making in reverse logistics using system dynamics [J]. Yugoslav journal of operations research, 14(2): 259-272.

GEORGIADIS P, VLACHOS D, 2004b. The effect of environmental parameters on product recovery [J]. European journal of operational research, 157(2): 449-464.

GU Q L, GAO T G, 2011. Simulation for disassembly planning of used-product in reverse supply chain [J]. ICIC express letters, part B: applications, 2(6):1315-1320.

GU Q L, GAO T G, 2012a. Joint decisions for R/M integrated supply chain using system dynamics methodology [J]. International journal of production research, 50(16): 4444-4461.

GU Q L, GAO T G, 2012b. Managing supply disruption for remanufacturer of reverse supply chain [C]// IEEE International Conference on Service Operations and Logistics, and Informatics. Suzhou: IEEE: 331-335.

GU Q L, GAO T G, 2017. Production disruption management for R/M integrated supply chain using system dynamics methodology [J]. International journal of sustainable engineering, 10(1): 44-57.

GU Q L, TAGARAS G, GAO T G, 2014. Disruption risk management in reverse supply chain by using system dynamics [C]// International Conference on Management Science and Management Innovation. Changsha: Atlantis Press: 512-517.

GUO X J, FU Y P, 2011. Dynamic analysis and simulation of single-closed-loop mechanism with a screw pair [J]. ICIC express letters, 5(4(A)): 931-936.

LATOUR A, 2001. Trial by fire: a blaze in albuquerque sets off major crisis for cell phone giants [N]. The wall street journal, 29 January, A1.

LI X, CHEN Y, 2010b. Impacts of supply disruptions and customer differentiation on a partial-backordering inventory system [J]. Simulation modelling practice and theory, 18(5): 547-557.

LI X, WAND X P, 2010a. A study of the function-based policy optimization in system dynamics model [J]. International journal of innovative computing, information and control, 6(6): 2847-2856.

LO S H, FAN C Y, FAN P S, et al. , 2011. Innovation product multi-generation diffusion process-a system dynamics model approach [J]. ICIC express letters, 5(4(B)): 1235-1242.

LORENTZ H, HILMOLA O P, 2012. Confidence and supply chain disruptions: insights into managerial decision-making from the perspective of policy [J]. Journal of modelling in management, 7(3): 328-356.

MINEGISHI S, THIEL D, 2000. System dynamics modeling and simulation of a particular food supply chain [J]. Simulation-practice and theory, 8(5): 321-339.

PAPACHRISTOS G, 2014. Transition inertia due to competition in supply chains with remanufacturing and recycling: a systems dynamics model [J]. Environmental innovation and societal transitions, 12: 47-65.

QI X T, BARD J F, YU G, 2004. Supply chain coordination with demand disruptions [J]. Omega, 32(4): 301-312.

RICE J, CANIATO F, 2003. Building a secure and resilient supply chain [J]. Supply chain management review, 7(5): 22-30.

SHI G H, ZHONG H, 2009. Study on the models of cross-chain inventory collaboration in cluster supply chain [J]. Industrial engineering and management, 14(3): 7-12.

SPENGLER T, SCHROTER M, 2003. Strategic management of spare parts in closed-loop supply chains: a system dynamics approach [J]. Interfaces, 33(6): 7-17.

STERMAN J D, 2000. Business dynamics: systems thinking and modeling for a complex world [M]. New York: McGraw-Hill.

VLACHOS D, GEORGIADIS P, IAKOVOU E, 2007. A system dynamics model for dynamic capacity planning of remanufacturing in closed-loop supply chains [J]. Computers and operations research, 34(2): 367-394.

WANG Y X, CHANG X Y, CHEN Z G, et al., 2014 . Impact of subsidy policies on recycling and remanufacturing using system dynamics methodology: a case of auto parts in China [J]. Journal of cleaner production, 74(7): 161-171.

WILSON M C, 2007. The impact of transportation disruptions on supply chain performance [J]. Transportation research part E: logistics and transportation review, 43(4): 295-320.

XIA Y S, XIAO T J, YU G, 2004. Production and inventory management with raw material supply disruptions[Z]. Working paper, McCombs School of Business, The University of Texas at Austin.

XIAO T J, QI X T, 2008. Price competition, cost and demand disruptions and coordination of a supply chain with one manufacturer and two competing retailers [J]. Omega, 36(5): 741-753.

XIAO T J, YU G, 2006. Supply chain disruption management and evolutionarily stable strategies of retailers in the quantity-setting duopoly situation with homogeneous goods [J]. European journal of operational research, 173(2): 648-668.

YANG J, QI X T, YU G, 2005. Disruption management in production planning [J]. Naval research logistics, 52(5): 420-442.

YU H S, ZENG A Z, ZHAO L D, 2009. Single or dual sourcing: decision-making in the presence of supply chain disruption risks [J]. Omega, 37(4): 788-800.

第4章　基于多种返回产品的 IE-with 制造/再制造供应链优化

在现实生活中，返回产品的种类包括商业退货产品、租赁到期产品和废旧产品，废旧产品又分为使用寿命到期（end-of-use）产品和生命周期到期（end-of-life）产品。本章研究一个制造商从其分销商回收商业退货产品、租赁到期返回产品、end-of-use 产品和 end-of-life 产品的优化问题。分销商负责从零售商或第三方回收商回收这些返回产品。当制造商用自营运输车辆将新产品运送到分销商后，这些车辆将分销商回收的多种返回产品从分销商运回制造商。为了减少返回产品在分销商处的库存持有成本和运输车辆不必要的等待时间，分销商应恰在运输车辆到达时，将多种返回产品从零售商和第三方回收商处回收。为此，假定废旧产品检测误差率忽略不计，本章将一个单供应商多买方（single-vendor-multiple-buyer）正向供应链和一个多供应商单买方（multiple-vendor-single-buyer）逆向供应链整合，考虑逆向供应链和正向供应链产品数量和时间上的匹配，构建 0-1 混合整数规划模型，根据正向供应链中新产品的运输量和运输到达的时间，对逆向供应链中多种返回产品返回数量、时间及回收车辆路线等进行优化。

4.1　引　　言

目前，越来越多的制造商已经意识到，通过对逆向供应链退货产品进行有效管理，可以增加其潜在的利润。在汽车行业中，广泛使用"交换循环"一词，即新产品只有在核心部分被回收时才予以售出（Seitz et al.，2004）。该方法可以保证废旧产品的使用寿命和回收率。除了 end-of-use 产品和 end-of-life 产品，因为相关的商业销售、保修或租赁服务政策，制造商还面临商业退货、保修或租赁产品返回等问题。

一般来讲，商业退货和租赁返回产品需要不同的送货方式。然而，如果能够整合多种返回产品的运输，那么就有可能显著降低运输成本。针对这一情况，本章基于具有这些返回产品的公司，研究逆向供应链中的多种返回产品整合运输问题。研究问题如下。

（1）如何在逆向供应链中整合多种返回产品，以确保整合的多种返回产品的数量与正向供应链中运送的新产品的数量相匹配，同时最大化这些返回产品的潜在价值？

（2）何时从相关零售商和第三方回收商中收取返回产品，以便回收时间与新产品运达时间匹配？何时整合返回产品的决策可能涉及各种条件。

内容安排如下：4.2 节将对相关研究工作进行回顾；4.3 节将设计一个 0-1 混合整数规划模型，以优化收集时间、运输路线、收集率等；4.4 节将给出算例说明模型的有效性；4.5 节将总结本章的研究结论和进一步研究的方向。

4.2　文　献　回　顾

正向供应链中整合运输的研究主要包括以下几个方面：单供应商单买方（多产品）（Chopra et al.，2007；Dror et al.，2007）；单供应商多买方（Daganzo，1988；Higginson et al.，1994；Bookbinder et al.，2002；Marklund，2011；Ülkü，2012；Ülkü et al.，2012）；多供应商单买方（Bookbinder et al.，2011；Glock et al.，2014；Nguyen et al.，2014）；多供应商多买方（Li et al.，2012）。

Chopra 等（2007）研究了单买方从单供应商手中订购多种产品，并在产品组中整合多种类型产品的问题。Dror 等（2007）研究了多产品整合采购的 EOQ 模型。

Daganzo（1988）研究了物品从一个产地配送到多个目的地的物流问题。研究发现，在某些条件下，无转运的兜售策略优于有转运的任何策略。Higginson 等（1994）通过仿真模型研究了整合配送的 3 种通用策略（时间策略、数量策略、时间和数量策略）。Bookbinder 等（2002）研究了用自营车辆的整合运输，并通过概率建模获得最大持有时间和期望的调度数量。Marklund（2011）基于由一个中心仓库和 N 个不同的零售商组成的供应链，研究了库存补货和装运整合效应的联合评价问题。Ülkü（2012）研究表明整合装运能有助于减轻碳排放和能源浪费，并建立了以经济和环境节约最大化为目标的优化模型。Ülkü 等（2012）研究了由单供应商（一个制造商-经销商）和对价格及交货期敏感的多买方构成的供应链的整合运输问题。

Bookbinder 等（2011）研究了由独立到达起始点 A，并且全部目的地为 B 点的一系列小负载组成的联合装运的离散时间调度问题。Glock 等（2014）对多供应商单买方集成库存模型的整合装运进行分析。Nguyen 等（2014）研究基于随机需求和供应商附近单个整合点的易逝品交付整合策略。

Li 等（2012）开发了一个混合整数规划模型，用来规划由一个货运代理整合运输一批货物，这些货物必须运送到给定网络中指定的目的地。

本章分析单供应商多买方（正向）供应链和多供应商单买方（逆向）供应链的集成问题。

在文献中，有些综述文献给出逆向供应链的相关研究（Fleischmann et al.，1997；Govindan et al.，2015）。至于逆向供应链中的回收和运输，相关的研究主题包括配送网络设计（Gu et al.，2004；Gu et al.，2005；Savaskan et al.，2006；Pishvaee et al.，2010；Ramezani et al.，2013），以及车辆路径问题（Alshamrani et al.，2007；Kim et al.，2009；Kassem et al.，2013）。由于回收时间、废旧产品的数量和质量的不确定性，逆向供应链中的运输变得更加复杂。

从回收产品类型的角度，Kroon 等（1995）设计了一个混合整数规划模型，以确定逆向物流渠道中可重用集装箱的数量，以及集装箱仓库的数量和位置。Thierry（1997）设计了一个线性规划模型，用来解决关于废旧复印机回收的产品配送和产品回收网络问题。Louwers 等（1999）提出了一个非线性规划及其线性化的解决方案，用来决定关于废旧地毯逆向物流网络中区域回收中心的位置和规模。Jayaraman 等（2003）提出了一个混合整数规划模型，用来解决关于危险品逆向物流两级选址问题。

就废旧产品而言，即 end-of-use 产品和 end-of-life 产品，Min（1989）考虑逆向供应链的整合，设计了一个多目标混合整数规划模型，以选择最好的运输模式（直接运输还是整合运输）。该逆向物流涉及召回缺陷和/或危险产品。Gu 等（2004）给出了一个集成物流网络的选址-分配模型，并将再制造纳入生产系统。考虑到数量的不确定性，Gu 等（2005）开发了一个 R/M 集成系统的物流网络模糊机会约束规划模型，该模型将回收产品数量作为模糊参数。Min 等（2006）为逆向物流设计了一个混合整数非线性规划模型，该模型涉及商业退货产品的空间和时间整合。这种退货来源于产品缺陷或客户需求/偏好的变化。Gu 等（2008）研究了基于消费市场的 R/M 集成物流成本最小化运作模型。该模型包括对废旧产品的收集、拆解和配送计划。Sheriff 等（2014）对印度南部的塑料回收行业的选址、分配和线路决策进行了建模，包括激励支付、产品质量和多产品类型。

已有研究集中在一个时段内单一类型的返回产品。与此相反，本章着重于整合多种返回产品。

4.3 模型设计

本节设计开发了一个 0-1 混合整数规划模型，用于优化多种返回产品的整合运输及优化车辆路线。

4.3.1 问题描述

本章所研究供应链的概念模型如图 4.1 所示。制造商（MR）生产同质的新产品并接收来自零售商的订单。制造商将整合后的新产品运送给分销商（DC），该分销商隶属于制造商。然后，分销商根据每个零售商的订单配送新产品。

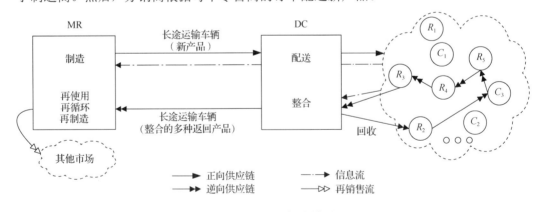

图 4.1　供应链概念模型

对于新产品的售后服务，一些制造商给予优惠条款，如消费者可以在规定时间内退货；有的制造商还提供租赁服务。由于制造商提供的相关服务规则，新产品销售后一段时间内，有些新产品将成为商业退货和租赁到期返回产品。其他新产品在消费者使用后，会成为废旧产品，包括 end-of-use 产品或 end-of-life 产品。需要注意的是，由于回收不及时，大量的 end-of-use 产品或 end-of-life 产品等待回收处理。

零售商（R）负责收集商业退货和租赁到期返回产品，而第三方回收商（C）负责从最终消费者处回收 end-of-use 产品或 end-of-life 产品。

分销商负责整合多种返回产品,所有这些返回产品将由制造商回收,以便进一步"再处理"。再处理包括再使用、再循环和再制造。再处理后的产品将销售到其他市场,而这不是本章研究的内容。表 4.1 列出了返回产品的特征。

表 4.1　返回产品的特征

返回产品序号	返回产品种类	特征				
		潜在价值	反应时间	服务水平	支付	再处理方式
1	商业退货	大	快	高	退款	再使用
2	租赁到期返回	较大	较快	较高	退押金	再使用/再制造
3	end-of-use	较小	较慢	较低	回收价格（较高）	再制造/再循环
4	end-of-life	小	慢	低	回收价格（较低）	再循环

为了减少从分销商回收这些返回产品的总成本,制造商使用自营运输车辆进行配送。也就是说,制造商向分销商运送新产品之后,这些运输车辆将整合的多种返回产品从分销商运回制造商。该过程的步骤如图 4.2 所示。在第一阶段 T 中,制造商得到 $\overline{Q}_{max}^{(T)}$ 和 $\overline{T}_{max}^{(T)}$,分销商获得多种返回产品数量信息。在第二阶段 L 中,制造商通过自营运输车辆将新产品运输到分销商;分销商计算 I^*、J^*、$x_{ik}^{(T)*}$ 和 $x_{jk}^{(T)*}$,且与 $\overline{Q}_{max}^{(T)}$ 匹配,同时获得最佳的车辆路线和 $t_{start}^{(T)*}$,并与 $\overline{T}_{max}^{(T)}$ 匹配。这一过程说明两种情况:整合的多种返回产品的数量必须与被运送到分销商的新产品的数量相匹配,回收整合多种返回产品的时间必须和运输车辆到达分销商的时间相匹配。相关符号及其描述在 4.3.2 节中给出。

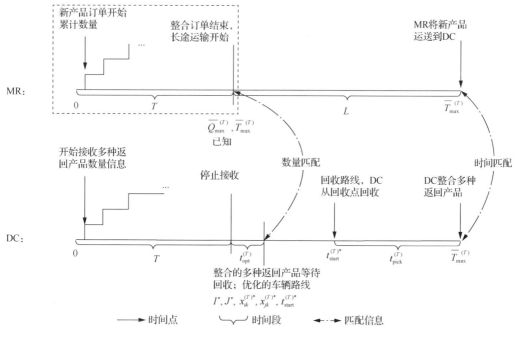

图 4.2　整合多种返回产品处理步骤

4.3.2 假设和符号

1. 假设

为了明确研究范围和方便模型建立，给出如下 5 个假设。

假设 1：零售商和第三方回收商的数量和位置已知，即正向和逆向供应链网络已经存在。

假设 2：虽然再制造是在同一个制造商进行的，但只有新产品通过正向供应链销售给零售商，而经过再处理后的产品将被销售到其他市场（这些在本章研究中没有考虑）。

假设 3：零售商负责收集商业退货和租赁到期返回产品，而回收商只能从最终消费者处回收 end-of-use 产品和 end-of-life 产品。

假设 4：返回产品回收能力不限。

假设 5：消费市场中有大量的 end-of-use 产品和 end-of-life 产品有待回收。

2. 符号

1）集合

I：零售商集合。每个零售商从制造商订购新产品，然后将这些产品销售给最终消费者，并负责收集商业退货和租赁到期返回产品。I^* 是通过模型优化得出的零售商集合，分销商将从这些零售商收集商业退货和租赁到期返回产品，$I^* \subseteq I$。

J：第三方回收商集合。这些回收商只能从最终消费者处回收 end-of-use 产品和 end-of-life 产品。J^* 是通过模型优化得出的第三方回收商集合，分销商将从这些第三方回收商回收 end-of-use 产品和 end-of-life 产品，$J^* \subseteq J$。

Θ：分销商集合。这里，单一分销商是零售商和第三方回收商的连接处，$\Theta = \{o\}$。

K：返回产品种类集合。$K = K_1 \bigcup K_2$。$K_1 = \{1, 2\}$ 指零售商收集的返回产品种类，$K_2 = \{3, 4\}$ 表示由第三方回收商回收的 end-of-use 产品和 end-of-life 产品。这些返回产品的序号可在表 4.1 中找到。

Ξ：整合周期集合，$\Xi = \{T_1, T_2, T_3, \cdots\}$。

2）参数

$\overline{Q}_{\max}^{(T)}$：在整合阶段 T 运输车辆运送的新产品数量，它表示运输车辆的容量，也是由这些车辆运回多种返回产品数量的上限，$T \in \Xi$。

$\overline{T}_{\max}^{(T)}$：新产品的整合和运送的时间，是分销商完成多种返回产品回收整合的时间的上限，$\overline{T}_{\max}^{(T)} = T + L, T \in \Xi$。

$q_{ik}^{(T)}$：零售商 i 在整合期 T 收集的商业退货或租赁到期返回产品 k 的数量，$i \in I, k \in K_1, T \in \Xi$。

$Q_{ik}^{(T)}$：零售商 i 在整合期 T 持有的商业退货或租赁到期返回产品 k 的总数量，$i \in I, k \in K_1, T \in \Xi$。

$q_{jk}^{(T)}$：第三方回收商 j 在整合期 T 回收的 end-of-use 产品或 end-of-life 产品 k 的数量，

$j \in J, k \in K_2, T \in \Xi$。

$Q_{jk}^{(T)}$：第三方回收商 j 在整合期 T 持有的 end-of-use 产品或 end-of-life 产品 k 的总数量，$j \in J, k \in K_2, T \in \Xi$。

p_k：单位返回产品 k 的潜在价值，$k \in K$。

d_{lm}：零售商 l、第三方回收商 m 及分销商两两间的运输距离，$l, m \in (I^* \cup J^* \cup \Theta)$。

$v^{(T)}$：在整合期 T，用于回收整合多种返回产品的车辆的速度，$T \in \Xi$。

3）决策变量

$x_{ik}^{(T)}$：在整合期 T，分销商从零售商 i 回收的商业退货或租赁到期返回产品 k 的数量占其总数量的比例，$0 \leqslant x_{ik}^{(T)} \leqslant 1, i \in I, k \in K_1, T \in \Xi$。

$x_{jk}^{(T)}$：在整合期 T，分销商从第三方回收商 j 回收的 end-of-use 产品或 end-of-life 产品 k 的数量占其总数量的比例，$0 \leqslant x_{jk}^{(T)} \leqslant 1, j \in J, k \in K_2, T \in \Xi$。

$x_{lm}^{(T)}$：0-1 变量。在整合期 T，如果回收返回产品的车辆经由 l 到 m，则 $x_{lm}^{(T)} = 1$，否则为 0。$l, m \in I^* \cup J^* \cup \Theta, T \in \Xi$。最优车辆路线由所有的非零 $x_{lm}^{(T)}$ 组成。

$t_{\text{start}}^{(T)}$：在整合期 T，分销商开始从优化得到的零售商和第三方回收商处回收整合多种返回产品的时间，$T \in \Xi$。

4.3.3　模型

基于上述假设和符号说明，本节提出一种 0-1 混合整数规划模型，用来优化从零售商和第三方回收商回收整合多种返回产品的开始回收时间（$t_{\text{start}}^{(T)}$），并优化车辆路线。另一个目标是最大化逆向供应链中多种返回产品的潜在总价值。

1．目标函数

为减少返回产品的持有成本，避免运输车辆浪费不必要的等待时间，在运输车辆到达分销商时，分销商应从相关零售商和第三方回收商处回收多种返回产品。目标函数如下：

$$\text{Max} \quad t_{\text{start}}^{(T)} = \bar{T}_{\max}^{(T)} - \sum_{l \in (I^* \cup J^* \cup \Theta)} \sum_{m \in (I^* \cup J^* \cup \Theta)} (d_{lm} x_{lm}^{(T)} / v^{(T)}) \tag{4.1}$$

目标函数式（4.1）是优化从相关零售商和第三方回收商处回收整合多种返回产品的时间（$t_{\text{start}}^{(T)}$）。在式（4.1）中，第一项表示制造商整合新产品并运送到分销商的时间，第二项表示在给定的整合期 T 内，回收整合多种返回产品的总时间，$T \in \Xi$。

2．约束条件

作为目标函数式（4.1）的约束，第二个目标及其约束如下：

$$\text{Max} \sum_{i \in I} \sum_{k \in K_1} Q_{ik}^{(T)} p_k x_{ik}^{(T)} + \sum_{j \in J} \sum_{k \in K_2} Q_{jk}^{(T)} p_k x_{jk}^{(T)} \tag{4.2}$$

$$\text{s.t.} \quad \sum_{i \in I} \sum_{k \in K_1} Q_{ik}^{(T)} x_{ik}^{(T)} + \sum_{j \in J} \sum_{k \in K_2} Q_{jk}^{(T)} x_{jk}^{(T)} \leqslant \bar{Q}_{\max}^{(T)} \tag{4.3}$$

$$Q_{ik}^{(T)} = \begin{cases} q_{ik}^{(T)}, & T = T_1 \\ Q_{ik}^{(T_{n-1})}(1 - x_{ik}^{(T_{n-1})*}) + q_{ik}^{(T)}, & T = T_n, n = 2, 3, 4, \cdots \\ i \in I, k \in K_1 \end{cases} \tag{4.4}$$

$$Q_{jk}^{(T)} = \begin{cases} q_{jk}^{(T)}, & T = T_1 \\ Q_{jk}^{(T_{n-1})}(1 - x_{jk}^{(T_{n-1})*}) + q_{jk}^{(T)}, & T = T_n, n = 2, 3, 4, \cdots \\ j \in J, k \in K_2 \end{cases} \tag{4.5}$$

式（4.2）第一项表示在给定的整合期 T 内，来自零售商的返回产品的总潜在价值；第二项表示在给定的整合期 T 内，来自第三方回收商的返回产品的总潜在价值。式（4.3）表示分销商需要考虑将新产品运输到分销商的运输车辆的运输能力。为了用这些运输车辆将回收整合的返回产品运回制造商，分销商必须根据运送来的新产品的总量计算回收的返回产品的总量。也就是说，在整合期间，回收整合的多种返回产品的数量不能超过运送来的新产品的总量。式（4.4）和式（4.5）表示等待回收的返回产品总量。

第二个目标优化模型式（4.2）～式（4.5）表示目标函数式（4.1）需要满足的约束条件。I^*、J^*、$x_{ik}^{(T)*}$ 和 $x_{jk}^{(T)*}$ 可以通过该目标优化模型得到。

3. 其他约束条件

$$\sum_{l \in (I^* \cup J^* \cup \Theta)} x_{lm}^{(T)} = 1, \quad m \in (I^* \cup J^* \cup \Theta), l \neq m \tag{4.6}$$

$$\sum_{m \in (I^* \cup J^* \cup \Theta)} x_{lm}^{(T)} = 1, \quad l \in (I^* \cup J^* \cup \Theta), m \neq l \tag{4.7}$$

$$x_{lm}^{(T)} = 0, 1, \quad l, m \in (I^* \cup J^* \cup \Theta) \tag{4.8}$$

$$\text{No sub-tours} \tag{4.9}$$

这里，约束条件式（4.6）和式（4.7）表示每一个零售商或第三方回收商在给定的整合期 T（$T \in \Xi$）被访问。式（4.8）定义 0-1 变量。式（4.9）表明在该模型中不应该有回路运输。该模型用 Python & Gurobi 求解，其中用到了避免回路运输的相关函数。

4.4 数值算例

4.4.1 相关数据设置

制造商生产一种新产品，并通过其分销商向 15 个零售商供货。制造商制定相关的退货政策，以激励消费市场，同时还提供租赁服务，从而导致商业退货和租赁到期返回产品。这些返回产品由零售商收集。此外，制造商还回收 end-of-use 产品和 end-of-life 产品，有 5 个第三方回收商负责收集这些产品。为了运回这些返回产品，制造商决定使用运送新产品给分销商的运输车辆。模型中的相应数据在表 4.2～表 4.6 列出。

表 4.2　集合设置

集合	值
I	$R_1, R_2, \cdots, R_{14}, R_{15}$
J	$C_1, \cdots, C_5$
Ξ	$T_1, \cdots, T_6$

表 4.3　分销商、零售商和第三方回收商的坐标位置 (x, y)

成员	(x, y)	成员	(x, y)
R_1	$(13, 85)$	R_{11}	$(2, 54)$
R_2	$(77, 25)$	R_{12}	$(94, 38)$
R_3	$(100, 86)$	R_{13}	$(21, 42)$
R_4	$(65, 79)$	R_{14}	$(2, 22)$
R_5	$(9, 2)$	R_{15}	$(44, 50)$
R_6	$(84, 43)$	C_1	$(23, 23)$
R_7	$(76, 0)$	C_2	$(22, 46)$
R_8	$(44, 72)$	C_3	$(29, 2)$
R_9	$(23, 95)$	C_4	$(84, 56)$
R_{10}	$(91, 3)$	C_5	$(64, 18)$
o	$(50, 45)$		

表 4.4　制造商给出的数量和时间的限制

整合期	$\bar{Q}_{\max}^{(T)}$ /件	$\bar{T}_{\max}^{(T)}$ /小时
T_1	1000	30
T_2	1000	42
T_3	1000	39
T_4	1000	45
T_5	1000	39
T_6	1000	40

表 4.5　第三方回收商回收的返回产品数量

第三方回收商	返回产品	T_1 $q_{jk}^{(T_1)}$	T_2 $q_{jk}^{(T_2)}$	T_3 $q_{jk}^{(T_3)}$	T_4 $q_{jk}^{(T_4)}$	T_5 $q_{jk}^{(T_5)}$	T_6 $q_{jk}^{(T_6)}$
C_1	end-of-use	120	200	200	100	300	200
	end-of-life	22	28	10	10	50	30

第三方回收商	返回产品	T_1	T_2	T_3	T_4	T_5	T_6
		$q_{jk}^{(T_1)}$	$q_{jk}^{(T_2)}$	$q_{jk}^{(T_3)}$	$q_{jk}^{(T_4)}$	$q_{jk}^{(T_5)}$	$q_{jk}^{(T_6)}$
C_2	end-of-use	260	180	200	150	100	180
	end-of-life	120	40	0	0	50	50
C_3	end-of-use	285	115	100	230	120	100
	end-of-life	92	28	10	0	20	180
C_4	end-of-use	250	190	150	140	110	90
	end-of-life	120	20	5	5	79	20
C_5	end-of-use	100	103	81	180	150	150
	end-of-life	18	12	20	0	0	0

表 4.6　零售商收集的返回产品的数量

零售商	返回产品	T_1	T_2	T_3	T_4	T_5	T_6
		$q_{ik}^{(T_1)}$	$q_{ik}^{(T_2)}$	$q_{ik}^{(T_3)}$	$q_{ik}^{(T_4)}$	$q_{ik}^{(T_5)}$	$q_{ik}^{(T_6)}$
R_1	商业退货	5	0	0	2	0	0
	租赁到期	0	0	0	0	0	0
R_2	商业退货	0	7	0	3	0	0
	租赁到期	0	3	0	2	0	0
R_3	商业退货	0	3	0	0	2	0
	租赁到期	0	5	0	0	0	0
R_4	商业退货	6	5	0	2	0	0
	租赁到期	1	4	0	0	0	0
R_5	商业退货	0	0	5	0	4	0
	租赁到期	0	0	0	0	2	0
R_6	商业退货	3	5	0	0	0	2
	租赁到期	3	3	0	0	0	1
R_7	商业退货	0	0	3	3	0	0
	租赁到期	0	0	2	2	0	0
R_8	商业退货	0	6	0	4	0	0
	租赁到期	0	2	0	0	0	0
R_9	商业退货	4	0	0	4	0	0
	租赁到期	2	0	0	2	0	0
R_{10}	商业退货	0	0	4	5	0	0
	租赁到期	0	0	1	1	0	0

续表

零售商	返回产品	T_1	T_2	T_3	T_4	T_5	T_6
		$q_{ik}^{(T_1)}$	$q_{ik}^{(T_2)}$	$q_{ik}^{(T_3)}$	$q_{ik}^{(T_4)}$	$q_{ik}^{(T_5)}$	$q_{ik}^{(T_6)}$
R_{11}	商业退货	0	0	0	0	5	3
	租赁到期	4	0	0	0	0	0
R_{12}	商业退货	0	0	5	0	3	0
	租赁到期	0	0	1	0	2	0
R_{13}	商业退货	3	0	2	0	0	0
	租赁到期	4	0	2	0	0	0
R_{14}	商业退货	0	0	4	0	4	0
	租赁到期	0	0	0	0	0	0
R_{15}	商业退货	3	0	3	0	0	2
	租赁到期	2	0	1	0	0	0

表 4.2 列出集合及其成员。表 4.3 给出一个分销商、15 个零售商和 5 个第三方回收商的坐标位置。这些坐标位置是通过 Python & Gurobi 的随机函数产生的。

表 4.4 中列出了在整合期 T 运输车辆运送新产品数量（$\bar{Q}_{max}^{(T)}$）和新产品运送时间（$\bar{T}_{max}^{(T)}$）。它们是由相同运输车辆运回回收整合的返回产品数量的上限和分销商完成返回产品回收整合的时间上限。

表 4.5 和表 4.6 表示第三方回收商和零售商在每个整合期收集的返回产品数量。

商业退货、租赁到期返回产品、end-of-use 产品和 end-of-life returns 产品的单位潜在价值分别为 600、300、100 和 50（单位：元）。在所有整合期内，回收多种返回产品的车辆速度为 60km/h。

4.4.2　优化结果

基于以上数据，应用 Python & Gurobi 求解模型，得到 6 个整合周期的优化结果。

1. 最优 I^* 和 J^*

表 4.7 给出了优化的零售商集合（I^*）和第三方回收商集合（J^*），以及最大化的潜在总价值。表 4.8 给出了最优收集率和相关数量。

表 4.7　最优零售商集合和第三方回收商集合

周期	优化结果		
	潜在总价值/元	I^*	J^*
T_1	115200	$\{R_1, R_4, R_6, R_9, R_{11}, R_{13}, R_{15}\}$	$\{C_1, \cdots, C_5\}$
T_2	110700	$\{R_2, R_3, R_4, R_6, R_8\}$	$\{C_1, \cdots, C_5\}$
T_3	102600	$\{R_5, R_7, R_{10}, R_{12}, R_{13}, R_{14}, R_{15}\}$	$\{C_1, \cdots, C_5\}$
T_4	104400	$\{R_1, R_2, R_4, R_7, \cdots, R_{10}\}$	$\{C_1, \cdots, C_5\}$

续表

周期	优化结果		
	潜在总价值/元	I^*	J^*
T_5	99900	$\{R_3, R_5, R_{11}, R_{12}, R_{14}\}$	$\{C_1, \cdots, C_5\}$
T_6	90100	$\{R_6, R_{11}, R_{15}\}$	$\{C_1, \cdots, C_5\}$

表 4.8　最优收集率和相关数量

周期	返回产品	变量	优化结果	
			收集率	数量/件
T_1	商业退货	$x_{ik}^{(T_1)*}, i \in I^*, k = 1$	$1, \cdots, 1, 0, 1, 1$	24
	租赁到期	$x_{ik}^{(T_1)*}, i \in I^*, k = 2$	$0, 1, \cdots, 1$	16
	end-of-use	$x_{jk}^{(T_1)*}, j \in J^*, k = 3$	$1, 1, 1, 1, 0.45$	960
	end-of-life	$x_{jk}^{(T_1)*}, j \in J^*, k = 4$	$0, 0, 0, 0, 0$	0
T_2	商业退货	$x_{ik}^{(T_2)*}, i \in I^*, k = 1$	$1, \cdots, 1$	26
	租赁到期	$x_{ik}^{(T_2)*}, i \in I^*, k = 2$	$1, \cdots, 1$	17
	end-of-use	$x_{jk}^{(T_2)*}, j \in J^*, k = 3$	$1, \cdots, 1$	843
	end-of-life	$x_{jk}^{(T_2)*}, j \in J^*, k = 4$	$0, 0, 0.95, 0, 0$	114
T_3	商业退货	$x_{ik}^{(T_3)*}, i \in I^*, k = 1$	$1, \cdots, 1$	26
	租赁到期	$x_{ik}^{(T_3)*}, i \in I^*, k = 2$	$0, 1, \cdots, 1, 0, 1$	7
	end-of-use	$x_{jk}^{(T_3)*}, j \in J^*, k = 3$	$1, \cdots, 1$	731
	end-of-life	$x_{jk}^{(T_3)*}, j \in J^*, k = 4$	$1, 1, 1, 0, 0$	236
T_4	商业退货	$x_{ik}^{(T_4)*}, i \in I^*, k = 1$	$1, \cdots, 1$	23
	租赁到期	$x_{ik}^{(T_4)*}, i \in I^*, k = 2$	$0, 1, 0, 1, 0, 1, 1$	7
	end-of-use	$x_{jk}^{(T_4)*}, j \in J^*, k = 3$	$1, \cdots, 1$	800
	end-of-life	$x_{jk}^{(T_4)*}, j \in J^*, k = 4$	$1, 0, 0, 1, 0.2$	170
T_5	商业退货	$x_{ik}^{(T_5)*}, i \in I^*, k = 1$	$1, \cdots, 1$	18
	租赁到期	$x_{ik}^{(T_5)*}, i \in I^*, k = 2$	$0, 1, 0, 1, 0$	4
	end-of-use	$x_{jk}^{(T_5)*}, j \in J^*, k = 3$	$1, \cdots, 1$	780
	end-of-life	$x_{jk}^{(T_5)*}, j \in J^*, k = 4$	$1, 1, 0.95, 1, 0$	198
T_6	商业退货	$x_{ik}^{(T_6)*}, i \in I^*, k = 1$	$1, 1, 1$	7
	租赁到期	$x_{ik}^{(T_6)*}, i \in I^*, k = 2$	$1, 0, 0$	1
	end-of-use	$x_{jk}^{(T_6)*}, j \in J^*, k = 3$	$1, \cdots, 1$	720
	end-of-life	$x_{jk}^{(T_6)*}, j \in J^*, k = 4$	$0, 1, 1, 0.05, 1$	272

从表 4.7 和表 4.8 的优化结果可以得出：

在 T_1 周期，分销商从本周期 I^* 中零售商回收所有的商业退货产品（24 件）和租赁到期返回产品（16 件），从第三方回收商 $C_1, \cdots, C_4$（100%）和 C_5（45%）回收 end-of-use 产品（960 件），最大潜在价值为 115200 元。

在 T_2 周期，分销商从本周期优化的零售商（I^*）和回收商（J^*）中回收 26 件商业退货产品、17 件租赁到期返回产品、843 件 end-of-use 产品和 114 件 end-of-life 产品，最大潜在总价值为 110700 元。

在 T_3 周期，分销商从本周期优化的零售商（I^*）和回收商（J^*）中回收 26 件商业退货产品、7 件租赁到期返回产品、731 件 end-of-use 产品和 236 件 end-of-life 产品，最大潜在总价值为 102600 元。

在 T_4 周期，分销商从本周期优化的零售商（I^*）和回收商（J^*）中回收 23 件商业退货产品、7 件租赁到期返回产品、800 件 end-of-use 产品和 170 件 end-of-life 产品，最大潜在总价值为 104400 元。

在 T_5 周期，分销商从本周期优化的零售商（I^*）和回收商（J^*）中回收 18 件商业退货产品、4 件租赁到期返回产品、780 件 end-of-use 产品和 198 件 end-of-life 产品，最大潜在总价值为 99900 元。

在 T_6 周期，分销商从本周期优化的零售商（I^*）和回收商（J^*）中回收 7 件商业退货产品、1 件租赁到期返回产品、720 件 end-of-use 产品和 272 件 end-of-life 产品，最大潜在总价值为 90100 元。

2. 最优时间和车辆路线

表 4.9 给出最优时间（$t_{start}^{(T)}$）和在每个周期回收整合各种返回产品的最优车辆路线。同时，在该表中给出每个周期回收车辆按回收路线（$t_{pick}^{(T)}$）回收所需要的时间。图 4.3 中展示了最优的车辆路线。

表 4.9　最优时间和车辆路线

周期	最优值		
	车辆路线	$t_{start}^{(T)}$	$t_{pick}^{(T)}$
T_1	$[o, R_{15}, R_6, C_4, R_4, R_9, R_1, R_{11}, C_2, R_{13}, C_1, C_3, C_5]$	24.6	5.4
T_2	$[o, R_8, R_4, R_3, C_4, R_6, R_2, C_5, C_3, C_1, C_2]$	37.3	4.7
T_3	$[o, R_{15}, C_2, R_{13}, C_1, R_{14}, R_5, C_3, C_5, R_7, R_{10}, R_{12}, C_4]$	34.3	4.7
T_4	$[o, C_4, R_4, R_8, R_9, R_1, C_2, C_1, C_3, R_7, R_{10}, R_2, C_5]$	39.1	5.9
T_5	$[o, C_2, R_{11}, R_{14}, R_5, C_3, C_1, C_5, R_{12}, R_3, C_4]$	33.3	5.7
T_6	$[o, R_{15}, C_2, R_{11}, C_1, C_3, C_5, R_6, C_4]$	36.1	3.9

从表 4.9 中很容易发现，分销商何时回收整合多种返回产品的决定。在周期 T_1（T_2、T_3、T_4、T_5、T_6），结合最优车辆路线（表 4.9 和图 4.3），分销商应该在不迟于 24.6（37.3、34.3、39.1、33.3、36.1）小时开始回收经优化得出的多种返回产品。否则，当运输车辆到达分销商时，分销商无法完成回收整合，因为回收所需要的时间为 5.4（4.7、4.7、5.9、5.7、3.9）小时，而运输车辆到达分销商的时间为 30（42、39、45、39、40）小时（表 4.4）。

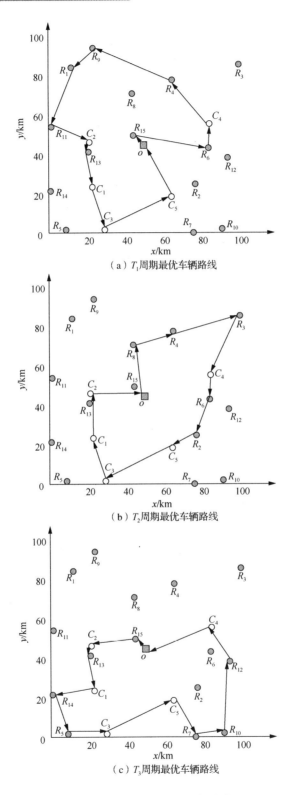

（a）T_1周期最优车辆路线

（b）T_2周期最优车辆路线

（c）T_3周期最优车辆路线

图4.3 每个周期的最优车辆路线

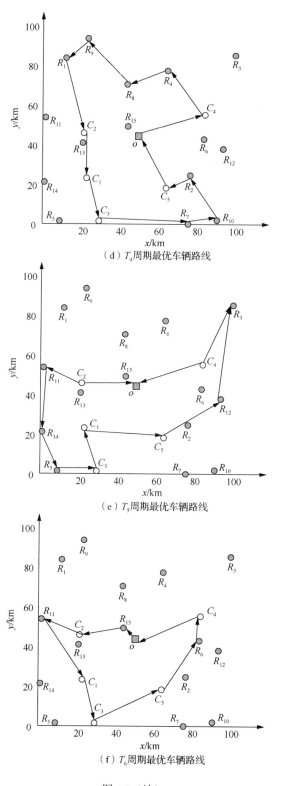

（d）T_4 周期最优车辆路线

（e）T_5 周期最优车辆路线

（f）T_6 周期最优车辆路线

图 4.3（续）

从上述最优结果容易发现，所提出的模型可用于解决多种返回产品的整合运输问题。

4.4.3　对比分析

为了说明模型的有效性，这里比较整合运输和不整合运输两种情况下的潜在总利润。

在整合运输时，制造商从分销商回收商业退货、租赁到期返回产品、end-of-use 产品和 end-of-life 产品，运输成本（c^{tra}）是 4500 元。总的潜在利润（π_1）可以由式（4.10）获得。

$$\pi_1 = \left(\sum_{i \in I^*} \sum_{k \in K_1} Q_{ik}^{(T)} p_k x_{ik}^{(T)*} + \sum_{j \in J^*} \sum_{k \in K_2} Q_{jk}^{(T)} p_k x_{jk}^{(T)*} \right) - c^{\text{tra}} \qquad (4.10)$$

在不整合运输情况下，制造商从分销商回收商业退货和租赁到期返回产品，运输费用（c^{tra}）是 4500 元。至于 end-of-use 产品和 end-of-life 产品，制造商通过另一渠道回收，需要支付相同的运输成本。因此，总的潜在利润（$\pi_2 = \pi_2^1 + \pi_2^2$）可以表示为式（4.11）和式（4.12）。

$$\pi_2^1 = \sum_{i \in I^*} \sum_{k \in K_1} Q_{ik}^{(T)} p_k x_{ik}^{(T)*} - c^{\text{tra}} \qquad (4.11)$$

$$\pi_2^2 = \begin{cases} \left(\sum_{j \in J^*} \sum_{k \in K_2} Q_{jk}^{(T)} p_k x_{jk}^{(T)*} + p_3 S \right) - c^{\text{tra}}, & A \geqslant S \\ \left(\sum_{j \in J^*} \sum_{k \in K_2} Q_{jk}^{(T)} p_k x_{jk}^{(T)*} + p_3 A + p_4 (S-A) \right) - c^{\text{tra}}, & 0 < A < S, B \geqslant (S-A) \\ \left(\sum_{j \in J^*} \sum_{k \in K_2} Q_{jk}^{(T)} p_k x_{jk}^{(T)*} + p_4 B \right) - c^{\text{tra}}, & A = 0, B < S \end{cases} \qquad (4.12)$$

在 T（$T \in \Xi$）周期，$S = \sum_{i \in I^*} \sum_{k \in K_1} Q_{ik}^{(T)} x_{ik}^{(T)*}$ 是制造商从分销商运输的商业退货和租赁到期返回产品的数量。$A = \sum_{j \in J^*} Q_{j3}^{(T)} (1 - x_{j3}^{(T)*})$ 和 $B = \sum_{j \in J^*} Q_{j4}^{(T)} (1 - x_{j4}^{(T)*})$ 是不能被运送给制造商、并在第三方回收商处保存的 end-of-use 产品和 end-of-life 产品的数量。从表 4.5 和表 4.8 中可以得到 A 和 B 的值，见表 4.10。

表 4.10　S、A 和 B 的值

参数	T_1	T_2	T_3	T_4	T_5	T_6
S	40	43	33	30	22	8
A	55	0	0	0	0	0
B	372	386	195	40	41	49

表 4.11 给出了两种情况下的总潜在利润。从表 4.11 中可以发现，制造商可以通过使用本章提出的多种返回产品整合运输优化模型获得更多的潜在利润。

表 4.11　总潜在利润

运输方式	总潜在利润/元					
	T_1	T_2	T_3	T_4	T_5	T_6
整合运输	110700	106200	98100	99900	95400	85600
不整合运输	110200	103850	95250	96900	92000	81500

4.5　本 章 小 结

本章考虑与单供应商（制造商）多买方（零售商）组成的正向供应链在数量和时间上的匹配，研究了由多供应商（零售商和第三方回收商）和单买方（制造商）组成的逆向供应链中多种返回产品的整合运输问题，建立了 0-1 混合整数规划模型。这种多种返回产品整合运输优化模型具有以下特征：多种返回产品包括商业退货产品、租赁到期返回产品、end-of-use 产品和 end-of-life 产品；根据正向供应链中新产品的运输量和运输到达的时间，优化逆向供应链中多种返回产品的返回数量、时间及回收车辆路线等。

从数值算例中可以得出：运用该模型，分销商不仅可以回收整合多种返回产品，以保证这些回收产品的数量与从制造商运送来的新产品数量相匹配，还可以从优化出的零售商和第三方回收商处及时回收整合多种返回产品。这样，既可以避免运输车辆的等待时间，也可以减少返回产品的库存成本。此外，通过比较整合运输和不整合运输两种情况的总潜在利润，说明了所提出整合模型的有效性。

参 考 文 献

ALSHAMRANI A, MATHUR K, BALLOU R H, 2007. Reverse logistics: simultaneous design of delivery routes and returns strategies [J]. Computers and operations research, 34(2): 595-619.

BOOKBINDER J H, CAI Q, HE Q M, 2011. Shipment consolidation by private carrier: the discrete-time and discrete-quantity case[J]. Stochastic models, 27(1): 1-23.

BOOKBINDER J H, HIGGINSON J K, 2002. Probabilistic modeling of freight consolidation by private carriage [J]. Transportation research part E, 38(5): 305-318.

CHOPRA S, MEINDL P, 2007. Supply chain management: strategy, planning, and operation[M]. 3rd ed. Upper Saddle River: Pearson Prentice Hall.

DAGANZO C F, 1988. A comparison of in-vehicle and out-of-vehicle freight consolidation strategies [J]. Transportation research part B: methodological, 22(3): 173-180.

DROR M, HARTMANN B C, 2007. Shipment consolidation: who pays for it and how much[J]. Management Science, 53(1): 78-87.

FLEISCHMANN M, BLOEMHOF-RUWAARD-R J M, DEKKER R, et al. , 1997. Quantitative models for reverse logistics: a review [J]. European journal of operational research, 103(1): 1-17.

GLOCK C H, Kim T, 2014. Shipment consolidation in a multiple-vendor-single-buyer integrated inventory model [J]. Computers and industrial engineering, 70(2): 31-42.

GOVINDAN K, SOLEIMANI H, KANNAN D, 2015. Reverse logistics and closed-loop supply chain: a comprehensive review to explore the future [J]. European journal of operational research, 240(3): 603-626.

GU Q L, CHEN Q S, 2004. Research on logistics and information network integrating remanufacturing and manufacturing system [J]. Computer integrated manufacturing systems, 10(7): 721-726, 731.

GU Q L,JI J H, 2005. Fuzzy chance-constrained programming model for the integrated logistics network of remanufacturing/manufacturing system [J]. Control theory and applications, 22(6): 889-894.

GU Q L, JI J H, 2008. An integrated logistics operational model for R/M system base on the consumer market [J]. International journal of logistics systems and management, 4(1): 21-39.

HIGGINSON J K, BOOKBINDER J H, 1994. Policy recommendations for a shipment-consolidation program [J]. Journal of business logistics, 15(1): 87-112.

JAYARAMAN V, PATTERSON R A, ROLLAND E, 2003. The design of reverse distribution networks: models and solution procedures [J]. European journal of operational research, 150(1): 128-149.

KASSEM S, CHEN M, 2013. Solving reverse logistics vehicle routing problems with time windows [J]. The international journal of advanced manufacturing technology, 68(1-4): 57-68.

KIM H, YANG J, LEE K D, 2009. Vehicle routing in reverse logistics for recycling end-of-life consumer electronic goods in South Korea [J]. Transportation research part D: transport and environment, 14(5): 291-299.

KROON L, VRIJENS G, 1995. Returnable containers: an example of reverse logistics [J]. International journal of physical distribution and logistics management, 25(2): 56-68.

LI Z, BOOKBINDER J H, ELHEDHLI S, 2012. Optimal shipment decisions for an airfreight forwarder: formulation and solution methods [J]. Transportation research part C, 21(1): 17-30.

LOUWERS D, KIP B J, PETERS E, et al. , 1999. A facility location allocation model for reusing carpet material [J]. Computers and industrial engineering, 36(4): 855–869.

MARKLUND J, 2011. Inventory control in divergent supply chains with time-based dispatching and shipment consolidation [J]. Naval research logistics, 58(1): 59-71.

MIN H, 1989. A bi-criterion reverse distribution model for product recall [J]. Omega, 17(5): 483-490.

MIN H, KO C S, KO H J, 2006. The spatial and temporal consolidation of returned products in a closed-loop supply chain network [J]. Computers and industrial engineering, 51(2): 309-320.

NGUYEN C, DESSOUKY M, TORIELLO A, 2014. Consolidation strategies for the delivery of perishable products [J]. Transportation research part E, 69(3): 108-121.

PISHVAEE M S, KIANFAR K, KARIMI B, 2010. Reverse logistics network design using simulated annealing [J]. The international journal of advanced manufacturing technology, 47(1-4): 269-281.

RAMEZANI M, BASHIRI M, TAVAKKOLI-MOGHADDAM R, 2013. A new multi-objective stochastic model for a forward/reverse logistic network design with responsiveness and quality level [J]. Applied mathematical modelling, 37(1-2): 328-344.

SAVASKAN R C, WASSENHOVE L N V, 2006. Reverse channel design: the case of competing retailers [J]. Management science, 52(1): 1-14.

SEITZ M A, PEATTIE K, 2004. Meeting the close-loop challenge: the case of remanufacturing [J]. California management review, 46(2): 74-89.

SHERIFF K M M, NACHIAPPAN S, MIN H, 2014. Combined location and routing problems for designing the quality-dependent and multi-product reverse logistics network [J]. Journal of the operational research society, 65(6): 873-887.

THIERRY M, 1997. An analysis of the impact of product recovery management on manufacturing companies [D]. Netherlands: Erasmus University.

ÜLKÜ M A, 2012. Dare to care: shipment consolidation reduces not only costs, but also environmental damage [J]. International journal of production economics, 139(2): 438-446.

ÜLKÜ M A, BOOKBINDER J H, 2012. Modelling shipment consolidation and pricing decisions for a manufacturer-distributor [J]. International journal of revenue management, 6(1/2): 62-76.

第 5 章　IE-with 制造/再制造供应链 IERs 管理策略

在 IE-with 制造/再制造供应链中，废旧产品的再制造需要依次经过回收、检测、拆解和再制造 4 个环节。本章基于回收商和再制造商构成的逆向供应链，考虑回收商负责对废旧产品进行检测的情况，研究检测误差率（a 和 b）对供应链成员库存、利润及市场满足率的影响。采用系统动力学软件 Vensim 5.10，建立有检测误差的再制造逆向供应链系统动力学模型，并进行数值算例仿真。仿真结果表明：检测误差率 b 的减小使再制造商和回收商各自的利润增加，而检测误差率 a 的减小增加了再制造商的利润，却减少了回收商的利润。通过调整管理策略，确保检测误差率 a 的减小也使再制造商利润和回收商利润都增加。同时，研究结果给出检测误差率缩小的合理范围。

5.1　引　　言

我国于 2013 年出台了《再制造产品"以旧换再"试点实施方案》，于 2014 年 9 月又发布了《再制造产品"以旧换再"推广试点企业评审、管理、核查工作办法》和《再制造"以旧换再"产品编码规则》，以推动再制造产品的销售和废旧产品的回收。

在再制造逆向供应链中，废旧产品的再制造需要经过回收、检测、拆解和再制造 4 个环节。顾巧论等（2005）针对制造商对废旧产品有固定需求底线的情况，应用博弈理论研究当回收数量将超过或低于需求量时制造商和零售商的定价策略。顾巧论等（2007）通过建立委托-代理模型，求解得到了不完全信息下制造商的最优合同。刘明周等（2014）在分析机械产品再制造装配过程特点的基础上，提出面向机械产品再制造装配过程的动态工序质量控制模式。由于废旧产品质量的不确定性，回收的废旧产品中有一部分经过检测可继续进入下一环节，而另一部分则需处理掉。由于技术和非技术等多种因素，检测误差在所难免。检测误差有两种类型：一定比例的可再制造废旧产品被错误地分类为"不可再制造产品"而被处理掉，而一定比例的不可再制造废旧产品被错误地分类为"可再制造产品"而被运送到再制造商等待拆解，且两个比例之和小于 1（Gu et al.，2014）。Gu 等（2014）应用博弈理论，考虑由再制造商和回收商构成的逆向供应链，对有检测误差的回收商的最优回收量和再制造商的最优订单量进行研究，并探讨了检测误差对回收商最优回收量的影响。本章在 Gu 等（2014）研究的基础上，构建有检测误差的再制造逆向供应链系统动力学模型，进一步研究检测误差率对再制造逆向供应链成员库存、利润及市场满足率的长期动态行为的影响，给出相关管理策略，为再制造商和回收商对检测误差率的有效管理提供理论帮助（顾巧论等，2016）。

5.2　文　献　回　顾

关于废旧产品回收检测的研究，Blackburn 等（2004）针对大批量商业返回产品，研究了在哪里分类检测的问题，阐述了集中检测评估和分散检测评估之间的区别，这种评估是在拆解之前，从而避免了昂贵的拆解费用。Galbreth 等（2006）针对确定需求和随机需求建立了定量模型，为独立再制造商解决最优获取和分类策略问题。再制造商从第三方回收商获取未分类的、有不同质量条件的废旧产品，然后进行分类以便再制造或废弃，研究假设分类操作准确无误。Zikopoulos 等（2007）考虑由一个再制造商和两个回收商构成的逆向供应链，废旧产品从消费者获取，再制造商对废旧产品进行分类和再制造，并假设无分类差错，研究了集中决策和随机需求情况下的最优获取和生产量。Galbreth 等（2010）拓展了之前的工作，研究了当回收的废旧产品质量有高度不确定性时的最优获取量问题。Teunter 等（2011）研究了从回收商或第三方回收商处获取未分类的废旧产品的情况。获取后，再制造商进行无差错分类。在集中决策情形，考虑到废旧产品不同质量等级，给出了确定需求和随机需求的最优获取和再制造策略。

在有检测误差的情况，Zikopoulos 等（2008）针对废旧产品分类检测有差错问题，考虑由一个再制造商和一个回收商构成的逆向供应链，研究给出集中决策情况下，最优的获取和再制造量。其中，废旧产品拆解和再制造前已经过简单但有差错的分类处理，这种快速分类是再由制造商完成的。Wassenhove 等（2010）对由一个再制造商和多个相互独立的回收点构成的逆向供应链进行了研究，并给出集中决策情况下制造商最优的获取决策。在各回收点，回收商依据再制造商提供的列表对回收的废旧产品进行分级和分类。由于废旧产品的质量状况被高估，分类（分级和分类）会产生差错。无论针对有检测误差还是无检测误差，上述研究均没有涉及逆向供应链运作的动态行为分析。

关于应用系统动力学方法对废旧产品回收的研究，Vlachos 等（2007）考虑环境和经济因素，利用系统动力学方法研究了逆向供应链中再制造厂的能力计划策略，在其逆向供应链中的再利用方式仅有再制造一种。Georgiadis 等（2008）应用系统动力学方法，研究了生态因素和技术革新对具有再循环的闭环供应链长期行为的影响，在其闭环供应链中的再利用方式仅有再循环一种。Gu 等（2011）应用系统动力学方法给出了逆向供应链拆解计划的建模和仿真。一个拆解计划包括两个参数：拆解一个废旧产品获得的可再制造零部件数量和可循环利用的材料数量。目标是通过分析仿真结果制订拆解计划，以便用较小的拆解率降低库存、确保服务水平。Gu 等（2012）通过建立系统动力学模型对 R/M 集成供应链再利用、再制造和再循环的长期行为进行观测，研究了再制造率和再制造开始周期的最优决策集，通过仿真分析给出了最优再制造周期下该 R/M 集成供应链所有成员的联合决策。不过，这些研究中没有考虑回收检测误差的问题。

5.3　有检测误差的逆向供应链系统动力学模型

5.3.1　问题描述

本章研究的有检测误差的再制造逆向供应链如图 5.1 所示。该逆向供应链包括两个成员：再制造商和回收商。再制造商有自己的拆解中心、部件再制造中心和装配中心。再制造商根据再制造产品市场需求制订可再制造产品拆解计划及从回收商获取"可再制造产品"的计划，并向回收商发送订单。对再制造商而言，零部件再制造、再制造产品装配是在拆解得到可再制造零部件后依次完成的。

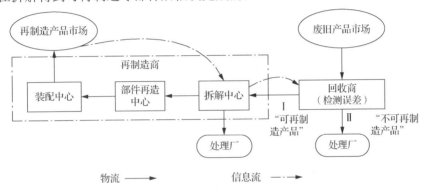

图 5.1　有检测误差的再制造逆向供应链

回收商依据再制造商的订单进行回收预测、实施回收和检测。回收商在对回收的废旧产品进行检测的过程中，技术和非技术因素会产生检测误差Ⅰ和检测误差Ⅱ，由检测误差Ⅱ导致的"不可再制造产品"中实际包括可再制造产品，由检测误差Ⅰ导致的"可再制造产品"中实际包括不可再制造产品（注：加引号的"可再制造产品"和"不可再制造产品"与不加引号的可再制造产品和不可再制造产品有不同的含义）。回收商将检测后的"可再制造产品"按订单运送给再制造商，对于"不可再制造产品"，回收商会将其处理掉。正是因为"可再制造产品"中有不可再制造产品，所以拆解中心也会将拆解后确实不可再制造的产品处理掉。

对于检测误差来讲，检测误差Ⅱ越小，可再制造产品浪费的数量就越少，从而节约资源；检测误差Ⅰ越小，不可再制造产品被拆解的数量就越少，从而节省拆解时间和拆解费用。也就是说，检测误差的缩小，应该对再制造商和回收商都有利，但事实有可能并不是这样。为了深入探讨检测误差的缩小对再制造商和回收商的影响，并给出相应的管理策略，下面应用系统动力学软件 Vensim 5.10 构建有检测误差的再制造逆向供应链系统动力学模型。在 Vensim 5.10 中，系统动力学模型是通过存流图及相关等式来表示的。

5.3.2　存流图及相关等式

根据图 5.1 所示的有检测误差的再制造逆向供应链，应用系统动力学软件 Vensim 5.10 建立的有检测误差的再制造逆向供应链存流图如图 5.2 所示，其中涉及存量、流量、辅助变量和常量（所有名称中用到的字母仅是代号不是缩写）。

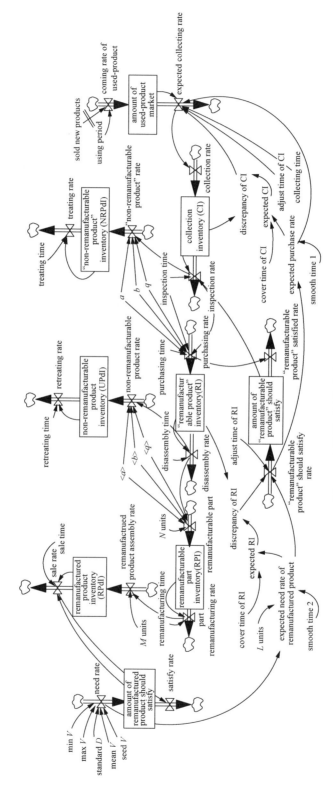

图 5.2 有检测误差的逆向供应链存流图

存流图中的存量包括（从供应市场到需求市场）：废旧产品市场拥有量（amount of used-product market）；回收产品库存（collection inventory，CI）和"不可再制造产品"库存（"non-remanufacturable product"inventory，NRPdI）；"可再制造产品"库存（"remanufacturable product"inventory，RI）、不可再制造产品库存（non-remanufacturable product inventory，UPdI）、可再制造部件库存（remanufacturable part inventory，RPI）和再制造产品库存（remanufactured product inventory，RPdI）；再制造产品应满足量（amount of remanufactured product should satisfy）和"可再制造产品"应满足量（amount of "remanufacturable product"should satisfy）。其中，"不可再制造产品"库存（NRPdI）中的"不可再制造产品"表示库存中含有由检测误差 I 导致的部分可再制造产品；"可再制造产品"库存（RI）中的"可再制造产品"表示库存中含有由检测误差 II 导致的部分不可再制造产品（以下同）。

存流图中与存量对应的流量包括（从供应市场到需求市场）：废旧产品形成率（coming rate of used-product）和期望回收率（expected collecting rate）；回收率（collection rate）和检测率（inspection rate）；"不可再制造产品"率（"non-remanufacturable product" rate）和处理率（treating rate）；购买率（purchasing rate）和拆解率（disassembly rate）；不可再制造产品率（non-remanufacturable product rate）和再处理率（retreating rate）；零部件可再制造率（remanufacturable part）和零部件再制造率（part remanufacturing rate）；再制造产品装配率（remanufactured product assembly rate）和销售率（sale rate）；再制造产品需求率（need rate）和满足率（satisfy rate）；"可再制造产品"应满足率（"remanufacturable product"should satisfy rate）和"可再制造产品"满足率（"remanufacturable product"satisfied rate）。

存流图中的辅助变量包括（从供应市场到需求市场）：已销售新产品（sold new products）和新产品使用周期（using period）；回收时间（collecting time）、检测时间（inspection time）、处理时间（treating time）、CI 调整时间（adjust time of CI）、期望 CI（expected CI）、期望 CI 持续时间（cover time of CI）、期望 CI 与 CI 差额（discrepancy of CI）、回收商期望运送率（expected purchase rate）和平滑时间 1（smooth time 1）；购买时间（purchasing time）、拆解时间（disassembly time）、再处理时间（retreating time）、RI 调整时间（adjust time of RI）、期望 RI（expected RI）、期望 RI 持续时间（cover time of RI）、期望 RI 与 RI 差额（discrepancy of RI）、期望可再制造产品需求率（expected need rate of remanufactured product）和平滑时间 2（smooth time 2）；再制造时间（remanufacturing time）和销售时间（sale time）；均值（meanV）、方差（standardD）、最大值（maxV）、最小值（minV）和随机数种子（seedV）（用在函数 RANDOM NORMAL(最小值, 最大值, 均值, 方差, 随机数种子)中计算再制造产品需求率）。

存流图中的常量包括（从供应市场到需求市场）：N units、M units 和 L units，其含义依次为单一可再制造废旧产品拆解后可得到的可再制造零部件数量、单一再制造零部件可用于装配再制造产品的数量、单一再制造产品需要可再制造废旧产品的数量。

1. 关键参数及相关等式

关键参数是指检测误差 I 和检测误差 II 的检测误差率 a 和 b，以及废旧产品可再制造率 q。与 b、a 和 q 相关的等式有

$$\bar{R}_{nr} = R_{isp}(qb + (1-q)(1-a)) \tag{5.1}$$

$$R_{nr} = R_{dis}(1-q)a / (q(1-b) + (1-q)a) \tag{5.2}$$

$$R_r = R_{dis}(q(1-b) / (q(1-b) + (1-q)a))N \tag{5.3}$$

$$R_{isp} = \mathrm{IF\ \ THEN\ \ ELSE}(S_{ci} > 0, \mathrm{MIN}(\bar{E}_r, S_{ci} / T_{isp}), 0) \tag{5.4}$$

$$R_{pur} = R_{isp}(q(1-b) + (1-q)a)T_{isp} / T_{pur} \tag{5.5}$$

式（5.1）中，$\bar{R}_{nr}$ 为"不可再制造产品"率，R_{isp} 为检测率；式（5.2）中，R_{nr} 为不可再制造产品率，R_{dis} 为拆解率；式（5.3）中，R_r 为可再制造部件形成率，N 为 N units；式（5.4）中，S_{ci} 为回收产品库存（CI），$\bar{E}_r$ 为"可再制造产品"应满足量，T_{isp} 为检测时间；式（5.5）中，R_{pur} 为购买率，T_{pur} 为购买时间。

2. 再制造商和回收商主要等式

再制造商所关心的问题是检测误差对库存和利润的影响，其主要等式有

$$S_{ri} = \mathrm{INTEG}(R_{pur} - R_{dis}, 0) \tag{5.6}$$

$$\pi_{rem} = P_{rep}R_{sal}T_{sal} + P_{ret}R_{ret}T_{ret} - (P_{pur}R_{pur}T_{pur} + S_{ri}H_{ri} + S_{upd}H_{upd}$$
$$+ S_{rpi}H_{rpi} + S_{rpdi}H_{rpdi} + R_{dis}T_{dis}C_{dis} + R_{rpa}T_{rpa}C_{rpa}) \tag{5.7}$$

式（5.6）中，S_{ri} 为"可再制造产品"库存（RI）；式（5.7）中，π_{rem} 为再制造商利润，P_{rep}、R_{sal} 和 T_{sal} 依次表示再制造产品售价、销售率和销售时间，P_{ret}、R_{ret} 和 T_{ret} 依次表示再处理收入、再处理率和再处理时间，P_{pur}、R_{pur} 和 T_{pur} 依次表示购买价格、购买率和购买时间，S_{ri} 和 H_{ri} 表示"可再制造产品"库存（RI）和 RI 持有费用，S_{upd} 和 H_{upd} 分别表示不可再制造产品库存（UPdI）和 UPdI 持有费用，S_{rpi} 和 H_{rpi} 分别表示可再制造部件库存（RPI）和 RPI 持有费用，S_{rpdi} 和 H_{rpdi} 分别表示再制造产品库存（RPdI）和 RPdI 持有费用，R_{dis}、T_{dis} 和 C_{dis} 依次表示拆解率、拆解时间和拆解费用，R_{rpa}、T_{rpa} 和 C_{rpa} 依次表示零部件再制造率、再制造时间和再制造费用。从式（5.7）可知，在购买"可再制造产品"时，再制造商全额支付对"可再制造产品"的购买费用。

回收商所关心的问题是检测误差对库存和利润的影响，主要等式有

$$S_{ci} = \mathrm{INTEG}(R_{rec} - R_{isp}, 0) \tag{5.8}$$

$$\pi_{rec} = (P_{pur} - C_{tran})R_{pur}T_{pur} + P_{tre}R_{tre}T_{tre}$$
$$- (R_{rec}T_{rec}C_{rec} + S_{ci}H_{ci} + S_{nupd}H_{nupd}$$
$$+ R_{isp}T_{isp}C_{isp}) \tag{5.9}$$

式（5.8）中，S_{ci} 和 R_{rec} 分别为回收产品库存（CI）和回收率；式（5.9）中，π_{rec} 为回收

商利润，P_{pur} 和 C_{tran} 分别为购买价格和运输费用，R_{pur} 和 T_{pur} 分别为购买率和购买时间，P_{tre}、R_{tre} 和 T_{tre} 依次为处理收入、处理率和处理时间，T_{rec} 和 C_{rec} 分别为回收时间和回收费用，S_{ci} 和 H_{ci} 分别为回收产品库存（CI）和 CI 持有费用，S_{nupd} 和 H_{nupd} 分别为"不可再制造产品"库存（NRPdI）和 NRPdI 持有费用，T_{isp} 和 C_{isp} 分别为检测时间和检测费用。

　　下面将通过一个算例进行数值仿真，分析检测误差率对再制造商"可再制造产品"库存（RI）和回收商回收产品库存（CI）的影响、检测误差率对再制造商利润和回收商利润的影响，探讨检测误差的缩小是否对再制造商和回收商都有利。

5.4　仿　真　分　析

　　制造商生产一种新产品，并已经通过销售网络销售到消费市场，每周期销售的新产品为 4000 件。新产品使用周期为 50，即每周期销售的新产品经过 50 周的使用后，已经陆续进入废旧产品市场等待回收。

　　面对废旧产品市场，制造商建立了再制造厂（再制造商）、拆解中心，并委托回收商对废旧产品进行回收。回收商以一定的回收费用从废旧产品市场回收废旧产品，经过检测，将"不可再制造产品"处理掉，将"可再制造产品"转卖给再制造商。再制造商从回收商购买"可再制造产品"，经过拆解、再制造和装配，将再制造产品销售到消费市场。整个过程中涉及的费用见表 5.1。

表 5.1　再制造商和回收商利润相关价格与费用参数设置

参数	值/（元/件）	参数	值/（元/件）
再制造产品售价（p_{rep}）	900	运输费用（c_{tran}）	5
购买价格（"可再制造产品"）（p_{pur}）	200	检测费用（c_{isp}）	10
RPdI 持有费用（h_{rpdi}）	20	CI 持有费用（h_{ci}）	2
RI 持有费用（h_{ri}）	2	NRPdI 持有费用（h_{nrpd}）	1
RPI 持有费用（h_{rpi}）	3	处理收入（p_{tre}）	2
UPdI 持有费用（h_{upd}）	1	回收费用（c_{rec}）	50
再处理收入（p_{ret}）	1		
再制造费用（c_{rpa}）	100		
拆解费用（c_{dis}）	50		

　　鉴于再制造产品市场需求的随机性，仿真中使用 Vensim 5.10 中的函数 RANDOM NORMAL（最小值，最大值，均值，方差，随机数种子），其中，最小值为 500，随机数种子为 300，均值为 750，方差为 10000，最大值为 1000，其他常数的设置：CI 调整

时间、RI 调整时间、期望 CI 持续时间、期望 RI 持续时间、再处理时间、再制造时间、回收时间、处理时间、拆解时间、检测时间、销售时间、平滑时间 1 及平滑时间 2 都是 4 周。N units、M units 和 L units 值均为 1。

5.4.1 检测误差率 b 对库存和利润的影响

为了分析检测误差率 b 对库存和利润的影响，此处的仿真中，$a = 0\%$；$b = 0\%$，10%，20%，30%；$q = 40\%$。检测误差率 b 的变化对"可再制造产品"库存（RI）、回收产品库存（CI）、再制造商利润和回收商利润的影响依次如图 5.3～图 5.6 所示。图中，$a0bj\%$（$j = 0, 10, 20, 30$）表示 a 取值为 0、b 取值为 $j\%$时，相关变量的变化曲线。特别地，$a0b0\%$ 是在没有检测误差的情况下，相关变量的变化曲线（以下同）。另外，表 5.2 中总结了检测误差率 b 对再制造商和回收商双方库存均值和利润均值的影响。

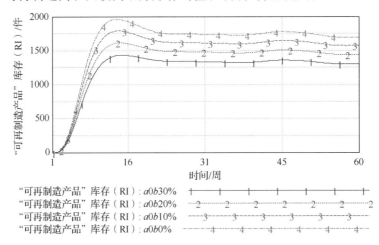

图 5.3 b 对"可再制造产品"库存（RI）的影响

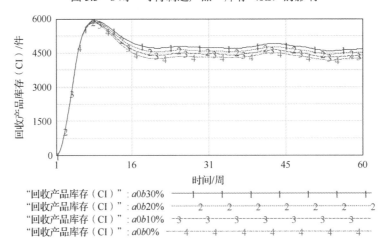

图 5.4 b 对回收产品库存（CI）的影响

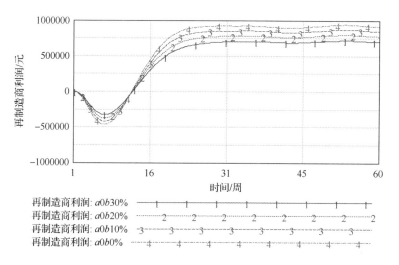

图 5.5　 b 对再制造商利润的影响

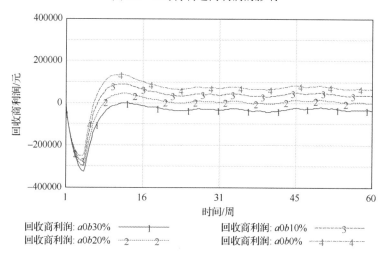

图 5.6　 b 对回收商利润的影响

表 5.2　检测误差率对再制造商和回收商的影响

检测误差率		再制造商		回收商	
		库存 RI 均值/件	利润均值/元	库存 CI 均值/件	利润均值/元
$a(b=0\%)$	0%	1605	628056	4300	56752
	10%	1779	544892	4143	102990
	20%	1942	467424	3997	145964
	30%	2093	395099	3861	186003
$b(a=0\%)$	0%	1605	628056	4300	56752
	10%	1482	578813	4411	23929
	20%	1351	527120	4527	-10638
	30%	1214	472797	4650	-47087

通过仿真图及表 5.2 可得到如下结论：可再制造废旧产品误检为不可再制造废旧产品的误检率 b 越低，再制造商的"可再制造产品"库存水平越高（图 5.3）、回收商的回收产品库存水平越低（图 5.4），而再制造商的利润和回收商的利润都越高（图 5.5 和图 5.6），并逐渐接近没有检测误差的情况。因此，检测误差率 b 减小对再制造商和回收商都有利。特别地，当检测误差率 b 超过 10%时，回收商面临可能不再盈利的局面，因此，回收商会积极控制检测误差率 b 的增加，这也正是再制造商所希望的。

5.4.2 检测误差率 a 对库存和利润的影响

为了分析检测误差率 a 对库存和利润的影响，此处的仿真中，$a = 0\%$，10%，20%，30%；$b = 0\%$；$q = 40\%$。检测误差率 a 的变化对"可再制造产品"库存（RI）、回收产品库存（CI）、再制造商利润和回收商利润的影响依次如图 5.7～图 5.10 所示。图中，$aib0\%$（$i = 0, 10, 20, 30$）表示 a 取值为 $i\%$、b 取值为 0 时，相关变量的变化曲线。表 5.2 中总结了检测误差率 a 对再制造商和回收商双方库存均值和利润均值的影响。

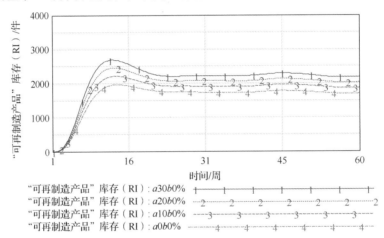

图 5.7 a 对"可再制造产品"库存（RI）的影响

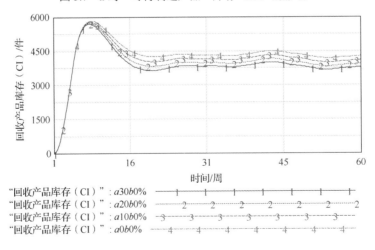

图 5.8 a 对回收产品库存（CI）的影响

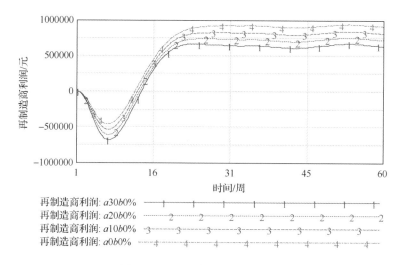

图 5.9　a 对再制造商利润的影响

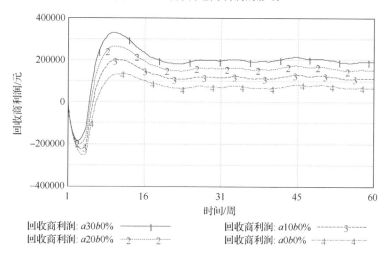

图 5.10　a 对回收商利润的影响

通过仿真图和表 5.2 可得到如下结论：不可再制造废旧产品误检为可再制造废旧产品的误检率 a 越低，再制造商的"可再制造产品"库存水平越低（图 5.7）、回收商的回收产品库存水平越高（图 5.8），再制造商的利润越高（图 5.9），而回收的利润越低（图 5.10），并逐渐接近没有检测误差的情况。因此，检测误差率 a 的缩小对再制造商有利而对回收商不利。回收商不会主动降低检测误差率 a，这正是再制造商所面临的问题。

5.4.3　检测误差率 a 和 b 对市场满足率的影响

从再制造产品市场的角度，满足率是再制造商保持市场份额的重要因素。与满足率相关的等式如下：

$$R_{sat} = R_{sal} \tag{5.10}$$

$$R_{sal} = \min(S_{rpdi}, E_r) / T_{sal} \tag{5.11}$$

式（5.10）中，R_{sat} 为满足率；式（5.11）中，S_{rpdi} 和 E_r 为再制造产品库存（RPdI）和再制造产品应满足量。

检测误差率 a 和 b 对市场满足率均值的影响如图 5.11 所示。从图中可以看出，检测误差率 a=30%时的市场满足率均值和 b = 10%时的市场满足率均值非常相近。由前面 5.4.1 节的分析可知，检测误差率 b 不会超过 10%，b = 10%时的市场满足率是可以被再制造商和回收商接受的。那么，从市场满足率的角度，a = 30%也应该被接受。

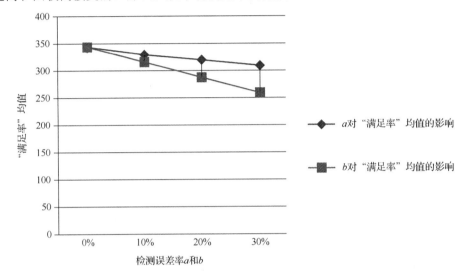

图 5.11　a 和 b 对满足率均值的影响

然而，由表 5.2 可知，a = 30%时再制造商的利润均值（395099 元）远小于 b = 10%时制造商的利润均值（578813 元）。当 a 减小到 10%以内时，再制造商的利润均值（544892 元）才能和 b = 10%时制造商的利润均值相当。下面讨论减小检测误差率 a 的策略。

5.5　检测误差率管理策略及应用案例

5.5.1　检测误差率管理策略

通过上面的仿真发现：检测误差率 b 的减小对再制造商和回收商都有利，而检测误差率 a 的减小对再制造商有利，而对回收商不利。因此，再制造商和回收商都希望减小检测误差率 b。对于检测误差率 a，再制造商希望减小而回收商不希望减小。这就涉及对检测误差率 a 如何管理的问题。

检测误差率 a 表示不可再制造废旧产品误检为可再制造废旧产品的误检率。当回收商将检测后的"可再制造产品"运送到再制造商后，再制造商全额支付对"可再制造产品"的购买费用，这些购买费用包括对由检测误差 a 造成的实际不可再制造产品的购买费用。这就是为什么检测误差率 a 减小对再制造商有利而对回收商不利的原因。

为了有效管理检测误差率 a，再制造商决定调整对"可再制造产品"的支付方式：当拆解中心将"可再制造产品"拆解后，再制造商只支付实际可再制造产品的购买费用，而对于由检测误差 a 造成的"可再制造产品"中实际不可再制造产品的购买费用不予支付。此时，再制造商和回收商的利润如下：

$$
\begin{aligned}
\pi_{\mathrm{rem}} = {} & P_{\mathrm{rep}} R_{\mathrm{sal}} T_{\mathrm{sal}} + P_{\mathrm{ret}} R_{\mathrm{ret}} T_{\mathrm{ret}} \\
& - (P_{\mathrm{pur}} R_{\mathrm{r}} T_{\mathrm{dis}} + S_{\mathrm{ri}} H_{\mathrm{ri}} + S_{\mathrm{upd}} H_{\mathrm{upd}} \\
& \quad + S_{\mathrm{rpi}} H_{\mathrm{rpi}} + S_{\mathrm{rpdi}} H_{\mathrm{rpdi}} \\
& \quad + R_{\mathrm{dis}} T_{\mathrm{dis}} C_{\mathrm{dis}} + R_{\mathrm{rpa}} T_{\mathrm{rpa}} C_{\mathrm{rpa}})
\end{aligned}
\tag{5.12}
$$

$$
\begin{aligned}
\pi_{\mathrm{rec}} = {} & (P_{\mathrm{pur}} R_{\mathrm{r}} T_{\mathrm{dis}} + P_{\mathrm{tre}} R_{\mathrm{tre}} T_{\mathrm{tre}} \\
& - (R_{\mathrm{rec}} T_{\mathrm{rec}} C_{\mathrm{rec}} + S_{\mathrm{ci}} H_{\mathrm{ci}} + S_{\mathrm{nupd}} H_{\mathrm{nupd}} \\
& \quad + R_{\mathrm{isp}} T_{\mathrm{isp}} C_{\mathrm{isp}} + C_{\mathrm{tran}} R_{\mathrm{pur}} T_{\mathrm{pur}})
\end{aligned}
\tag{5.13}
$$

策略调整之后的仿真结果：检测误差率 a 的变化对"可再制造产品"库存（RI）、回收产品库存（CI）、再制造商利润和回收商利润的影响依次如图 5.12～图 5.15 所示。由于 a 的变化对回收商利润的影响不容易从图 5.15 中清晰看出，在图 5.16 中给出 a 的变化对回收商利润均值的影响。从图中可以看出，检测误差率 a 越低，再制造商的"可再制造产品"库存水平越低、回收商的回收产品库存水平越高，而再制造商的利润越高、回收商利润均值越高。因此，调整策略后，检测误差率 a 的减小对再制造商和回收商都有利。

由于检测误差是在回收商对回收的废旧产品进行检测时发生时，为了减小误差率、提高检测准确度，回收商（或回收商与再制造商合作）可以改进检测设备、升级检测技术或增加检测人员培训。

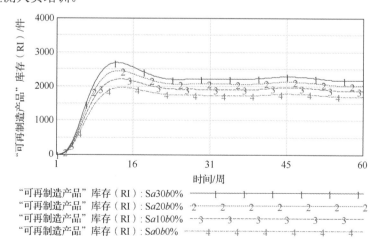

图 5.12　新策略下 a 对"可再制造产品"库存（RI）的影响

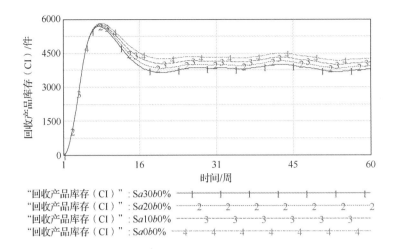

图 5.13　新策略下 *a* 对回收产品库存（CI）的影响

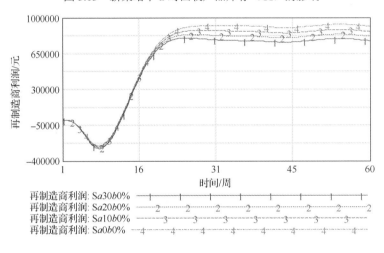

图 5.14　新策略下 *a* 对再制造商利润的影响

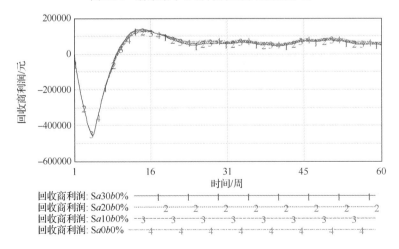

图 5.15　新策略下 *a* 对回收商利润的影响

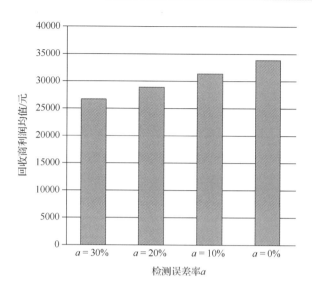

图 5.16　新策略下 a 对回收商利润均值的影响

5.5.2　应用案例

Guide 等（2003）对废旧手机回收与再制造进行了研究。他们将回收的废旧手机分为 6 个等级，其回收价格和相应的再制造费用见表 5.3（左 3 列）。给定各等级废旧手机数量为 1000，在理想状态（没有检测误差）下，相应的总费用见表 5.3（$a = 0\%$）。

实际运作中，废旧产品的质量状况被高估，较低等级的废旧产品被错误地检测为较高等级，导致检测误差率 a 产生：每等级回收品数量中包含 15%（$a = 15\%$）的下一等级回收品，即每等级回收品数量中包含下一等级回收品的比例为 $a = 15\%$。特别地，第 6 等级中包含不可再制造废旧手机。这里，不可再制造用较高的再制造费用（100）来表示。此时的总费用见表 5.3（$a = 15\%$）。

采用调整的检测误差率 a 的管理策略后，检测误差率可减少到 $a = 10\%$ 或 $a = 5\%$，相应的总费用见表 5.3。此时，与理想状态比较，当检测误差率 a 减小时，各等级废旧手机总费用增长率如图 5.17 所示。从图 5.17 可知，随着检测误差率 a 的减少，废旧手机回收再制造的总费用减少，相应的总利润会增加。

表 5.3　废旧手机回收再制造费用及不同检测误差率时总费用

回收品 等级	回收价格/美元	再制造费用/美元	数量	总费用 （$a = 0\%$）/元	总费用 （$a = 15\%$）/元	总费用 （$a = 10\%$）/元	总费用 （$a = 5\%$）/元
1	26.8	5	1000	31800	34050	33300	32550
2	17.3	20	1000	37300	38800	38300	37800
3	9.8	30	1000	39800	40550	40300	40050
4	6.3	35	1000	41300	42050	41800	41550
5	4	40	1000	44000	44750	44500	44250
6	2	45	1000	47000	55250	52500	49750
—	—	100	—	—	—	—	—

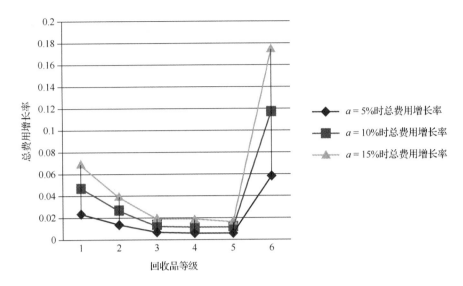

图 5.17　检测误差率 a 减小时废旧手机回收再制造总费用增长率的变化

5.6　本章小结

随着再制造产品"以旧换再"方案的实施，废旧产品的回收量会增加。对于回收商回收的废旧产品，既可以不经检测直接悉数运送给再制造商等待拆解，也可以经过检测后只将"可再制造产品"运送给再制造商再拆解。对于前者来说，随着废旧产品回收数量的增加，回收商对废旧产品的运输费用、拆解中心的拆解费用都将增加。为此，本章在前期研究的基础上，针对回收商负责检测的情况，应用系统动力学方法建立了有两种检测误差的再制造逆向供应链系统动力学模型。通过对有检测误差的再制造逆向供应链动态行为的仿真分析，探讨了检测误差率对再制造商和回收商库存、利润及市场满足率的影响。研究还发现，检测误差率 a 的降低会增加再制造商的利润而减少回收商利润。该问题通过调整管理策略得以解决，即检测误差率 a 的降低也同时使再制造商利润和回收商利润增加。通过检测误差率 a 和 b 对市场满足率影响的仿真分析，给出检测误差率缩小的合理范围。

检测误差率的降低需要回收商（或回收商与再制造商合作）进行投资。关于对投资、误差率和利润之间的平衡将在第 7 章进一步研究。

参 考 文 献

顾巧论，陈秋双，2007. 不完全信息下逆向供应链中制造商的最优合同[J]. 计算机集成制造系统，13（3）：596-601.

顾巧论，高铁杠，2016. 再制造逆向供应链检测误差率管理策略[J]. 计算机集成制造系统，22（10）：2469-2477.

顾巧论，季建华，高铁杠，等，2005. 有固定需求底线的逆向供应链定价策略研究[J]. 计算机集成制造系统，11（12）：1751-1757.

刘明周，王强，赵志彪，等，2014. 机械产品再制造装配过程动态工序质量控制系统[J]. 计算机集成制造系统，20（4）：817-824.

BLACKBURN J D, GUIDE JR V D R, SOUZA G C, et al., 2004. Reverse supply chains for commercial returns [J]. California management review, 46(2): 6-22.

GALBRETH M, BLACKBURN J, 2006. Optimal acquisition and sorting policies for remanufacturing [J]. Production and operations management, 15(3): 384-392.

GALBRETH M, BLACKBURN J, 2010. Optimal acquisition quantities in remanufacturing with condition uncertainty [J]. Production and operations management, 19(1): 61-69.

GEORGIADIS P, BESIOU M, 2008. Sustainability in electrical and electronic equipment closed-loop supply chains: a system dynamics approach [J]. Journal of cleaner production, 16(15): 1665-1678.

GU Q L, GAO T G, 2011. Simulation for disassembly planning of used-product in reverse supply chain [J]. ICIC express letters, part B: applications, 2(6): 1315-1320.

GU Q L, GAO T G, 2012. Joint decisions for R/M integrated supply chain using system dynamics methodology [J]. International journal of production research, 50(16): 4444-4461.

GU Q L, TAGARAS G, 2014. Optimal collection and remanufacturing decisions in reverse supply chains with collector's imperfect sorting [J]. International journal of production research, 52(17): 5155-5170.

GUIDE JR V D R, TEUNTER R H, WASSENHOVE L N V, 2003. Matching demand and supply to maximize profits from remanufacturing [J]. Manufacturing and service operations management, 5(4): 303-316.

TEUNTER R H, FLAPPER S D P, 2011. Optimal core acquisition and remanufacturing policies under uncertain core quality fractions [J]. European journal of operational research, 210(2): 241-248.

VLACHOS D, GEORGIADIS P, IAKOVOU E, 2007. A system dynamics model for dynamic capacity planning of remanufacturing in closed-loop supply chains [J]. Computers and operations research, 34(2): 367-394.

WASSENHOVE L N V, ZIKOPOULOS C, 2010. On the effect of quality overestimation in remanufacturing [J]. International journal of production research, 48(18): 5263-5280.

ZIKOPOULOS C, TAGARAS G, 2007. Impact of uncertainty in the quality of returns on the profitability of a single-period refurbishing operation [J]. European journal of operational research, 182(1): 205-225.

ZIKOPOULOS C, TAGARAS G, 2008. On the attractiveness of sorting before disassembly in remanufacturing [J]. IIE transactions, 40(3): 313-323.

第6章 IE-with 制造/再制造供应链成本分担与 IERs 优化控制

考虑由再制造商和回收商构成的有检测误差率（IERs）的逆向供应链。回收商负责从最终消费者处回收废旧产品，并对这些回收的废旧产品进行检测。由于技术和非技术的因素，回收商检测时可能出现检测误差。为了降低检测误差率，回收商会对检测增加投资，即单位检测成本会增加。本章对有检测误差的逆向供应链进行动态分析，应用系统动力学方法给出有检测误差的逆向供应链因果关系图，对 IERs 和单位检测成本分担对有检测误差的逆向供应链的影响进行仿真分析。研究结果给出在何种条件下再制造商应和回收商分担检测成本，以便控制 IERs。

6.1 引　　言

逆向供应链是再制造过程中的关键环节。考虑由再制造商和回收商组成的逆向供应链：再制造商从回收商回收废旧产品并进行拆解，然后生产再制造产品；回收商负责从最终消费者处回收废旧产品并将其运送给再制造商。如果再制造商和回收商之间间隔很长的距离，那么，回收商将所有回收到的废旧产品运送给再制造商并不是最佳方式，因为并非所有回收的废旧产品都可以被重新再制造。这样，回收商（或与再制造商协调）会考虑在将回收的废旧产品运送给再制造商前先对废旧产品进行检测。

然而，由于技术或非技术因素，回收商的检测可能导致有检测误差率的检测误差 I 和检测误差 II（Gu et al.，2014）。再制造商和回收商如何控制检测误差？如果检测成本随着检测误差率的减小而增加，那么检测成本和检测误差率对再制造商和回收商的利润会产生什么影响？如果再制造商需要和回收商分担检测成本，以确保回收商的利润和激励回收商的检测热情，那么，该如何设定检测成本分担比例？

Blackburn 等（2004）讨论了分级操作的适当位置，研究了废旧产品在一个集中位置进行测试和评价，以及在多个回收点进行分散测试和评价的问题。Zikopoulos 等（2005）分析了由单一回收商和再制造商构成的单周期逆向供应链。作者给出了分析结果，分析结果有利于确定何时在回收点或再制造厂进行分类的问题。Wassenhove 等（2010）研究了由一个再制造商和若干独立的回收点组成的逆向供应链，假定分类（分级和分类）是不完善的，给出在集中决策下再制造商的最优采购决策。顾巧论等（2016）建立了具有检测误差的再制造逆向供应链系统动力学模型，通过分析检测误差率对供应链成员的库存和利润的影响，给出检测误差的管理策略。本章拟对再制造商与回收商检测成本分担比例进行研究，以对检测误差进行控制。

通过文献查询获知，关于最后两个问题的相关研究比较少。因此，本章将使用 Vensim

5.10 建立有检测误差的逆向供应链系统动力学模型。通过数值仿真,揭示不同检测误差率和检测成本分担率对再制造商和回收商利润的影响,并对仿真结果进行分析,给出有检测误差的逆向供应链中的成本分担策略(Gu et al., 2017)。本章内容安排如下:6.2 节将利用因果关系图建立具有检测误差的逆向供应链的仿真模型;6.3 节将给出检测成本分担的仿真结果和分析;6.4 节将对本章研究工作进行总结。

6.2　逆向供应链仿真模型

本节应用系统动力学仿真软件 Vensim 5.10 构建具有检测误差的逆向供应链的仿真模型。

6.2.1　因果关系图

在本章研究的逆向供应链中,回收商从废旧产品市场回收废旧产品,并将其保存在 collection inventory(CI)中等待检测。检测后,"不可再制造产品"(用双引号标记)被移入"non-remanufacturable product" inventory(NRPdI)等待处理,同时,"可再制造产品"(用双引号标记)被销售给再制造商。图 6.1 中展示出有检测误差的逆向供应链中回收商部分的因果关系图。

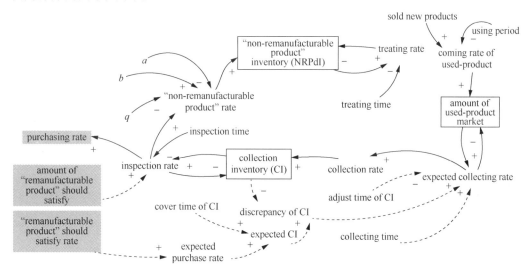

图 6.1　回收商部分的因果关系图(有检测误差率 *a* 和 *b*)

下面给出图 6.1 中涉及的存量、速率变量、辅助变量和常量的含义。

"non-remanufacturable product"inventory (NRPdI):"不可再制造产品"库存,包括一些可再制造产品。

"non-remanufacturable product"rate:"不可再制造产品"进入库存 NRPdI 的速率。

adjust time of CI:库存 CI 的调整时间。

collecting time：回收商回收的持续时间。

collection inventory (CI)：回收的废旧产品库存。

collection rate：回收的废旧产品进入库存 CI 的速率。

cover time of CI：库存 CI 的覆盖时间。

discrepancy of CI：CI 库存水平和 CI 期望库存水平的差额。

expected CI：CI 的期望库存水平。

expected purchase rate：回收商的预期获取速率。

inspection rate：废旧产品的检测速率。

inspection time：废旧产品的检测时间。

a：检测误差率 I。

b：检测误差率 II。

q：废旧产品的可再制造率。

treating rate："不可再制造产品"的处理速率。

treating time："不可再制造产品"的处理时间。

amount of used-product market：待回收的废旧产品总量。

coming rate of used-product：废旧产品进入废旧产品市场的速率。

expected collecting rate：回收商的预期回收速率。

sold new products：已销售给最终消费者的新产品、经过使用后将成为废旧产品。

using period：新产品成为废旧产品所需的周期。

再制造商从回收商购买"可再制造"的废旧产品，并将其保存在"可再制造产品"库存 ["remanufacturable product" inventory（RI）] 中等待拆解。拆解后，可再制造零部件被运送到可再制造零部件库存 [remanufacturable part inventory（RPI）] 中等待再制造，而不可再制造产品被运送到不可再制造产品库存 [non-remanufactrable product inventory（UPdI）] 中等待处理。在再制造和装配之后，再制造产品被保存在再制造产品库存 [remanufactured product inventory（RPdI）] 中，等待销售到需求市场（demand market）。

图 6.2 展示出有检测误差的逆向供应链中再制造商部分的因果关系图。

图 6.2 中所涉及的存量、速率变量、辅助变量和常量的含义如下。

"remanufacturable product" inventory(RI)："可再制造产品"库存。

"remanufacturable product" satisfied rate："可再制造产品"满足速率。

"remanufacturable product" should satisfy rate："可再制造产品"应满足速率。

adjust time of RI：库存 RI 调整时间。

"amount of remanufacturable product" should satisfy："可再制造产品"应满足的总量。

cover time of RI：库存 RI 的覆盖时间。

disassembly rate："可再制造产品"拆解速率。

disassembly time："可再制造产品"拆解时间。

discrepancy of RI："可再制造产品"库存（RI）水平与预期 RI 库存水平之间的差额。

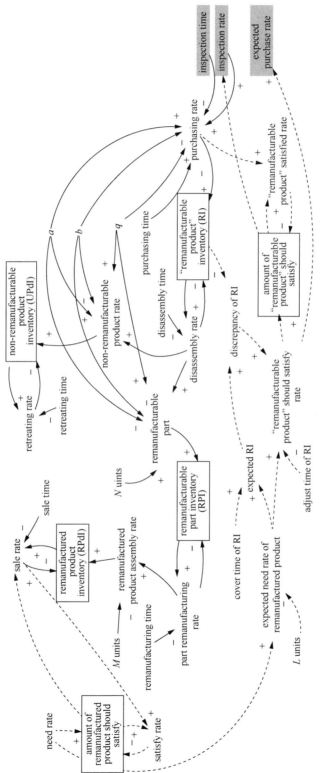

图 6.2　再制造商部分的因果关系图（有检测误差率 *a* 和 *b*）

expected need rate of remanufactured product：再制造商的再制造产品预期需求速率（need rate）。

expected RI：RI 预期库存水平。

L units：生产一个再制造产品所需的"可再制造产品"的数量。

M units：组装一个再制造产品所需要的再制造零部件的数量。

N units：拆卸一个"可再制造产品"可获得的可再制造零部件的数量。

non-remanufacturable product inventory (UPdI)：不可再制造产品的库存。

non-remanufacturable product rate：不可再制造产品进入库存 UPdI 的速率。

part remanufacturing rate：再制造时间（remanufacturing time）内零部件再制造速率。

purchasing rate：从回收商手中购买"可再制造产品"的速率。

purchasing time：从回收商手中购买"可再制造产品"的时间。

remanufactured product assembly rate：再制造产品的装配速率。

remanufacturable part：可再制造零件移动到可再制造零部件库存（RPI）的速率。

remanufacturable part inventory (RPI)：可再制造零部件的库存。

remanufactured product inventory (RPdI)：再制造产品的库存。

remanufacturing time：零部件再制造的时间。

retreating rate：不可再制造产品的再处理速率。

retreating time：不可再制造产品再处理时间。

sale rate：再制造产品的销售速率。

sale time：再制造产品的销售时间。

amount of remanufactured product should satisfy：再制造产品的需求总量。

need rate：再制造产品需求速率。

satisfy rate：再制造产品需求满足速率。

特别是在有检测误差的逆向供应链因果关系图（图 6.1 和图 6.2）中，"不可再制造产品"（"non-remanufacturable product"）和"可再制造产品"（"remanufacturable product"）中出现了双引号。原因是回收商的检测产生了检测误差 Ⅰ 和 Ⅱ：检测误差率为 a 和 b。检测误差率 a 意味着一些不可再制造产品（误差率为 a）检测为可再制造产品，即"可再制造产品"包括一些不可再制造产品。检测误差率 b 意味着一些可再制造产品（误差率为 b）被检测为不可再制造产品，即"不可再制造产品"包括一些可再制造产品。

6.2.2　仿真关键等式

本节继续顾巧论等（2016）的研究，所用仿真等式可参考第 5 章或顾巧论等（2016）的文献。这里，只列出如下关键等式：

"non-remanufacturable product" rate = inspection rate

$$\times (q \times b + (1 - q) \times (1 - a)) \tag{6.1}$$

$$\text{non-remanufacturable product rate} = \text{disassembly rate} \times (1 - q) \times a / (q \times (1 - b)$$
$$+ (1 - q) \times a) \tag{6.2}$$

$$\text{purchasing rate} = \text{inspection rate} \times (q \times (1 - b) + (1 - q) \times a)$$
$$\times \text{inspection time/purchasing time} \tag{6.3}$$

$$\text{remanufacturable part} = \text{disassembly rate} \times (q \times (1 - b)/(q \times (1 - b)$$
$$+ (1 - q) \times a)) \times N \text{ units} \tag{6.4}$$

$$\text{profit of remanufacturer} = \text{sell price of remanufactured product} \times \text{sale rate} \times \text{sale time}$$
$$+ \text{retreating revenue} \times \text{retreating rate} \times \text{retreating time}$$
$$- [\text{purchasing price} \times \text{remanufacturable part}$$
$$\times \text{disassembly time}$$
$$+ \text{"remanufacturable product" inventory (RI)}$$
$$\times \text{holding cost of RI}$$
$$+ \text{"non-remanufacturable product inventory (UPdI)"}$$
$$\times \text{holding cost of UPdI}$$
$$+ \text{"remanufacturable part inventory (RPI)"}$$
$$\times \text{holding cost of RPI}$$
$$+ \text{"remanufactured product inventory (RPdI)"}$$
$$\times \text{holding cost of RPdI}$$
$$+ \text{disassembly rate} \times \text{disassembly time} \times \text{disassembly cost}$$
$$+ \text{part remanufacturing rate} \times \text{remanufacturing time}$$
$$\times \text{remanufacturing cost}] \tag{6.5}$$

$$\text{profit of collector} = \text{purchasing price} \times \text{remanufacturable part} \times \text{disassembly time}$$
$$+ \text{treating revenue} \times \text{treating rate} \times \text{treating time}$$
$$- [\text{collection rate} \times \text{collecting time} \times \text{collecting cost}$$
$$+ \text{"collection inventory (CI)"} \times \text{holding cost of CI}$$
$$+ \text{"non-remanufacturable product" inventory (NRPdI)}$$
$$\times \text{holding cost of NRPdI}$$
$$+ \text{inspection rate} \times \text{inspection time} \times \text{inspection cost}$$
$$+ \text{transportation cost} \times \text{purchasing rate} \times \text{purchasing time}] \tag{6.6}$$

6.3　仿真结果与分析

　　基于上述仿真模型，本节给出检测误差率和检测成本分担比例对利润影响的仿真结果，并研究再制造商与回收商共同分担检测成本的情况。

　　考虑到检测误差率不会很高的事实，设置检测误差率(a, b)的值为(0, 0)、(0.1, 0.1)、(0.2, 0.2)和(0.3, 0.3)，并且相应的检测成本（单位：元）分别为40、30、20和10。

6.3.1 检测误差率对利润的影响

当 q 是确定性的，并且取 0.4、0.5、0.6、0.7、0.8 和 0.9 时，检测误差率对再制造商和回收商的利润的影响见表 6.1。

表 6.1 利润仿真统计结果 （单位：元）

不同情况	再制造商利润			回收商利润		
	最小值	最大值	均值	最小值	最大值	均值
$q=0.4, a=0, b=0$	−249558	945542	831859	−560275	0	−69177
$q=0.4, a=0.1, b=0.1$	−234977	825806	725510	−532730	0	−59538
$q=0.4, a=0.2, b=0.2$	−220440	709325	622002	−505184	5975	−50158
$q=0.4, a=0.3, b=0.3$	−206477	595960	521222	−477639	15257	−41027
$q=0.5, a=0, b=0$	−309922	1105000	973068	−545169	94757	12115
$q=0.5, a=0.1, b=0.1$	−287784	984169	865462	−518953	91518	12920
$q=0.5, a=0.2, b=0.2$	−265647	862947	757855	−492736	88280	13725
$q=0.5, a=0.3, b=0.3$	−243509	741724	650249	−466519	85210	14530
$q=0.6, a=0, b=0$	−369478	1246000	1097000	−530063	195879	83565
$q=0.6, a=0.1, b=0.1$	−340024	1127000	991733	−505176	181367	78274
$q=0.6, a=0.2, b=0.2$	−310486	1005000	883627	−480288	167261	72853
$q=0.6, a=0.3, b=0.3$	−280865	880155	772812	−455400	153484	67295
$q=0.7, a=0, b=0$	−428228	1393000	1207000	−514958	291493	146856
$q=0.7, a=0.1, b=0.1$	−391696	1268000	1106000	−491399	267460	137520
$q=0.7, a=0.2, b=0.2$	−354958	1140000	1000000	−467839	243724	127737
$q=0.7, a=0.3, b=0.3$	−318015	1012000	889385	−444280	220337	117475
$q=0.8, a=0, b=0$	−486172	1528000	1305000	−499852	374329	203241
$q=0.8, a=0.1, b=0.1$	−442801	1408000	1211000	−477621	351175	191473
$q=0.8, a=0.2, b=0.2$	−399063	1277000	1109000	−455391	318675	178817
$q=0.8, a=0.3, b=0.3$	−354958	1140000	1000000	−433161	286418	165253
$q=0.9, a=0, b=0$	−528008	1582000	1389000	−484746	415656	253087
$q=0.9, a=0.1, b=0.1$	−492784	1522000	1305000	−463844	412230	240614
$q=0.9, a=0.2, b=0.2$	−442801	1408000	1211000	−442943	391550	226476
$q=0.9, a=0.3, b=0.3$	−391696	1268000	1106000	−422041	351256	210799

从表 6.1 可以发现：①当 q 为 0.4 时，回收商不能获得任何利润，这将影响回收商的检测热情；②当 q 为 0.5 时，回收商倾向于较高的检测误差率，而这将降低再制造商的利润。

这些发现导致了一个关键问题：当所回收的废旧产品的可再制造率低于或等于 50%

（这里 q 是 0.4 和 0.5）时，再制造商应该关注是否进行再制造。如果再制造商决定继续实施再制造，再制造商如何激励回收商以较低的检测误差率提供"可再制造产品"？

答案是检测成本分担。下面将研究分担成本的比例对再制造商利润和回收商利润的影响。

6.3.2　成本分担比例对利润的影响

在上面研究中发现，当 q 为 0.4 时，回收商得不到任何利润；而当 q 为 0.5 时，回收商倾向于较高的检测误差率。针对这两个问题，提出了分担检测成本比例的建议。然而，检测成本分担比例是多少？也就是说，再制造商应该承担多少检测成本？对这些问题的回答需要研究成本分担比例对利润的影响。

为了仿真分析检测成本分担比例对再制造商和回收商利润的影响，仿真模型做如下改进。

（1）在仿真模型中引入变量检测成本分担比例（cost-share-ratio），即再制造商应负责的检测成本的比例。

（2）通过增加再制造商分担的检测成本来改变式（6.5）：inspection rate × inspection time × inspection cost × "cost-share-ratio"。

（3）将式（6.6）中 inspection rate × inspection time × inspection cost 用回收商检测成本分担比例代替，即改为 inspection rate × inspection time × inspection cost × (1 - "cost-share-ratio")。

这里，inspection cost × "cost-share-ratio"是再制造商应分担的单位检测成本，inspection cost × (1 - "cost-share-ratio")是回收商应当承担的单位检测成本，inspection rate × inspection time 是被检测废旧产品的数量。

当 q 为 0.4 时，随着再制造商检测成本分担比例变化，再制造商和回收商利润仿真结果如图 6.3 和图 6.4 所示。再制造商成本分担比例的值为 0.1～1。

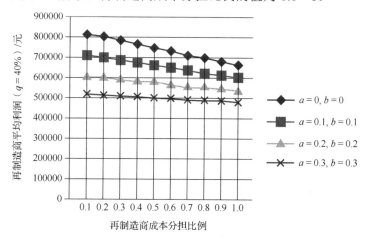

图 6.3　检测成本分担比例对再制造商平均利润的影响（$q = 40\%$）

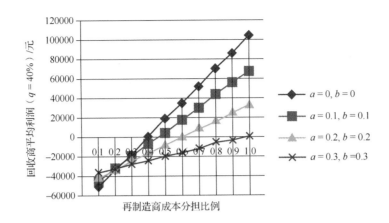

图 6.4　检测成本分担比例对回收商平均利润的影响（$q = 40\%$）

从图 6.3 和图 6.4 中可以得出：

（1）任何检测成本分担都会导致再制造商的平均利润损失，对于相同的成本分担比例，损失率会随着检测误差率的减小而增加。

（2）回收商会努力将检测误差率降低到 0.3 以下，否则，即使再制造商负责所有的检测成本，回收商也得不到任何利润。

（3）回收商希望制造商能够承担 60% 以上的检测成本（成本分担比例为 0.6）。但是，如果检测误差率为 0.2，这似乎是不可能的，因为再制造商的平均利润下降太多以致无法接受该成本分担比例。

（4）如果回收商能够保证检测误差小于 0.1，则再制造商有可能承担 46% 的检测成本，因为再制造商可以接受由此带来的利润损失。

（5）最好的情况是检测误差率为零，成本分担比例大于 40%。也就是说，如果回收商能够确保检测误差率为零，则再制造商就可以分担 40% 以上的检测成本。

当 q 为 0.5，再制造商检测成本分担比例变化时，再制造商和回收商利润仿真结果如图 6.5 和图 6.6 所示。其中，再制造商成本分担比例的值也是 0.1～1。

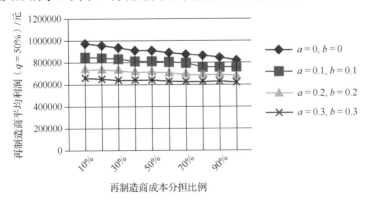

图 6.5　检测成本分担比例对再制造商平均利润的影响（$q = 50\%$）

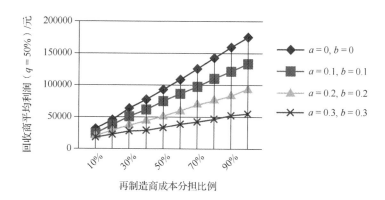

图 6.6　检测成本分担比例对回收商平均利润的影响（$q = 50\%$）

由图 6.5 和图 6.6 可知：

（1）当 q 为 0.5 时，分担任何比例的检测成本将导致再制造商的平均利润损失，并且对于相同的成本分担比例，损失程度将随着检测误差率的减小而增加。

（2）在成本分担比例等于或大于 10%的情况下，回收商愿意选择较低的检测误差率，即再制造商分担的检测成本比例为 10%或 10%以上。

6.4　本 章 小 结

本章考虑的逆向供应链由两个成员组成：再制造商和回收商。回收商负责从最终消费者处回收废旧产品，并对回收的废旧产品进行检测。检测误差可能是由技术或非技术因素所引起的。检测误差率越低，投资需求就越高。也就是说，随着检测误差率的减小，单位检测成本会增加。再制造商是否与回收商分担检测成本可能会影响他们的利润。本章对逆向供应链中的检测成本分担进行动态分析，以保证再制造商和回收商的利润。应用因果关系图，建立了逆向供应链的系统动力学模型。通过数值仿真，分析了不同的检测误差率和成本分担比例对再制造商和回收商利润的影响，给出再制造商和回收商对检测成本的分担策略。

参 考 文 献

顾巧论，高铁杠，2016. 再制造逆向供应链检测误差率管理策略[J]. 计算机集成制造系统，22（10）：2469-2477.

BLACKBURN J D, GUIDE JR V D R, SOUZA G C, et al., 2004. Reverse supply chains for commercial returns [J]. California management review, 46(2): 6-22.

GU Q L, GAO T G, 2017. Optimal control for IERs in reverse supply chain [C]// The 29th Chinese Control and Decision Conference. Chongqing: Institute of Electrical and Electronics Engineers Inc.: 6331-6336.

GU Q L, TAGARAS G, 2014. Optimal collection and remanufacturing decisions in reverse supply chains with collector's imperfect sorting [J]. International journal of production research, 52(17): 5155-5170.

WASSENHOVE L N V, ZIKOPOULOS C, 2010. On the effect of quality overestimation in remanufacturing [J]. International journal of production research, 48(18): 5263-5280.

ZIKOPOULOS C, TAGARAS G, 2005. On the location of sorting operations in a single-period remanufacturing setting [C]// The Fifth International Conference on Analysis of Manufacturing Systems—Production Management. Thessaloniki: Sofia Publishing: 145-152.

第 7 章　目标导向的 IE-with 制造/再制造供应链 IERs 优化策略

废旧产品检测误差已经引起一些学者的兴趣。多数已有研究假设检测误差率（IERs）是固定的某个值。然而，对于检测误差率的更深层次的研究却不多。例如，检测误差率是否值得被降低？检测误差率的降低需要回收商（或回收商与再制造商合作）进行投资，如何在投资、误差率和利润之间进行平衡？等等。本章将在第 5 章研究的基础上，应用系统动力学方法研究这些问题，主要内容包括：构建有检测误差率和相关控制策略的逆向供应链系统动力学模型；基于已经运行多年的有检测误差率的逆向供应链的当前状态，制定 3 种控制策略和相应的利润均值增长率；给出检测误差率和利润均值增长率的优化方法，通过在不同情况下运行该模型，对当前状态和应用相关控制策略后供应链成员利润的变化进行仿真分析，给出最优的检测误差率和供应链成员平均利润增长率。

7.1　引　　言

在逆向供应链中，一些学者已经针对废旧产品的检测（分级和排序）开展了研究，这些作者以不同的研究方法探讨了检测误差率。

Galbreth 等（2006）研究了独立再制造商对废旧产品的最优获取和分类控制策略。再制造商从第三方回收商获得未分拣的废旧产品，然后对每件产品进行分类以便进行再制造或废弃处理，作者假定分类过程是无误差的。Teunter 等（2011）提出了集中决策情况下的最优获取和再制造控制策略。其中，未分类的核心零部件是从第三方回收商获取的，回收后，再制造商进行分类，这种分类也是无误差的。这些研究都假设分类过程是无差错的，即表示检测误差率为零。

Zikopoulos 等（2008）考虑了由再制造商和回收商组成的逆向供应链，主要关注的是废旧产品在拆解和再制造之前的简单和不完美的分类过程。Wassenhove 等（2010）基于由再制造商和若干回收站所组成的逆向供应链，在集中决策的基础上为再制造商确定了最优的采购决策，回收的产品在回收站进行分级和分类。在作者的研究中分拣（分级和分类）是不完美的，即有检测误差。Gu 等（2014）考虑了在逆向供应链中回收商负责对回收的废旧产品进行分类，然后将"可再制造产品"运输到再制造商。在不完美分类的基础上，运用博弈理论，重点研究了在确定性需求和不确定性需求两种情况下回收商最优的回收数量和再制造商最优订购数量。在这些研究中，检测误差率被视为固定值。本章通过系统动力学方法研究检测误差率是否值得降低的问题。

系统动力学方法已经应用到逆向供应链管理中。作为系统动力学模型的一个应用示例，Forrester（1961）给出了一个供应链系统动力学模型。此后，Georgiadis 等（2004）基于逆向供应链，展示了系统动力学模型如何被作为强有力的长期决策的工具。Vlachos 等（2007）应用系统动力学模型，研究了逆向供应链中再制造设施的有效产能计划策略的制定。Shankar 等（2008）基于某汽车公司、采用系统动力学方法确定各变量的状态，从而更好地评估逆向物流的运作性能。Georgiadis 等（2008）使用系统动力学方法研究了生态动机与技术创新对具有回收活动的闭环供应链的长期行为的影响。研究的系统包括以下活动：自然资源（不可再生材料）的采购、生产、分配、产品使用和废旧品的回收、拆解、分类、再利用和处置。正向供应链有两级（生产商和分销商），在逆向供应链中仅有一个再利用活动即再循环。Gu 等（2012）采用系统动力学方法研究了 R/M 集成供应链在再利用、再制造和再循环方面的长期行为，并通过仿真结果给出了 R/M 集成供应链各成员的联合决策。Das 等（2013）利用系统动力学方法研究了逆向供应链中的牛鞭效应。Mafakheri 等（2013）采用系统动力学方法模拟协调制造商和零售商的决策问题。Mutingi（2014）在逆向物流向绿色供应链转化的过程中，开发了一种系统动力学模型，用于制定合理的绿色政策和策略。作者基于该模型，仿真分析了关键变量对绿色供应链系统性能的影响。Golroudbary 等（2015）利用闭环供应链系统动力学仿真评价了某电气制造企业的系统行为。Sinha 等（2016）研究了闭环物流在全球移动手机产品系统中的可能性，通过构建合适的系统动力学模型解决了与材料回收相关的可持续性问题。以上这些文献没有考虑检测误差率问题。与这些文献不同，本章研究的逆向供应链系统动力学模型中将涉及检测误差率。

通过文献查阅发现关于降低检测误差率的研究很少。本章将在第 5 章基础上，应用 Vensim 5.10 建立有检测误差率和控制策略的逆向供应链系统动力学模型。在 3 种方案下，运用 3 种典型控制策略对再制造商和回收商的利润变化进行模拟，使检测误差率是否值得降低的问题得以解决。此外，研究给出最优的检测误差率和平均利润增长率，以帮助回收和再制造商做出决策（Gu et al.，2017）。本章内容安排如下：7.2 节将对所研究的问题进行描述；7.3 节将使用 Vensim 5.10 构建基于检测误差率和控制策略的逆向供应链系统动力学模型；仿真结果和灵敏度分析见 7.4 节；7.5 节将给出最优的检测误差率和平均利润增长率；7.6 节将给出相关讨论和案例分析；7.7 节将对本章研究结果进行总结并说明进一步研究方向。

7.2 问 题 描 述

7.2.1 有检测误差率和控制策略的逆向供应链

有检测误差率和控制策略的逆向供应链如图 7.1 所示。它由两个成员组成：再制造商和回收商。再制造商对回收的废旧产品进行拆解，然会对可再制造的零部件进行再制造，并装配成再制造产品，将再制造产品销售到再制造产品市场。在拆解过程中，一些不可再制造产品将被运输到处理厂。回收商负责从废旧产品市场回收废旧产品并运输到再制造商。当回收商和再制造商之间距离很远时，因为并不是所有的废旧产品都可以再制造，所以回收商将所有的废旧产品运输到再制造商并不是最佳的方式。

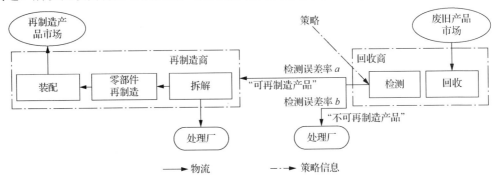

图 7.1 有检测误差率和控制策略的逆向供应链

在这种情况下，最好的方式是将废旧产品从回收商运输到再制造商之前进行检测。但是，由于技术或非技术因素，回收商的检测可能导致两种检测误差。一种检测误差是不可再制造产品被检测为可再制造产品，然后运输到再制造商。另一种检测误差是可再制造产品被检测为不可再制造产品，然后运输到处理厂。检测误差率 a 和检测误差率 b 指的是两种检测误差中的检测误差率，回收商和再制造商计划采取一些控制策略，从而控制检测误差率。

接下来给出对检测误差率和控制策略的描述。

7.2.2 检测误差率 a 和 b

检测误差率 a 表示一些不可再制造产品（比率为 a）被检测为可再制造产品，即"可再制造产品"（用双引号标记）包括一些不可再制造产品。较高的检测误差率 a 值表示更多的不可再制造的废旧产品被运输到再制造商，并由拆解中心进行拆解。因此，运输和拆解的费用增加了。

检测误差率 b 表示一些可再制造产品（比率为 b）被检测为不可再制造产品，即"不可再制造产品"（用双引号标记）包括一些可再制造产品。检测误差率 b 值越高，说明更多的可再制造的废旧产品被检测为不可再制造的废旧产品。因此，更多的可再制造产品被浪费了。

如果回收商和/或再制造商计划降低检测误差率，则应投资于废旧产品的检测。关于投资，本章提出了 3 种典型控制策略和 3 种方案。

7.2.3 3 种典型控制策略和 3 种方案

假设 1：当前状态下，具有固定值的检测误差率的逆向供应链已经实施多年。在此状态下，再制造商和回收商可以获利。

现在，再制造商和回收商计划降低检测误差率，以便获得更多的利润。降低检测误差率可以采取培训员工和增加新设备等方法。为此，本节提出 3 种降低检测误差率的典型控制策略（表 7.1）：控制策略 1，增加新设备和员工培训的投入；控制策略 2，增加新设备的投入；控制策略 3，增加员工培训的投入。

表 7.1　降低检测误差率的 3 种控制策略

控制策略	增加新设备	员工培训
控制策略 1	√	√
控制策略 2	√	
控制策略 3		√

假设 2：从投入角度看，投入越多，单位检测成本越高，检测误差率越低（图 7.2）。

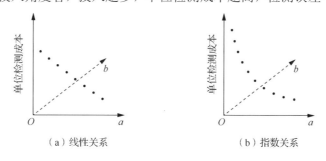

（a）线性关系　　　　　　　　　（b）指数关系

图 7.2　单位检测成本和检测误差率（a 和 b）的关系

通过走访多家回收商并分析其检测误差的管理现状后，发现其单位检测成本与检测误差率（a 和 b）呈线性关系或指数关系，如图 7.2 所示。

当采用这 3 种典型控制策略时，回收商和再制造商谁来承担检测成本？本章主要讨论 3 种方案：方案 1，回收商承担检测成本；方案 2，回收商和再制造商共同承担检测成本；方案 3，再制造商承担检测成本。

7.3　模　　　型

Vensim 作为一种可视化建模工具，可以根据因果关系图和存流图构建仿真模型。这里，利用 Vensim 5.10 构建了有检测误差率和控制策略的逆向供应链的因果关系图和存流图。

7.3.1　因果关系图

有检测误差率和控制策略的逆向供应链因果关系图如图 7.3 所示。

回收商从废旧产品供应市场回收废旧产品，并将其存储在回收库存［collection inventory（CI）］中等待检测。检测后，将"不可再制造产品"（用双引号标记）转入待处理的"不可再制造产品"库存［"non-remanufacturable product" inventory（NRPdI）］中，"可再制造产品"（用双引号标记）销售给再制造商。

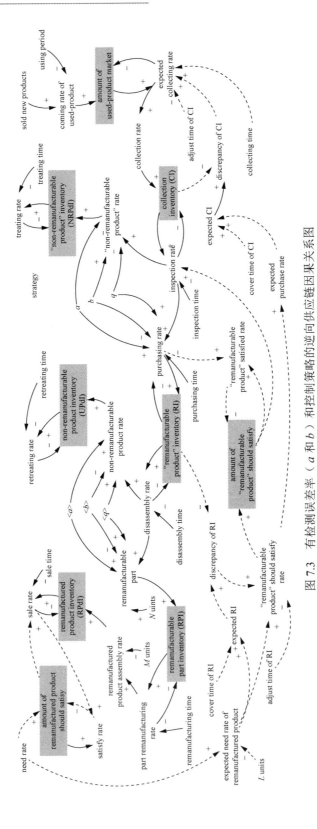

图 7.3 有检测误差率（a 和 b）和控制策略的逆向供应链因果关系图

再制造商从回收商获取"可再制造产品",并将其储存在待拆解的"可再制造产品"库存["remanufacturable product" inventory(RI)]中。经拆解后,可再制造零部件转入用于再制造的可再制造零部件库存[remanufacturable part inventory(RPI)]中,不可再制造产品进入不可再制造产品库存[non-remanufactrable product inventory(UPdI)]中等待再处理。经过再制造和装配后,再制造产品被储存在再制造产品库存[remanufactured product inventory(RPdI)]中等待销售到需求市场。

尤其是在整个系统中,回收商的检测导致了检测误差率 a 和 b。

7.3.2　存流图

根据图 7.3 所示的因果关系,本节建立了有检测误差率和控制策略的逆向供应链存流图(图 7.4)。

图 7.4 所涉及的存量、速率变量、辅助变量和常量的定义见附录 3B。

7.3.3　仿真模型

在图 7.4 所示的存流图中添加变量之间的关系式,建立有检测误差率和控制策略的逆向供应链仿真模型。

此处列出仿真模型中与检测误差率(a 和 b)相关的等式,其他等式列于附录 3A 中。所有等式中的符号说明见附录 3B。(注:为了叙述的完整性,本章涉及的与第 5 章中含义相同的等式也列出)。

应用控制策略时,检测误差率(a 和 b)和单位检测成本 c_{ins} 用式(7.1)~式(7.3)表示。

$$a = \text{IF　THEN　ELSE}(T > K, a_0 - U_1 I, a_0) \tag{7.1}$$

$$b = \text{IF　THEN　ELSE}(T > K, b_0 - U_2 I, b_0) \tag{7.2}$$

$$c_{ins} = c_0 + V(a_0 - a) \text{(或 } c_{ins} = VW^a) \tag{7.3}$$

式中,I 是每种控制策略的投资;T 是在 Vensim 5.10 中用于描述仿真周期的影子变量;K 是一个常数,代表给定的周期,控制策略是从 $K+1$ 周期开始应用的;a_0 和 b_0 是当前状态下的检测误差率;c_0 是在当前状态下的单位检测成本;U_1、U_2、V 和 W 是正的数值。在式(7.3)中,$c_{ins} = c_0 + V(a_0 - a)$ 或 $c_{ins} = VW^a$ 表示单位检测成本和检测误差率(a 和 b)是线性或指数关系。考虑到 a 比 b 的影响更大,a 的改进也可以导致 b 的改进,所以式(7.3)仅用 a 来表达。

与检测误差率相关的等式:

$$R_{\text{"nrp"}} = R_{ins}(qb + (1-q)(1-a)) \tag{7.4}$$

$$R_{nrp} = R_{dis}(1-q)a / (q(1-b) + (1-q)a) \tag{7.5}$$

$$R_{pur} = R_{ins}(q(1-b) + (1-q)a)T_{ins} / T_{pur} \tag{7.6}$$

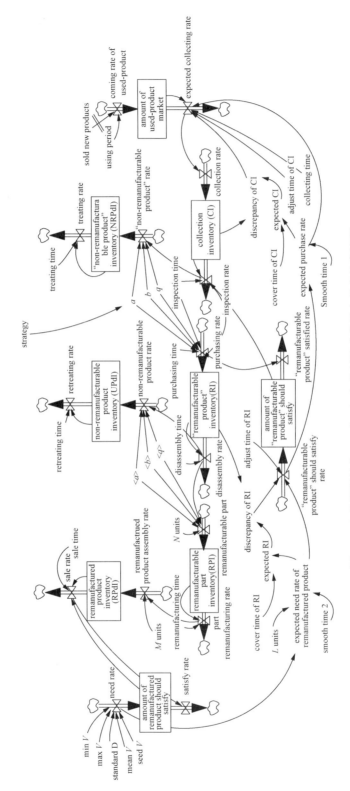

图 7.4 有检测误差率（a 和 b）和控制策略的逆向供应链库存流图

$$R_{\text{remp}} = R_{\text{dis}}[q(1-b)/(q(1-b)+(1-q)a)]N \qquad (7.7)$$

$$R_{\text{ins}} = \text{IF} \quad \text{THEN} \quad \text{ELSE}(I_{\text{ci}} > 0, \min(A_{\text{rp"ss}}, I_{\text{ci}})/T_{\text{ins}}, 0) \qquad (7.8)$$

$$R_{\text{dis}} = \text{IF} \quad \text{THEN} \quad \text{ELSE}(I_{\text{ri}} > 0, I_{\text{ri}}/T_{\text{dis}}, 0) \qquad (7.9)$$

$$R_{\text{rempart}} = I_{\text{rpi}}/T_{\text{rem}} \qquad (7.10)$$

$$R_{\text{sal}} = \text{MIN}(I_{\text{rpdi}}, A_{\text{rpss}})/T_{\text{sal}} \qquad (7.11)$$

式（7.4）中，$R_{\text{"nrp"}}$ 是"不可再制造产品"经检测后进入"不可再制造产品"库存的速率；R_{ins} 是检测速率；qb 是可再制造废旧产品被检测为不可再制造产品的比率；$(1-q)$ $(1-a)$ 是不可再制造废旧产品被检测为不可再制造产品的比率。式（7.5）中，R_{nrp} 是不可再制造产品经拆解后进入不可再制造产品库存的速率；R_{dis} 为拆解速率；$(1-q)a/$ $(q(1-b)+(1-q)a)$ 指在"可再制造产品"中实际不可再制造产品的比率。式（7.6）中，R_{pur} 为拆解中心的购买速率；T_{ins} 为回收商的检测时间；T_{pur} 为购买时间；$q(1-b)$ 指可再制造废旧产品被检测为可再制造产品的比率，$(1-q)a$ 为不可再制造废旧产品被检测为可再制造产品的比率。式（7.7）中，R_{remp} 指经拆解后可再制造零部件的比率；N 为单位废旧产品拆解后可再制造零部件的数量；$q(1-b)/(q(1-b)+(1-q)a)$ 指在"可再制造产品"中实际的可再制造产品的比率。式（7.8）中，R_{ins} 是检测速率；I_{ci} 为回收库存；$A_{\text{rp"ss}}$ 指"可再制造产品"应该被满足的数量。式（7.9）中，I_{ri} 为"可再制造产品"库存，T_{dis} 为拆解时间。式（7.10）中，R_{rempart} 为零部件再制造的速率；I_{rpi} 为可再制造零部件库存；T_{rem} 为再制造时间。式（7.11）中，R_{sal} 为再制造产品的销售速率；I_{rpdi} 为再制造产品库存；A_{rpss} 为可再制造产品应被满足的数量；T_{sal} 为销售时间。

式（7.12）和式（7.13）为再制造商和回收商的利润（注：所有的成本和利润等式的单位都是元）。

$$
\begin{aligned}
\Pi_{\text{r}} = {} & (P_{\text{sprp}}R_{\text{sal}}T_{\text{sal}} + E_{\text{retr}}R_{\text{retr}}T_{\text{retr}}) \\
& - (P_{\text{pur}}R_{\text{remp}}T_{\text{dis}} + I_{\text{ri}}H_{\text{ri}} + I_{\text{updi}}H_{\text{updi}} + I_{\text{rpi}}H_{\text{rpi}} \\
& + I_{\text{rpdi}}H_{\text{rpdi}} + R_{\text{dis}}T_{\text{dis}}C_{\text{dis}} + R_{\text{rempart}}T_{\text{rem}}C_{\text{rem}})
\end{aligned}
\qquad (7.12)
$$

式中，Π_{r} 是再制造商的利润；P_{sprp} 是单位再制造产品的售价；$R_{\text{sal}}T_{\text{sal}}$ 是再制造产品的销售数量；E_{retr} 是拆解后单位不可再制造废旧产品出售给另一方的收益；$R_{\text{retr}}T_{\text{retr}}$ 是不可再制造产品的再处理数量；P_{pur} 是基于拆解后的可再制造零部件的质量，支付给回收商的单位可再制造产品费用；$R_{\text{remp}}T_{\text{dis}}$ 是可再制造零部件的数量；H_{ri} 是单位"可再制造产品"在库存 I_{ri} 中的持有成本；H_{updi} 是单位不可再制造产品在库存 I_{updi} 中的持有成本；H_{rpi} 是单位可再制造零部件在库存 I_{rpi} 中的持有成本；H_{rpdi} 是单位再制造产品在库存 I_{rpdi} 中的持有成本；C_{dis} 是单位"可再制造产品"的拆解成本；$R_{\text{dis}}T_{\text{dis}}$ 是拆解的数量；C_{rem} 是单位可再制造零部件的再制造成本；$R_{\text{rempart}}T_{\text{rem}}$ 是再制造零部件的数量。

$$\Pi_{c} = (P_{pur}R_{remp}T_{dis} + E_{treat}R_{treat}T_{treat})$$
$$- (R_{col}T_{col}C_{col} + I_{ci}H_{ci} + I_{nrpdi}H_{nrpdi}$$
$$+ R_{ins}T_{ins}C_{ins} + C_{trans}R_{pur}T_{pur}) \tag{7.13}$$

式中，Π_c 是回收商的利润；P_{pur} 和 $R_{remp}T_{dis}$ 和前面的含义相同；E_{treat} 是单位"不可再制造产品"通过出售给另一方获得的收益；$R_{treat}T_{treat}$ 是"不可再制造产品"的处理数量；C_{col} 是回收商从最终消费者处回收单位废旧产品的成本；$R_{col}T_{col}$ 是回收废旧产品的数量；H_{ci} 是回收的单位废旧产品在库存 I_{ci} 中的持有成本；H_{nrpdi} 是单位"不可再制造"产品在库存 I_{nrpdi} 中的持有成本；C_{ins} 是单位废旧产品检测成本；$R_{ins}T_{ins}$ 是被检测的废旧产品的数量；C_{trans} 是单位"可再制造产品"被运输到再制造商的运输成本；$R_{pur}T_{pur}$ 是被运输的"可再制造产品"的数量；T_{pur} 为运输时间。

基于上述仿真模型，下节将给出不同控制策略下检测误差率对利润影响的仿真结果和灵敏度分析。

7.4 仿真和分析

考虑一个由再制造商和回收商构成的有固定检测误差率的逆向供应链，该供应链已经运作多年（当前状态）。在当前状态下，供应链的成员都可以获利。为了进一步改善当前的盈利状况，回收商和再制造商设计了 3 种控制策略和相应的预期平均利润增长率。

本节通过在不同情况下运行仿真模型，模拟当前状态和每一种控制策略下各成员的利润变化。

7.4.1 当前状态利润仿真

在当前状态下，检测误差率 a_0 和 b_0 为 0.3 和 0.28，单位检测成本 c_0 为 10 元。存流图中涉及的其他参数值见表 7.2。此外，q 是服从 RANDOM NORMAL (0.4, 0.9, 0.7, 0.2, 0.5)的一个随机变量。RANDOM NORMAL（$\min V$, $\max V$, $\text{mean}V$, $\text{standard}D$, $\text{seed}V$）是 Vensim 5.10 中的函数。$\min V$、$\max V$、$\text{mean}V$、$\text{standard}D$ 和 $\text{seed}V$ 分别代表最小值、最大值、均值、标准差和种子。即 q 的最小值是 0.4，最大值是 0.9，均值是 0.7，标准差是 0.2，种子是 0.5。

表 7.2　参数设置

参数	值	参数	值	参数	值
adjust time of CI	4	M units	1	sale time	4
adjust time of RI	4	$\max V$	1000	$\text{seed}V$	300
collecting time	4	$\text{mean}V$	750	smooth time 1	4

续表

参数	值	参数	值	参数	值
cover time of CI	4	$\min V$	500	smooth time 2	4
cover time of RI	4	N units	1	sold new products	4000
disassembly time	4	purchasing time	4	standard D	10000
inspection time	4	remanufacturing time	4	treating time	4
L units	1	retreating time	4	using period	50

图 7.5 展示了回收商和再制造商在当前状态各方案下的利润情况。回收商在方案 2 中单位检测成本的分担比例是 50%，模型运行周期为 54 周。仿真结果表明，在当前状态下采用 3 种方案，回收商和再制造商可以获得利润，无论双方是否分担单位检测成本。

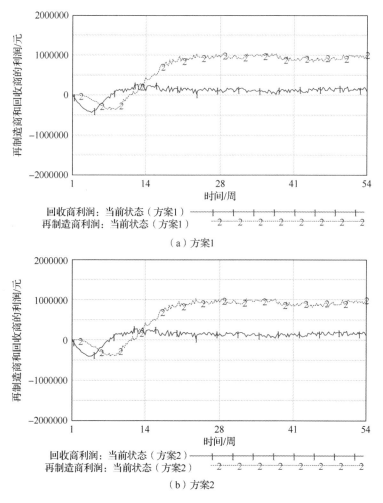

（a）方案1

（b）方案2

图 7.5　当前状态（$a_0 = 0.3$, $b_0 = 0.28$）3 种方案下回收商和再制造商利润

（在方案 2 中回收商承担 50%的单位检测费用）

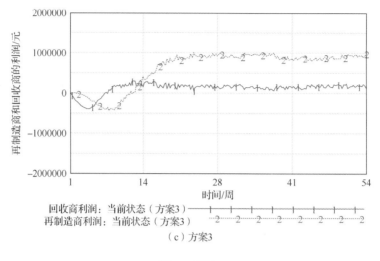

回收商利润：当前状态（方案3）
再制造商利润：当前状态（方案3）

（c）方案3

图 7.5（续）

为了获得更多的利润，回收商和再制造商通过设计 3 种典型的控制策略和相应的目标，计划增加对检测的投资以降低检测误差率。

7.4.2 控制策略和目标

本节详细描述每种控制策略并计算其相关的成本。同时，通过预期平均利润增长率来制定每种控制策略的目标。

关于 3 种控制策略，表 7.1 中的增加设备投入包括两部分：购买新的检测设备和增加储存设备。为此，回收商和再制造商制定 3 种控制策略，其相关成本见表 7.3。经预评估，预期平均利润增长率也列在表 7.3 中。

表 7.3　控制策略、成本和目标

控制策略	成本			预期平均利润增长率		
	新设备/元	员工培训/元	存储设备/元	方案 1（C）	方案 2（C&R）	方案 3（R）
控制策略 1	50000	30000	[0, 20000]	≥15%	≥30% & ≥17%	≥10%
控制策略 2	50000	0	[0, 20000]	≥10%	≥20% & ≥14%	≥8%
控制策略 3	0	20000	[0, 20000]	≥8%	≥16% & ≥10%	≥5%

为了优化检测误差率 a 和 b 以便达到控制策略的目标，下面将对每种控制策略下的回收商和再制造商的利润进行仿真。

7.4.3 各控制策略下的利润仿真结果

1. 检测误差率的降低对利润的影响

U_1、U_2、I 和检测误差率的设置见表 7.4。仿真中的单位检测成本为 $c_{\text{ins}} = c_0 +$

$V(a_0 - a)$，关于单位检测成本为 $c_{\text{ins}} = VW^a$ 的情况将在 7.6 节讨论。经综合考虑后，V 设置为 100。控制策略从第 21 周开始应用，平均利润计算周期是从第 19 周到第 54 周。

表 7.4　投资和检测误差率

(a_0, b_0)	U_1, U_2	I /元	(a, b)
		100000	(0.050, 0.030)
		90000	(0.075, 0.055)
		80000	(0.100, 0.080)
		70000	(0.125, 0.105)
(0.3, 0.28)	$1/(4 \times 10^5)$	60000	(0.150, 0.130)
		50000	(0.175, 0.155)
		40000	(0.200, 0.180)
		30000	(0.225, 0.205)
		20000	(0.250, 0.230)

为了清晰地显示仿真结果，在图 7.6～图 7.11 以及表 7.5 中仅展示控制策略 110（控制策略 1 有 100000 元的投资）、控制策略 26（控制策略 2 有 60000 元的投资）和控制策略 32（控制策略 3 有 20000 元的投资）的仿真结果。同时，为了将应用控制策略后的仿真结果与当前状态的仿真结果进行比较，图 7.6～图 7.11 及表 7.5 中也给出了当前状态的仿真结果。

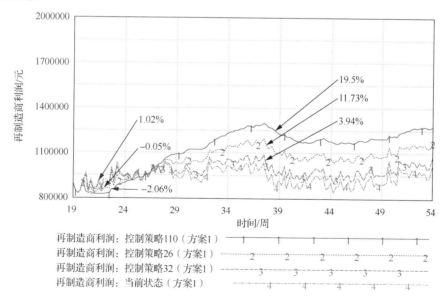

图 7.6　采用不同控制策略时再制造商利润的变化（方案 1）

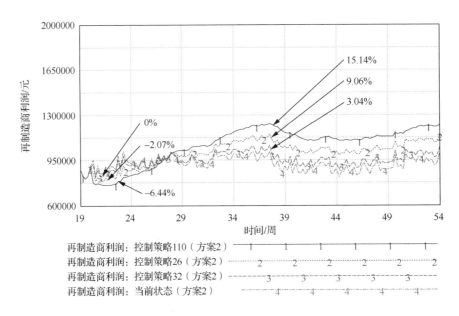

图 7.7　采用不同控制策略时再制造商利润的变化（方案 2）

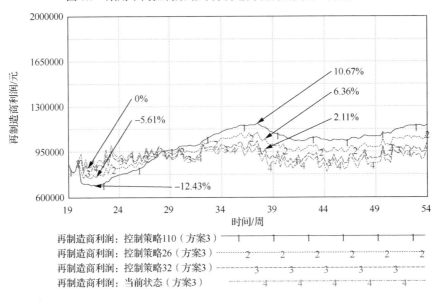

图 7.8　采用不同控制策略时再制造商利润的变化（方案 3）

　　图 7.6～图 7.8 展示了当每种方案中应用了 3 种控制策略时，再制造商利润的仿真结果。同时，再制造商利润的最小值和平均值见表 7.5。

　　在方案 1 中（图 7.6 和表 7.5），回收商承担检测成本，再制造商的利润在实施控制策略的初期出现下降，然后增加。从第 21 周开始，采取了 4 种控制策略（包括当前状态）。与当前状态相比，通过应用控制策略 1 和控制策略 2，再制造商利润最小值分别降低 2.06% 和 0.05%，然而应用控制策略 3 再制造商利润最小值增加了 1.02%；

通过实施控制策略 1～控制策略 3 后，再制造商的利润均值分别增加 19.5%、11.73% 和 3.94%。

在方案 2 中（图 7.7 和表 7.5），回收商与再制造商共同分担检测成本，回收商的分担比例为 50%。通过分析很容易发现相似的规律性，即再制造商的利润在实施控制策略的初期出现下降，然后增加。与当前状态相比，应用控制策略 1～控制策略 3 后，再制造商的利润最小值分别降低 6.44%、2.07% 和 0%；通过应用控制策略 1～控制策略 3 后，再制造商的利润平均值分别增加 15.14%、9.06% 和 3.04%。

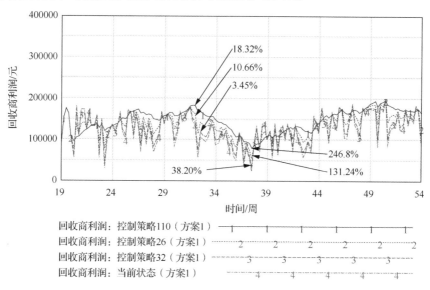

图 7.9　采用不同控制策略时回收商利润的变化（方案 1）

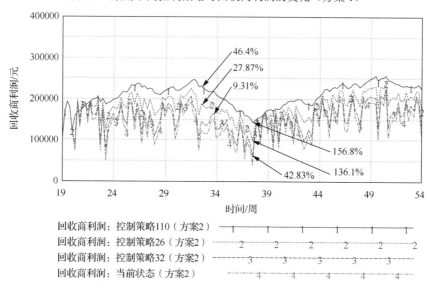

图 7.10　采用不同控制策略时回收商利润的变化（方案 2）

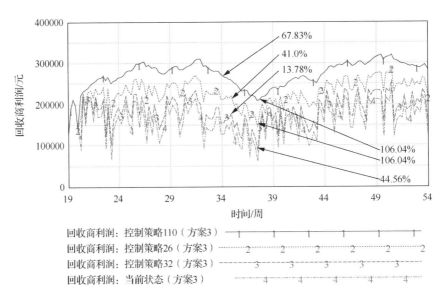

图 7.11 采用不同控制策略时回收商利润的变化（方案 3）

表 7.5 再制造商和回收商利润最小值和均值（19～54 周）　　　　（单位：元）

方案和控制策略		再制造商利润		回收商利润	
		最小值	均值	最小值	均值
方案 1	控制策略 110	821261	1123000	79425	145736
	控制策略 26	838161	1050000	52959	136303
	控制策略 32	847097	976739	31650	127426
	当前状态	838550	939752	22902	123174
方案 2	控制策略 110	757073	1060000	108184	208320
	控制策略 26	792479	1004000	99461	181954
	控制策略 32	809211	948618	60166	155546
	当前状态	809211	920629	42124	142297
方案 3	控制策略 110	692725	997689	126395	270905
	控制策略 26	746629	958803	126395	227605
	控制策略 32	791036	920497	88683	183667
	当前状态	791036	901506	61346	161420

在方案 3 中（图 7.8 和表 7.5），再制造商承担检测成本，回收商从第 21 周开始实施 4 种控制策略（包括当前状态）。由仿真结果可以发现，在该方案中，再制造商的利润有相同的变化规律。与当前状态相比，通过实施控制策略 1～控制策略 3，再制造商的利润的最小值分别减少 12.43%、5.61% 和 0%；应用控制策略 1～控制策略 3 后，再制造商的利润平均值增长 10.67%、6.36% 和 2.11%。

另外，从 3 种控制策略的仿真结果来看，投入越高，再制造商获得的利润就越高。

图 7.9～图 7.11 表明每种方案中，3 个控制策略下回收商利润的变化情况。同时，表 7.5 总结了回收商利润的最小值和平均值。

与当前状态相比，在方案 1（图 7.9 和表 7.5）中，通过应用控制策略 1～控制策略 3，回收商的利润最小值分别增加 246.8%、131.24% 和 38.20%，回收商的利润平均值分别增加 18.32%、10.66% 和 3.45%。在方案 2（图 7.10 和表 7.5）中，应用控制策略 1～控制策略 3 后，回收商的利润最小值分别增加 156.8%、136.1% 和 42.83%，回收商的利润平均值分别增加 46.4%、27.87% 和 9.31%。在方案 3（图 7.11 和表 7.5）中，应用控制策略 1～控制策略 3 后，回收商的利润最小值分别增加 106.04%、106.04% 和 44.56%，回收商的利润平均值分别增加 67.83%、41.0% 和 13.78%。

容易发现，回收商利润的变化与再制造商利润的变化是不同的：所有的回收商的利润最小值都增加了，而一些再制造商利润的最小值则减少了。

从以上的仿真结果和分析来看，降低检测误差率可以帮助提高回收商和再制造商的利润。也就是说，回收商和再制造商有必要采取控制策略 1～控制策略 3。

2. 灵敏度分析

在上述仿真中，参数值 V 设置为 100。而在现实中，单位检测成本可能随着市场的变化而变化。为了探讨当单位检测成本上升（V 增加）时回收商和再制造商的最优决策，本节给出灵敏度分析。

关于每种方案下，单位检测成本增加对回收商和再制造商平均利润的影响，表 7.6～表 7.8 给出了不同单位检测成本（不同的 v 值）的仿真结果。从这些仿真结果中，可以得出如下的研究结论。

当回收商负责承担单位检测成本时（表 7.6），无论回收商是否增加投入，再制造商都会获得相同的平均利润。然而，回收商的平均利润很大程度会受到控制策略的影响。当 V 的值为 123.3 时，若投资为 20000 元则回收商不能获利。当 V 值为 125.5 时，即使回收商的投资从 20000 增至 100000 元，仍不能获利。

当回收商与再制造商各分担 50% 的单位检测成本时（表 7.7），无论投资多少，再制造商都可以获利。然而，回收商的平均利润受到所实施的控制策略的影响。当 V 值为 244.7 时，如果投资是 20000 元，回收商就无法获利。当 V 值为 249.3 时，即使投资从 20000 元增长到 100000 元，回收商仍不能获利。

当再制造商负责承担单位检测成本时（表 7.8），无论再制造商是否增加投入，回收商都会获得相同的平均利润。然而，再制造商的平均利润很大程度会受到控制策略的影响。当 V 值为 203.7 时，如果投资为 20000 元则再制造商不能获利。当 V 值为 208.7 时，即使投资从 20000 元增长到 100000 元，再制造商仍无法获利。

显然，对于每种控制策略，如果 V 值不得不增加，则 V 值有合理的范围来确保回收商和再制造商盈利。

下面将给出在 V 值合理的范围内最优的检测误差率和平均利润增长率。

表 7.6 方案 1 中 V 取不同值时，再制造商（R）和回收商（C）的平均利润

（单位：元）

(a,b)	V=100		V=110		V=120		V=123.2		V=123.3		V=124		V=125.5	
	C	R	C	R	C	R	C	R	C	R	C	R	C	R
(0.050, 0.030)	145736	1123000	136887	1123000	128039	1123000	125207	1123000	125119	1123000	124499	1123000	123172	1123000
(0.075, 0.055)	143323	1105000	135325	1105000	127327	1105000	124768	1105000	124688	1105000	124128	1105000	123169	1105000
(0.100, 0.080)	140947	1087000	133807	1087000	126668	1087000	124383	1087000	124312	1087000	123812	1087000	123098	1087000
(0.125, 0.105)	138607	1068000	132333	1068000	126059	1068000	124052	1068000	123989	1068000	123550	1068000	122922	1068000
(0.150, 0.130)	136303	1050000	130902	1050000	125501	1050000	123773	1050000	123719	1050000	123341	1050000	122801	1050000
(0.175, 0.155)	134034	1032000	129514	1032000	124994	1032000	123547	1032000	123502	1032000	123186	1032000	122734	1032000
(0.200, 0.180)	131798	1014000	128167	1014000	124535	1014000	123373	1014000	123337	1014000	123082	1014000	122719	1014000
(0.225, 0.205)	129596	995150	126861	995150	124125	995150	123250	995150	123222	995150	123031	995150	122757	995150
(0.250, 0.230)	127426	976739	125594	976739	123762	976739	123176	976739	123158	976739	123029	976739	122846	976739
(0.3, 0.28)	123174	939752	123174	939752	123174	939752	123174	939752	123174	939752	123174	939752	123174	939752

表 7.7 方案 2 中 V 取不同值时，再制造商（R）和回收商（C）的平均利润（检测成本分担比例为 50%）

（单位：元）

(a,b)	V=100		V=110		V=120		V=244.6		V=244.7		V=246		V=249.3	
	C	R	C	R	C	R	C	R	C	R	C	R	C	R
(0.050, 0.030)	208320	1060000	203896	1056000	199472	1051000	144346	996299	144301	996255	143726	995680	142266	994220
(0.075, 0.055)	201728	1046000	197729	1042000	193731	1038000	143905	988488	143865	988448	143346	987928	142026	986609
(0.100, 0.080)	195137	1032000	191567	1029000	187998	1025000	143519	980737	143483	980702	143019	980238	141841	979060
(0.125, 0.105)	188546	1018000	185409	1015000	182272	1012000	143186	973044	143155	973013	142747	972605	141712	971570
(0.150, 0.130)	181954	1004000	179253	1002000	176553	999100	142907	965407	142880	965380	142528	965029	141637	964138

续表

(a, b)	V=100		V=110		V=120		V=244.6		V=244.7		V=246		V=249.3	
	C	R	C	R	C	R	C	R	C	R	C	R	C	R
(0.175, 0.155)	175359	990504	173099	988244	170839	985984	142679	957824	142656	957801	142363	957507	141617	956762
(0.200, 0.180)	168761	976550	166945	974734	165129	972918	142503	950293	142485	950274	142249	950038	141650	949439
(0.225, 0.205)	162157	962589	160789	961221	159421	959853	142378	942810	142365	942797	142187	942619	141735	942167
(0.250, 0.230)	155546	948618	154630	947702	153715	946786	142303	935375	142294	935365	142175	935246	141873	934944
(0.3, 0.28)	142297	920629	142297	920629	142297	920629	142297	920629	142297	920629	142297	920629	142297	920629

表 7.8　方案 3 中 V 取不同值时，再制造商（R）和回收商（C）的平均利润　（单位：元）

(a, b)	V=100		V=110		V=120		V=203.6		V=203.7		V=205		V=208.7	
	C	R	C	R	C	R	C	R	C	R	C	R	C	R
(0.050, 0.030)	270905	997689	270905	988841	270905	979992	270905	906019	270905	905930	270905	904780	270905	901506
(0.075, 0.055)	260134	987906	260134	979908	260134	971910	260134	905050	260134	904970	260134	903930	260134	900971
(0.100, 0.080)	249328	978165	249328	971025	249328	963886	249328	904200	249328	904129	249328	903201	249328	900559
(0.125, 0.105)	238485	968465	238485	962191	238485	955917	238485	903468	238485	903405	238485	902589	238485	900268
(0.150, 0.130)	227605	958803	227605	953403	227605	948002	227605	902852	227605	902798	227605	902096	227605	900098
(0.175, 0.155)	216684	949178	216684	944658	216684	940138	216684	902351	216684	902305	216684	901718	216684	900045
(0.200, 0.180)	205723	939588	205723	935956	205723	932324	205723	901963	205723	901927	205723	901455	205723	900111
(0.225, 0.205)	194718	930028	194718	927293	194718	924557	194718	901687	194718	901660	194718	901304	194718	900292
(0.250, 0.230)	183667	920497	183667	918665	183667	916834	183667	901521	183667	901502	183667	901264	183667	900586
(0.3, 0.28)	161420	901506	161420	901506	161420	901506	161420	901506	161420	901506	161420	901506	161420	901506

7.5 优化的检测误差率和平均利润增长率

对于每种控制策略，都存在与该控制策略下预期平均利润增长率相关的不同的检测误差率组合(a,b)，其中只有一组是最优的。关键问题是：哪一组检测误差率(a,b)能达到预期平均利润增长率最优？本节将给出答案。

7.5.1 通过增长率优化检测误差率的步骤

为了确定最优的检测误差率，应遵循以下步骤。这里，以$V=100$为例来说明。

步骤1：针对从20000元至100000元的各项投资、每种方案来运行模型。

步骤2：计算相应的平均利润和增长率（表7.9）。

表7.9 每种方案中满足平均利润预期增长率的最优检测误差率

V	方案1（C）		方案2（C&R）（$S_r=0.5$）		方案3（R）		(a,b)
	平均利润/元	增长率	平均利润/元	增长率	平均利润/元	增长率	
100	145736	18%	208320 & 1060000	46% & 15%	997689	11%	(0.050, 0.030)
	143323	16%	201728 & 1046000	42% & 14%	987906	10%	(0.075, 0.055)
	140947	14%	195137 & 1032000	37% & 12%	978165	9%	(0.100, 0.080)
	138607	13%	188546 & 1018000	33% & 11%	968465	7%	(0.125, 0.105)
	136303	11%	181954 & 1004000	28% & 9%	958803	6%	(0.150, 0.130)
	134034	9%	175359 & 990504	23% & 8%	949178	5%	(0.175, 0.155)
	131798	7%	168761 & 976550	19% & 6%	939588	4%	(0.200, 0.180)
	129596	5%	162157 & 962589	14% & 5%	930028	3%	(0.225, 0.205)
	127426	3%	155546 & 948618	9% & 3%	920497	2%	(0.250, 0.230)
	123174	0%	142297 & 920629	0% & 0%	901506	0%	(0.300, 0.280)

步骤3：对于每种方案，将增长率（表7.9）与预期增长率（表7.3）作对比，找到确保表7.9中的增长率等于或大于表7.3中相应预期增长率的所有检测误差率。

步骤4：在这些满足条件的检测误差率中，投资最小的控制策略的检测误差率则是最优的检测误差率。

根据这些步骤，回收商和再制造商很容易找到可以选择的最优决策。

在方案1中：回收商若投资90000（60000）元，可以获得16%（11%）的平均利润增长率，而检测误差率a和b为0.075（0.150）和0.055（0.130）。

在方案2中：回收商和再制造商没有任何最优的决策。这里，回收商承担单位检测成本的50%

在方案3中：再制造商通过投资90000元可获得10%的平均利润增长率，而检测误差率a和b分别为0.075和0.055。

考虑到在方案2中，当回收商承担检测成本的50%时没有最优决策，表7.10给出了方案2中回收商承担检测成本比例不同时的最优决策，其中S_r为承担比例。从表7.10可知：

表 7.10　方案 2 中回收商承担不同检测成本比例时最优检测误差率

v	方案 2（C&R）（$S_r=0.6$）		方案 2（C&R）（$S_r=0.7$）		方案 2（C&R）（$S_r=0.8$）		方案 2（C&R）（$S_r=0.9$）		(a,b)
	平均利润/元	增长率	平均利润/元	增长率	平均利润/元	增长率	平均利润/元	增长率	
100	195803&1073000	41% & 16%	183287&1085000	36% & 17%	170770 & 1098000	31% & 18%	158253 & 1110000	25% & 19%	(0.050, 0.030)
	190047&1058000	37% & 14%	178366&1070000	32% & 15%	166685& 1081000	27% & 16%	155004 & 1093000	22% & 17%	(0.075, 0.055)
	184299&1043000	33% & 13%	173461&1054000	29% & 14%	162623 & 1065000	24% & 14%	151785 & 1076000	20% & 15%	(0.100, 0.080)
	178558&1028000	29% & 11%	168570&1038000	25% & 12%	158582 & 1048000	21% & 12%	148595 & 1058000	17% & 13%	(0.125, 0.105)
	172824&1014000	25% & 10%	163693&1023000	22% & 10%	154563 & 1032000	18% & 11%	145433 & 1041000	15% & 11%	(0.150, 0.130)
	167094 & 998769	21% & 8%	158829&1007000	18% & 8%	150564 & 1015000	15% & 9%	142299 & 1024000	12% & 9%	(0.175, 0.155)
	161368 & 983942	17% & 6%	153976&991335	14% & 7%	146583 & 998727	12% & 7%	139191& 1006000	10% & 7%	(0.200, 0.180)
	155645 & 969101	12% & 5%	149133&975613	11% & 5%	142620 & 982125	9% & 5%	136108& 988638	7% & 6%	(0.225, 0.205)
	149922 & 954242	8% & 3%	144298&959866	7% & 3%	138674 & 965490	6% & 4%	133050 & 971114	5% & 4%	(0.250, 0.230)
	138473 & 924454	0% & 0%	134648&928279	0% & 0%	130823& 932103	0% & 0%	126999& 935928	0% & 0%	(0.300, 0.280)

当回收商承担 70% 的单位检测成本时，回收商（再制造商）通过 100000 的投资可以获得 36%（17%）的平均利润增长率，而检测误差率 a 和 b 分别为 0.050 和 0.030。

当回收商承担 80% 的单位检测成本时，回收商（再制造商）通过 100000 的投入可以获得 31%（18%）的平均利润增长率，而检测误差率 a 和 b 分别为 0.050 和 0.030。

7.5.2 不同 V 值下的平均利润增长率

从表 7.6～表 7.8 可以很容易地计算出 V 取不同值时的平均利润增长率（表 7.11）。

虽然回收商和再制造商可以在合理的 V 值范围内通过降低检测误差率来增加利润，但只有其中的一部分能保证平均利润增长率满足预期的增长率。例如，如果 V 值等于或大于 120，则不存在任一增长率可以满足条件。

表 7.11　在每个方案中 V 取不同值时平均利润增长率和最优的检测误差率

方案	$V=100$	$V=102$	$V=104$	$V=106$	$V=110$	$V=120$	(a,b)
	18%	17%	15%	14%	11%	4%	(0.050, 0.030)
	16%	15%	14%	12%	10%	3%	(0.075, 0.055)
	14%	13%	12%	11%	9%	3%	(0.100, 0.080)
	13%	12%	10%	9%	7%	2%	(0.125, 0.105)
方案1	11%	10%	9%	8%	6%	2%	(0.150, 0.130)
（C）	9%	8%	7%	7%	5%	1%	(0.175, 0.155)
	7%	6%	6%	5%	4%	1%	(0.200, 0.180)
	5%	5%	4%	4%	3%	1%	(0.225, 0.205)
	3%	3%	3%	3%	2%	0%	(0.250, 0.230)
	0%	0%	0%	0%	0%	0%	(0.300, 0.280)
	36% & 17%	35% & 17%	34% & 17%	33% & 17%	32% & 17%	27% & 16%	(0.050, 0.030)
	32% & 15%	32% & 15%	31% & 15%	30% & 15%	28% & 15%	24% & 15%	(0.075, 0.055)
	29% & 14%	28% & 14%	27% & 13%	27% & 13%	25% & 13%	21% & 13%	(0.100, 0.080)
方案2	25% & 12%	25% & 12%	24% & 12%	23% & 12%	22% & 12%	19% & 11%	(0.125, 0.105)
（C&R）	22% & 10%	21% & 10%	20% & 10%	20% & 10%	19% & 10%	16% & 10%	(0.150, 0.130)
(S_r=0.7)	18% & 8%	17% & 8%	17% & 8%	17% & 8%	16% & 8%	13% & 8%	(0.175, 0.155)
	14% & 7%	14% & 7%	14% & 7%	13% & 7%	12% & 7%	11% & 7%	(0.200, 0.180)
	11% & 5%	10% & 5%	10% & 5%	10% & 5%	9% & 5%	8% & 5%	(0.225, 0.205)
	7% & 3%	7% & 3%	7% & 3%	7% & 3%	6% & 3%	5% & 3%	(0.250, 0.230)
	0% & 0%	0% & 0%	0% & 0%	0% & 0%	0% & 0%	0% & 0%	(0.300, 0.280)
	31% & 18%	29% & 18%	28% & 18%	—	—	—	(0.050, 0.030)
	27% & 16%	26% & 16%	25% & 16%	—	—	—	(0.075, 0.055)
	24% & 14%	23% & 14%	23% & 14%	—	—	—	(0.100, 0.080)
方案2	21% & 12%	20% & 12%	20% & 12%	—	—	—	(0.125, 0.105)
（C&R）	18% & 11%	17% & 11%	17% & 11%	—	—	—	(0.150, 0.130)
(S_r=0.8)	15% & 9%	15% & 9%	14% & 9%	—	—	—	(0.175, 0.155)
	12% & 7%	12% & 7%	11% & 7%	—	—	—	(0.200, 0.180)
	9% & 5%	9% & 5%	8% & 5%	—	—	—	(0.225, 0.205)
	6% & 4%	6% & 4%	6% & 4%	—	—	—	(0.250, 0.230)
	0% & 0%	0% & 0%	0% & 0%	—	—	—	(0.300, 0.280)

续表

方案	$V=100$	$V=102$	$V=104$	$V=106$	$V=110$	$V=120$	(a,b)
	11%	10%	10%	10%	10%	9%	(0.050, 0.030)
	10%	9%	9%	9%	9%	8%	(0.075, 0.055)
	9%	8%	8%	8%	8%	7%	(0.100, 0.080)
	7%	7%	7%	7%	7%	6%	(0.125, 0.105)
方案 3	6%	6%	6%	6%	6%	5%	(0.150, 0.130)
(R)	5%	5%	5%	5%	5%	4%	(0.175, 0.155)
	4%	4%	4%	4%	4%	3%	(0.200, 0.180)
	3%	3%	3%	3%	3%	3%	(0.225, 0.205)
	2%	2%	2%	2%	2%	2%	(0.250, 0.230)
	0%	0%	0%	0%	0%	0%	(0.300, 0.280)

7.5.3　最优结果

表 7.12 总结了最优的检测误差率和平均利润增长率及相关投资, 这些结果来自于表 7.3、表 7.4 和表 7.11。

从表 7.12 分析可知, 回收商和再制造商可以做出如下决策。当单位检测成本为 35.0、32.5、30.0、27.5、25.0、22.5、20.0、17.5 和 15.0 时, 相应的投资为 100000 到 20000 不等 ($V=100$):

如果回收商承担单位检测成本, 回收商可以采取控制策略 1, 通过投资 90000 元获得 16% 的平均利润增长率, 而检测误差率 a 和 b 分别为 0.075 和 0.055。作为替代方案, 回收商还可以采用控制策略 2, 通过投入 60000 元获得 11% 的平均利润增长率, 而检测误差率 IERs a 和 b 分别为 0.150 和 0.130。

如果回收商与再制造商分担单位检测成本, 回收商承担 70% (80%), 则可以采用控制策略 1 并投入 100000 元, 这样, 回收商和再制造商可获得 36% (31%) 和 17% (18%) 的平均利润增长率, 而检测误差率 a 和 b 分别为 0.050 和 0.030。

如果再制造商承担单位检验成本, 则可以采用控制策略 1, 通过投入 90000 元, 再制造商可获得 10% 的平均利润增长率, 而检测误差率 a 和 b 分别为 0.075 和 0.055。

然而, 如果单位检测成本增加, 即 V 值增加, 则不同方案下的最优决策也会发生很大变化:

在方案 1 中, 当 V 值增加到 102 和 104 时, 即使回收商可以采取相同的控制策略 (控制策略 1 或控制策略 2), 并获得相同的平均利润增长率 (15% 或 10%), 但投资是不同的 (90000 元和 100000 元或 60000 元和 70000 元), 对应的检测误差率 (a,b) 也不同 ((0.075, 0.055) 和 (0.050, 0.030) 或 (0.150, 0.130) 和 (0.125, 0.105))。而当 V 值等于或大于 106 时, 回收商没有达到预期增长率的最优决策。

在方案 2 中, 回收商分担 70% 的单位检测成本, 随着 V 值从 102 变化到 110, 回收商和再制造商可以采用控制策略 1, 通过投资 100000 元得到满足条件的平均利润增长率, 但是随着 V 值的增加, 回收商的平均利润增长率是减少的。在这种情况下, 最优的检测误差率 a 和 b 分别为 0.050 和 0.030。当回收商分担 80% 的单位检测成本时, 若 V 值等于或大于 102, 对于回收商和再制造商来说, 不存在最优的决策以达到预期的平均利润增长率。

表 7.12　每种方案中最优的检测误差率、平均利润增长率和投资

V 值	方案 1 (C)			方案 2 (C&R) (S_r = 0.7)			方案 2 (C&R) (S_r = 0.8)			方案 3 (R)		
	(a, b)	增长率	投资/元	(a, b)	增长率	投资/元	(a, b)	增长率	投资/元	(a, b)	增长率	投资/元
V = 100	(0.075, 0.055)	16%	90000	(0.050, 0.030)	36% & 17%	100000	(0.050, 0.030)	31% & 18%	100000	(0.075, 0.055)	10%	90000
	(0.150, 0.130)	11%	60000									
V = 102	(0.075, 0.055)	15%	90000	(0.050, 0.030)	35% & 17%	100000	—	—	—	(0.050, 0.030)	10%	100000
	(0.150, 0.130)	10%	60000									
V = 104	(0.050, 0.030)	15%	100000	(0.050, 0.030)	34% & 17%	100000	—	—	—	(0.050, 0.030)	10%	100000
	(0.125, 0.105)	10%	70000									
V = 106	—	—	—	(0.050, 0.030)	33% & 17%	100000	—	—	—	(0.050, 0.030)	10%	100000
V = 110	—	—	—	(0.050, 0.030)	32% & 17%	100000	—	—	—	(0.050, 0.030)	10%	100000

在方案 3 中，随着 V 值从 102 变化到 110，再制造商可以采取控制策略 1，通过投资 100000 元来获得 10%的平均利润增长率，最优的检测误差率 a 和 b 分别为 0.050 和 0.030。

7.6　讨　　论

7.6.1　$c_{ins} = VW^a$ 时最优的检测误差率和平均利润增长率

上面几节中，基于单位检测成本与检测误差率（a 和 b）的线性关系，即 $c_{ins} = c_0 + V(a_0 - a)$，给出了优化检测误差率和平均利润增长率的方法，并进行了灵敏度分析。

当 $c_{ins} = VW^a$，即单位检测成本与检测误差率（a 和 b）是指数关系时，通过仿真结果分析，得出了最优的检测误差率和平均利润增长率（表 7.13）。此处，W 在综合考虑后设置为 0.00046。

表 7.13　最优 IERs 和平均利润增长率（$c_{ins} = VW^a$）

| V | 方案 1（C） | | 方案 2（C&R）（$S_r = 0.5$） | | 方案 3（R） | | (a, b) |
	平均利润/元	增长率	平均利润/元	增长率	平均利润/元	增长率	
	25191	-80%	149748 & 1002000	5% & 9%	880543	-2%	(0.050, 0.030)
	56589	-54%	159616 & 1004000	12% & 9%	903681	0%	(0.075, 0.055)
	80674	-35%	165913 & 1003000	17% & 9%	919717	2%	(0.100, 0.080)
	98689	-20%	169244 & 999100	19% & 9%	929861	3%	(0.125, 0.105)
100	111668	-9%	170110 & 992610	20% & 8%	935115	4%	(0.150, 0.130)
	120466	-2%	168923 & 984068	19% & 7%	936307	4%	(0.175, 0.155)
	125788	2%	166028 & 973818	17% & 6%	934123	4%	(0.200, 0.180)
	128223	4%	161709 & 962141	14% & 5%	929131	3%	(0.225, 0.205)
	128254	4%	156198 & 949270	10% & 3%	921801	2%	(0.250, 0.230)
	123174	0%	142297 & 920629	0% & 0%	901506	0%	(0.300, 0.280)

如果降低检测误差率的单位检测成本指数增加，表 7.13 表明：在方案 1 中，回收商投资 20000 元，可以使检测误差率 (a, b) 降低到（0.250, 0.230），同时回收商的平均利润增长率为 4%；在方案 2 中，回收商和再制造商可以投资 70000 元，使检测误差率 (a, b) 降低到（0.125, 0.105），回收商和再制造商的平均利润增长率分别为 19%和 9%；在方案 3 中，再制造商可投资 40000 元，使检测误差率 (a, b) 降低到（0.200, 0.180），同时再制造商的平均利润增长率为 4%。这些最优的检测误差率和平均利润增长率与表 7.3 中的控制策略目标最为接近。

7.6.2　降低检测误差率对关键速率变量的影响

前面 7.4.3 节给出了降低检测误差率对利润的影响。关于降低检测误差率对其他重要的速率变量的影响,如对存流图中所涉及的检测率(inspection rate)、购买率(purchasing rate)、拆解率（disassembly rate）、零部件可再制造率（remanufacturable part）、零部件再制造率（part remanufacturing rate）、销售率（sale rate）的影响,图 7.12 给出了方案 1～方案 3 的仿真结果。3 种方案的仿真结果是相同的，表明无论谁承担检测成本，这些速率变量都能保持相同的水平。

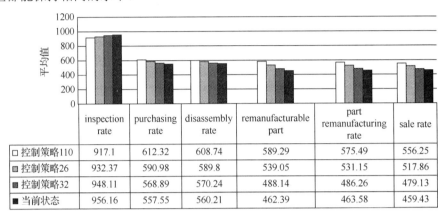

	inspection rate	purchasing rate	disassembly rate	remanufacturable part	part remanufacturing rate	sale rate
□ 控制策略110	917.1	612.32	608.74	589.29	575.49	556.25
▥ 控制策略26	932.37	590.98	589.8	539.05	531.15	517.86
▦ 控制策略32	948.11	568.89	570.24	488.14	486.26	479.13
■ 当前状态	956.16	557.55	560.21	462.39	463.58	459.43

图 7.12　降低检测误差率对关键速率变量的影响（方案 1～方案 3）

从图 7.12 可知，降低检测误差率会导致 sale rate、purchasing rate、disassembly rate、remanufacturable part、part remanufacturing rate 的增加，同时 inspection rate 会下降。

由于检测误差率的降低会增加单位检测成本，检测率（inspection rate）的下降可能无法保证检测总成本的下降。因此，销售率（sale rate）的增加也可能无法保证平均利润的增加。这就是需要在最优的检测误差率（对应着单位检测成本）和平均利润增长率之间进行权衡的原因。

7.6.3　案例分析

ReCellular 是一家废旧手机再制造公司。Guide 等（2003）研究了 ReCellular 公司移动电话再制造的最优价格和相应的盈利情况。该研究将废旧手机的质量分为 6 个等级。表 7.14 给出了这些质量等级、获取比例、再制造成本（美元）、最优获取价格（美元）和废旧手机最优回收数量（Guide et al.，2003）。由于对质量的过高估计（Wassenhove et al.，2010），一些低等级的废旧手机被错误地检测为较高等级，即对质量的过高估计导致了检测误差。

表 7.14　Guide 等（2003）中的数值和本章用到的与其对应数值

	值（Guide et al.，2003）				对应值（本章）			
等级	获取比例	再制造成本/美元	最优获取价格/美元	最优回收数量	再制造成本/元	最优获取价格/元	最优回收比例	回收数量（总量：10000）
1	9.96	5	26.8	9.8	34.5	184.7	12.76	1276

续表

等级	值（Guide et al.，2003）				对应值（本章）			
	获取比例	再制造成本/美元	最优获取价格/美元	最优回收数量	再制造成本/元	最优获取价格/元	最优回收比例	回收数量（总量：10000）
2	25.88	20	17.3	21.5	137.8	119.2	27.99	2799
3	52.47	30	9.8	36.2	206.7	67.5	47.14	4714
4	4.23	35	6.3	9.3	241.2	43.4	12.11	1211
5	2.12	40	4	0	275.6	27.6	0	0
6	5.34	45	2	0	310.1	13.8	0	0

　　本章以此作为一个算例来分析所提出的 3 种控制策略，同时假定等级 2 中的一些废旧产品被检测为等级 1，等级 3 中的一些废旧产品被检测为等级 2，以此类推。检测误差率即是 a。

　　为便于计算，本章中用到的和文献 Guide 等（2003）中数值对应的值在表 7.14 中列出。再制造成本（美元）和最优获取价格（美元）转换为再制造成本（元）和最优获取价格（元），中间汇率为 6.89。最优回收比例和回收数量的数值是基于最优回收数量的值计算的，总回收数量设定为 10000。

　　表 7.15 给出了降低检测误差率 a 对再制造总成本的影响。这里，$c_{ins} = c_0 + V(a_0 - a)$，$V = 100$。图 7.13 展示了检测误差率 a 变化时再制造成本的变化率。

　　从表 7.15 和图 7.13 可知，当废旧手机的供应商负责承担单位检测成本时（方案 1），再制造总成本随着检测误差率 a 的降低而减少。最优的检测误差率 a 有赖于供应商的决策。当再制造商承担 50%单位检测成本时（方案 2），若再制造商期望再制造总成本的增长率小于 1.6%，则对再制造商来说最优的检测误差率 a 为 0.075。当再制造商承担了全部的单位检测成本（方案 3）并期望再制造总成本的增长率不高于 4%时，则不存在最优的检测误差率 a。

表 7.15　降低检测误差率 a 对再制造总成本的影响

控制策略	单位检测成本/元	a	再制造总成本/元		
			方案 1	方案 2（$S_r = 0.5$）	方案 3
控制策略 1	35.0	0.05	2662719	2837719	3012719
	32.5	0.075	2675943	2838443	3000943
	30.0	0.1	2689167	2839167	2989167
控制策略 2	27.5	0.125	2702391	2839891	2977391
	25.0	0.15	2715615	2840615	2965615
	22.5	0.175	2728838	2841338	2953838
控制策略 3	20.0	0.2	2742062	2842062	2942062
	17.5	0.225	2755286	2842786	2930286
	15.0	0.25	2768510	2843510	2918510
当前状态	10	0.3	2794958	2794958	2794958

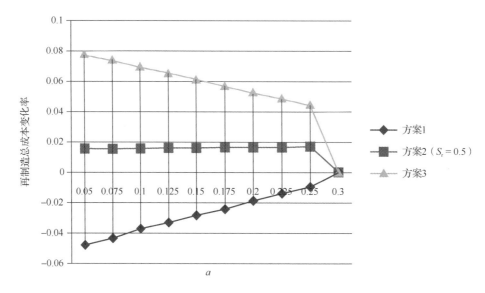

图 7.13 检测误差率 a 变化时再制造总成本的变化率

7.7 本 章 小 结

逆向供应链中的检测误差率对回收商和再制造商的利润有显著的影响。一些学者已经对有固定值的检测误差率的逆向供应链进行了研究。然而，进一步针对降低检测误差率的研究很少。本章构建了有检测误差率和控制策略的逆向供应链系统动力学模型，以解决废旧产品中的检测误差率是否值得降低的问题。基于系统动力学模型，研究了在不同方案下的 3 种典型的控制策略，通过仿真结果和灵敏度分析，给出最优的检测误差率和平均利润增长率。

本章的创新之处在于：构建了有检测误差率和控制策略的逆向供应链系统动力学模型，基于每种策略受投资和相关预期平均利润增长率的约束，给出了优化检测误差率和平均利润增长率的方法。回收商和/或再制造商为了获得更多利润，可以应用这些方法来降低检测误差率。本章研究的局限性是忽略了检测人员的心理因素和可靠性因素。此外，在有检测误差率的逆向供应链的实际运作中，变量和常量有多种可能的数值集合，但本章研究中的数值仿真不能讨论所有的情况。这些都是以后进一步研究的内容。

参 考 文 献

DAS D, DUTTA P, 2013. A system dynamics framework for integrated reverse supply chain with three way recovery and product exchange policy [J]. Computers and industrial engineering, 66(4): 720-733.

FORRESTER J W, 1961. Industrial dynamics [M]. Cambridge: MIT Press.

GALBRETH M, BLACKBURN J, 2006. Optimal acquisition and sorting policies for remanufacturing [J]. Production and operations management, 15(3): 384-392.

GEORGIADIS P, BESIOU M, 2008. Sustainability in electrical and electronic equipment closed-loop supply chains: a system dynamics approach [J]. Journal of cleaner production, 16(15): 1665-1678.

GEORGIADIS P, VLACHOS D, 2004. Decision making in reverse logistics using system dynamics [J]. Yugoslav journal of operations research, 14(2): 259-272.

GOLROUDBARY S R, ZAHRAEE S M, 2015. System dynamics model for optimizing the recycling and collection of waste material in a closed-loop supply chain [J]. Simulation modelling practice and theory, 53: 88-102.

GU Q L, GAO T G, 2012. Joint decisions for R/M integrated supply chain using system dynamics methodology [J]. International journal of production research, 50(16): 4444-4461.

GU Q L, GAO T G, 2017. IERs in reverse supply chain: be worth lowering or not [J]. Computers and industrial engineering, 111: 289-302.

GU Q L, TAGARAS G, 2014. Optimal collection and remanufacturing decisions in reverse supply chains with collector's imperfect sorting [J]. International journal of production research, 52(17): 5155-5170.

GUIDE JR V D R, TEUNTER R H, WASSENHOVE L N V, 2003. Matching demand and supply to maximize profits from remanufacturing [J]. Manufacturing and service operations management, 5(4): 303-316.

MAFAKHERI F, NASIRI F, 2013. Revenue sharing coordination in reverse logistics [J]. Journal of cleaner production, 59: 185-196.

MUTINGI M, 2014. The impact of reverse logistics in green supply chain management: a system dynamics analysis [J]. International journal of industrial and systems engineering, 17(2): 186-201.

SHANKAR R, RAVI V, TIWARI M K, 2008. Analysis of interaction among variables of reverse logistics: a system dynamics approach [J]. International journal of logistics systems and management, 4(1): 1-20.

SINHA R, LAURENTI R, SING J H, et al., 2016. Identifying ways of closing the metal flow loop in the global mobile phone product system: a system dynamics modeling approach [J]. Resources, conservation and recycling, 113: 65-76.

TEUNTER R H, FLAPPER S D P, 2011. Optimal core acquisition and remanufacturing policies under uncertain core quality fractions [J]. European journal of operational research, 210(2): 241-248.

VLACHOS D, GEORGIADIS P, IAKOVOU E, 2007. A system dynamics model for dynamic capacity planning of remanufacturing in closed-loop supply chains [J]. Computers and operations research, 34(2): 367-394.

WASSENHOVE L N V, ZIKOPOULOS C, 2010. On the effect of quality overestimation in remanufacturing [J]. International journal of production research, 48(18): 5263-5280.

ZIKOPOULOS C, TAGARAS G, 2008. On the attractiveness of sorting before disassembly in remanufacturing [J]. IIE transactions, 40(3): 313-323.

第 8 章　IE-with 制造/再制造供应链 CDPD 网络优化

在由制造/再制造商、批发商、零售商（兼回收商）和拆解中心构成的制造/再制造回收–拆解–生产–配送（CDPD）网络中，零售商负责回收其所属销售区域的废旧产品并对回收的废旧产品进行检测。本章考虑到回收商对废旧产品进行检测时产生的检测误差，基于检测误差率和检测费用的关系，构建 IE-with 制造/再制造 CDPD 网络优化模型。通过数值算例，给出不同检测误差时 IE-with 制造/再制造 CDPD 网络最优方案。

8.1　引　　言

在由制造/再制造商、批发商、零售商（兼回收商）和拆解中心构成的制造/再制造 CDPD 网络中，零售商负责回收其所属销售区域的废旧产品并对回收的废旧产品进行检测。由于技术和非技术等多种因素，检测过程中会产生两种误差：部分不可再制造废旧产品被错误地检测为"可再制造产品"被运送到拆解中心等待拆解（回收检测误差Ⅰ），而部分可再制造废旧产品被错误地检测为"不可再制造产品"被处理掉（回收检测误差Ⅱ）（Gu et al.，2017）。

在 Gu 等（2017）的文献中，作者应用系统动力学方法，探讨了逆向供应链中检测误差率是否值得降低的问题。作者通过建立考虑不同检测策略、有检测误差的逆向供应链系统动力学模型，对典型策略及其利润均值的增长率进行了研究，给出了优化的检测误差率及利润均值增长率。本章继续 Gu 等（2017）的研究，主要基于检测误差率和检测费用的关系，构建有检测误差的制造/再制造 CDPD 网络优化模型。通过数值算例，给出不同检测误差率时制造/再制造 CDPD 网络最优方案。本章内容安排如下：8.2 节将对相关研究文献进行回顾；8.3 节将给出问题描述；8.4 节将建立有检测误差的制造/再制造 CDPD 网络优化模型；8.5 节将通过数值算例分析不同检测误差时制造/再制造 CDPD 网络最优方案；8.6 节对本章进行总结。

8.2　文　献　回　顾

关于有检测误差的再制造逆向供应链相关问题的研究，Zikopoulos 等（2008）针对废旧产品分类检测有差错问题，考虑由一个再制造商和一个回收商构成的逆向供应链，研究给出集中决策情况下最优的获取和再制造量。其中，废旧产品拆解和再制造前已经过简单但有差错的分类处理，这种快速分类是由再制造商完成的。Wassenhove 等（2010）对由一个再制造商和多个相互独立的回收点构成的逆向供应链进行研究，并给出集中决策情况下制造商最优的获取决策。在各回收点，回收商依据再制造商提供的列表对回收的废旧产品进行分级和分类。由于废旧产品的质量状况被高估，分类（分级和分类）会产生差错。Gu 等（2014）应用博弈理论，考虑由再制造商和回收商构成的逆向供应链，对有检测误差的回收商的最优回收量和再制造商的最优订单量进行了研究，并探讨了检测误差对回收商最优回收量的影响。顾巧论等（2016）针对回收商和再制造商构成的逆向供应链，考虑回收商负责对废旧产品进行检测的情况，通过建立有检测误差的再制造逆向供应链系统动力学模型，研究检测误差率对供应链成员库存、利润及市场满足率的影响。与现有文献不同，本章将用数学规划方法研究有检测误差的制造/再制造 CDPD 网络优化模型，并给出其优化方案分析。

关于与再制造相关的物流网络优化已有很多研究成果，Lu 等（2007）考虑制造工厂、再制造工厂和回收中心三种形式的物流设施，提出同一工厂备选地点可以同时选择制造工厂和再制造工厂的物流网络优化设计模型。Wojanowski 等（2007）研究了通过押金退还形式保证废旧产品回收的供应链网络均衡模型。岳辉等（2007）建立了在第三方逆向物流企业参与情况下的再制造逆向物流网络随机规划模型，给出了用期望值方法和机会约束规划方法求解模型的步骤，通过实例仿真，揭示了回收量的波动对最优选址策略的影响。崔欣等（2008）建立了关于生产中心、再制造中心和回收中心选址的混合整数线性规划模型。狄卫民等（2008）将设施生产或处理能力看作容差型模糊参数，建立了相应的模糊混合整数线性规划模型，然后重点探讨了模糊约束置信水平的选取问题。Gu 等（2008）对于 R/M 集成供应链，基于消费市场，给出了一个费用最小化运作模型。Gu 等（2009）给出了消费者生活水平对回收价格影响的描述方法，应用该描述方法对 R/M 集成供应链优化模型进行改进，并通过算例分析了消费者生活水平对 R/M 集成供应链管理的影响。王文宾等（2010）考虑政府对制造商的惩罚政策和回收商的补贴政策，构建了多级闭环供应链网络均衡模型，并说明了政府政策的改变对闭环供应链网络成员决策的影响。Qiang 等（2013）对具有竞争、配送渠道投资和不确定性的闭环供应链网络进行了研究。该网络成员包括原材料供应商、销售点和制造商，而制造商直接从需求市场回收废旧产品。孙嘉铁等（2014）利用均衡理论和变分不等式的方法研究了多周期的再制造闭环供应链网络均衡模型。李晓婧等（2016）基于传统实体店交易渠道和网上电子商务渠道，考虑原材料转化率、政府规定的再制造率和缺陷产品再制造率等因素，研究了由供应商、制造商、零售商、需求市场和回收中心组成的双渠道闭环供应链网络均衡问题。王道平等（2015）对具有风险规避特性的产品回收第四方逆向物流网络设计进行了研究。李伯棠等（2017）针对不确定环境下低碳再制造物流网络设计问题，以碳交易收支和物流成本之和最小化为目标，建立了再制造物流网络鲁棒混合线性规划模型。不过，这些研究中没有考虑回收检测误差的问题。

8.3　问题描述

8.3.1　有检测误差的回收-拆解-生产过程

废旧产品回收、拆解和生产过程如图 8.1 所示，其中包括回收商、拆解中心和制造/再制造商 3 个成员，拆解由专业拆解中心负责完成。这里，回收商（零售商兼）负责从最终用户回收废旧产品，并对废旧产品进行检测，然后将检测后的"可再制造产品"（回收检测误差Ⅰ）运送给专业拆解中心，将"不可再制造产品"（回收检测误差Ⅱ）进行废弃处理。专业拆解中心负责对"可再制造产品"进行拆解，拆解后将真正可再制造产品运送给制造/再制造商，对于真正废弃产品，专业拆解中心进行废弃处理。制造/再制造商对可再制造产品进行再制造，并将再制造产品和新产品一起在新/再制造产品市场销售。

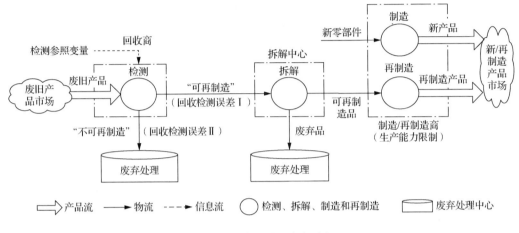

图 8.1　回收-拆解-生产过程

关于回收检测误差，由回收检测误差Ⅰ导致的"可再制造产品"中实际包括不可再制造产品，由回收检测误差Ⅱ导致的"不可再制造产品"中实际包括可再制造产品（注：加引号的"可再制造产品""不可再制造产品"与不加引号的可再制造产品、不可再制造产品有不同的含义）（顾巧论等，2016）。

由于拆解是由独立于制造/再制造商的专业拆解中心完成的，制造/再制造商需要从拆解中心获取可再制造产品，因此该获取量会影响到再制造产品生产数量。由于制造/再制造商生产能力是有限制的，再制造产品和新产品的生产计划相互关联，因此制造/再制造商从拆解中心获取的可再制造产品数量也影响新产品生产数量。

8.3.2　有检测误差的 CDPD 网络结构

有检测误差的制造/再制造 CDPD 网络结构如图 8.2 所示。在该结构中，card(I) 个制造/再制造商生产新产品和再制造产品，通过 card(J) 个批发商销售给 card(K) 个零售商兼回收商，每个零售商将新产品和再制造产品销售到新/再制造产品市场。经过消费者使用，销售到新/再制造产品市场的产品成为废旧产品等待回收。每个回收商从各自服务区域收集废旧产品，经检测将"可再制造产品"运送到 card(L) 个拆解中心、将"不可再制造产品"运送到 card(M) 个废弃处理中心。每个拆解中心将获得的"可再制造产品"拆解，将真正可再制造产品运送给 card(I) 个制造/再制造商，将真正不可再制造的废旧产品运送到 card(M) 个废弃处理中心。

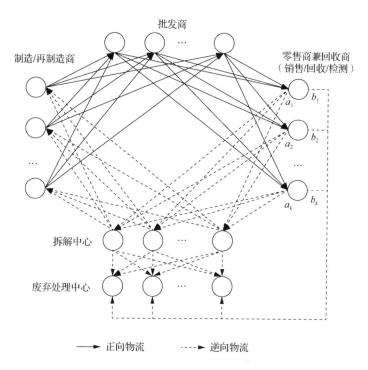

图 8.2　有检测误差的制造/再制造 CDPD 网络结构

其中，I 为制造/再制造商的集合，制造/再制造商的位置和生产能力已知；J 为批发商的集合，批发商的位置和能力已知；K 为零售商兼回收商的集合，零售商兼回收商的位置（服务区域）和服务能力已知；L 为拆解中心的集合，拆解中心的位置和拆解能力已知；M 为废弃处理中心的集合，废弃处理中心的处理能力不限。

8.3.3　检测误差率与检测费用

从检测投资的角度，检测设备更新购置、检测技术培训等都会降低检测误差率，即检测误差率的降低和单位检测成本密切相关。假设单位检测成本是检测误差率降低幅度的增加函数（Gu et al.，2017）：$c = c_0 + V(a_0 - a)$，即当检测误差率从 a_0 降低到 a 时，单位检测成本从 c_0 增加到 c。其中，a_0 和 c_0 是初始状态下的检测误差率和相应的检测成本，V 为正常数。

8.4　模　型　构　建

8.4.1　相关符号

在该模型中，新/再制造产品生产销售网络、废旧产品回收拆解网络已经存在，相关符号详解如下，包括检测误差率及可再制造率、市场参数、费用参数、能力参数和决策变量。

1) 检测误差率及可再制造率

a_k：回收商 k 将不可再制造废旧产品错误地检测为"可再制造产品"而被运送到拆解中心等待拆解的检测误差率。

b_k：回收商 k 将可再制造废旧产品错误地检测为"不可再制造产品"而被处理掉的检测误差率。

q_k：回收商 k 单位周期内回收的所有废旧产品最大可再制造率。

2) 市场参数

$D_k^{\text{new}}, k \in K$：单位周期内消费市场 k 对新产品需求量。

$D_k^{\text{rem}}, k \in K$：单位周期内消费市场 k 对再制造产品的需求量。

3) 费用参数

$C_i^{\text{new}}, i \in I$：制造/再制造商 i 生产新产品的单位生产费用。

$C_i^{\text{rem}}, i \in I$：制造/再制造商 i 生产再制造产品的单位生产费用。

$C_k^{\text{col}}, k \in K$：回收商 k 对废旧产品的单位回收价格。

$C_k^{\text{ins}}, k \in K$：回收商 k 对废旧产品的单位检测费用，$C_k^{\text{ins}} = c_{0k} + V(a_{0k} - a_k)$，其中 a_{0k} 和 c_{0k} 是初始状态下的检测误差率和相应的检测费用，将检测误差率降到 a_k 时需要的单位检测费用为 C_k^{ins}，V 为正常数。

$C_l, l \in L$：拆解中心 l 拆解废旧产品的单位拆解费用。

$C_m, m \in M$：废弃处理中心 m 对检测后"不可再制造产品"和拆解后不可再制造产品的的单位处理费用。

$C_{ij}, i \in I, j \in J$：从制造/再制造商 i 运送新产品/再制造产品到批发商 j 的单位运输费用（新产品和再制造产品的单位运输费用相同）。

$C_{jk}, j \in J, k \in K$：从批发商 j 运送新产品/再制造产品到零售商 k 的单位运输费用（新产品和再制造产品的单位运输费用相同）。

$C_{kl}, k \in K, l \in L$：从回收商 k 运送检测后"可再制造产品"到拆解中心 l 的单位运输费用。

$C_{km}, k \in K, m \in M$：从回收商 k 运送检测后"不可再制造产品"到废弃处理中心的单位运输费用。

$C_{li}, l \in L, i \in I$：从拆解中心 l 运送拆解处理后的产品到制造/再制造商 i 的单位运输费用。

$C_{lm}, l \in L, m \in M$：从拆解中心 l 运送废弃产品到废弃处理中心的单位运输费用。

4) 能力参数

$e_i, i \in I$：单位周期内制造/再制造商 i 的最大生产能力。

$e_j, j \in J$：单位周期内批发商 j 的最大服务能力。

$e_k, k \in K$：单位周期内回收商 k 对废旧产品的最大回收能力。

$e_l, l \in L$：单位周期内拆解中心 l 的最大拆解能力。

5）决策变量

$X_i^{\text{new}}, i \in I$：制造/再制造商 i 生产的新产品的数量。

$X_i^{\text{rem}}, i \in I$：制造/再制造商 i 生产的再制造产品的数量。

$X_k^{\text{new}}, k \in K$：零售商 k 购买的新产品的数量。

$X_k^{\text{rem}}, k \in K$：零售商 k 购买的再制造产品的数量。

$X_k^{\text{col}}, k \in K$：零售商 k 回收的废旧产品的数量。

$X_l, l \in L$：拆解中心 l 拆解的"可再制造产品"数量。

$X_{ij}^{\text{new}}, i \in I, j \in J$：由制造/再制造商 i 运送到批发商 j 的新产品的数量。

$X_{ij}^{\text{rem}}, i \in I, j \in J$：由制造/再制造商 i 运送到批发商 j 的再制造产品的数量。

$X_{jk}^{\text{new}}, j \in J, k \in K$：由批发商 j 运送到零售商 k 的新产品的数量。

$X_{jk}^{\text{rem}}, j \in J, k \in K$：由批发商 j 运送到零售商 k 的再制造产品的数量。

$X_{kl}, k \in K, l \in L$：由零售商 k 运送到拆解中心 l 的"可再制造产品"数量。

$X_{km}, k \in K, m \in M$：由零售商 k 运送到废弃处理中心的"不可再制造产品"数量。

$X_{li}, l \in L, i \in I$：由拆解中心 l 运送的再制造工厂 i 的拆解后可再制造产品的数量。

$X_{lm}, l \in L, m \in M$：由拆解中心 l 运送到废弃处理中心的不可再制造产品的数量。

8.4.2　模型

基于前面给出的问题描述及相关符号，本节给出总利润最大的有检测误差的制造/再制造 CDPD 网络优化模型。

1. 目标函数

在式（8.1）所示的有检测误差的制造/再制造 CDPD 网络优化模型的目标函数中，C_k^{ins}、X_{kl}、X_{km}、X_{li} 和 X_{lm} 都和检测误差 a_k 和 b_k 密切相关，当然也和回收的所有废旧产品最大可再制造率 q_k 有关。为了使构建的模型更加清晰，这些和检测误差有关的项在约束条件中给出。

$$
\begin{aligned}
\text{Max} \quad \pi = & \left(\sum_{k \in K} P_k^{\text{new}} D_k^{\text{new}} + \sum_{k \in K} P_k^{\text{rem}} D_k^{\text{rem}} \right) \\
& - \left(\sum_{i \in I} C_i^{\text{new}} X_i^{\text{new}} + \sum_{i \in I} C_i^{\text{rem}} X_i^{\text{rem}} + \sum_{i \in I} \sum_{j \in J} C_{ij} (X_{ij}^{\text{new}} + X_{ij}^{\text{rem}}) \right) \\
& - \left(\sum_{j \in J} \sum_{k \in K} C_{jk} (X_{jk}^{\text{new}} + X_{jk}^{\text{rem}}) \right) \\
& - \left(\sum_{k \in K} (C_k^{\text{col}} + C_k^{\text{ins}}) X_k^{\text{col}} + \sum_{k \in K} \sum_{l \in L} C_{kl} X_{kl} + \sum_{k \in K} \sum_{m \in M} C_{km} X_{km} \right) \\
& - \left(\sum_{l \in L} C_l X_l + \sum_{l \in L} \sum_{i \in I} C_{li} X_{li} + \sum_{l \in L} \sum_{m \in M} C_{lm} X_{lm} \right) \qquad (8.1)
\end{aligned}
$$

目标函数（8.1）中，第一项是零售商将新产品销售给消费者的收入；第二项是零售商将再制造产品销售给消费者的收入；第三项是制造/再制造商生产新产品的费用；第四项是制造/再制造商生产再制造产品的费用；第五项是制造/再制造商到批发商的产品运输费用；第六项是批发商到零售商产品运输费用；第七项是零售商（兼回收商）回收检测废旧产品的费用；第八项是零售商（兼回收商）将检测后的"可再制造产品"运送到拆解中心的运输费用；第九项是零售商（兼回收商）将检测后的"不可再制造产品"运送到废弃处理中心的运输费用；第十项是拆解中心拆解费用；第十一项是拆解中心将拆解后可再制造产品运送到制造/再制造厂的运输费用；最后一项是拆解中心将拆解后不可再制造产品运送到废弃处理中心的运输费用。

2. 约束条件

对于制造/再制造厂的约束包括：

$$\sum_{i\in I} X_i^{new} = \sum_{k\in K} D_k^{new} \tag{8.2}$$

$$\sum_{i\in I} X_i^{rem} \leqslant \sum_{k\in K} D_k^{rem} \tag{8.3}$$

$$\sum_{j\in J} X_{ij}^{new} = X_i^{new}, \quad \forall i \tag{8.4}$$

$$\sum_{j\in J} X_{ij}^{rem} = X_i^{rem}, \quad \forall i \tag{8.5}$$

$$0 \leqslant (X_i^{new} + X_i^{rem}) \leqslant e_i, \quad \forall i \tag{8.6}$$

式（8.2）表示制造/再制造厂生产的新产品必须满足消费市场对新产品的需求；式（8.3）表示制造/再制造厂生产的再制造产品总量小于等于消费市场对再制造产品的需求量；式（8.4）表示制造/再制造厂 i 运送到所有批发商的新产品数量小于等于其生产的新产品数量；式（8.5）表示制造/再制造厂 i 运送到所有批发商的再制造产品数量等于其生产的再制造产品数量；式（8.6）表示制造/再制造厂 i 生产的新产品和再制造产品的数量不能超过其生产能力。

对于批发商的约束包括：

$$\sum_{k\in K} X_{jk}^{new} = \sum_{i\in I} X_{ij}^{new}, \quad \forall j \tag{8.7}$$

$$\sum_{k\in K} X_{jk}^{rem} = \sum_{i\in I} X_{ij}^{rem}, \quad \forall j \tag{8.8}$$

$$0 \leqslant \sum_{i\in I} (X_{ij}^{new} + X_{ij}^{rem}) \leqslant e_j, \quad \forall j \tag{8.9}$$

式（8.7）表示批发商 j 运送到所有消费区域的新产品数量等于批发商 j 从制造/再制造厂批发的新产品数量；式（8.8）表示批发商 j 运送到所有消费区域的再制造产品数量等于批发商 j 从制造/再制造厂批发的再制造产品数量；式（8.9）表示批发商的运营能力限制。

对于零售商（兼回收商）的约束包括：

$$\sum_{j\in J} X_{jk}^{new} = D_k^{new}, \quad \forall k \tag{8.10}$$

$$\sum_{j\in J} X_{jk}^{rem} \leqslant D_k^{rem}, \quad \forall k \tag{8.11}$$

$$X_k^{col} = ((1-b_k)q_k + a_k(1-q_k)) / ((1-b_k)q_k)D_k^{rem}, \quad \forall k \tag{8.12}$$

$$\sum_{l\in L} X_{kl} = (1-b_k)q_k X_k^{\text{col}} + a_k(1-q_k)X_k^{\text{col}}, \quad \forall k \tag{8.13}$$

$$\sum_{m\in M} X_{km} = b_k q_k X_k^{\text{col}} + (1-a_k)(1-q_k)X_k^{\text{col}}, \quad \forall k \tag{8.14}$$

$$0 \leqslant X_k^{\text{col}} \leqslant e_k, \quad \forall k \tag{8.15}$$

$$C_k^{\text{ins}} = c_{0k} + V(a_{0k} - a_k), \quad \forall k \tag{8.16}$$

式（8.10）表示零售商 k 从所有批发商购买的新产品数量等于其对新产品的需求量；式（8.11）表示零售商 k 从所有批发商购买的再制造产品数量小于等于其对再制造产品的需求量；式（8.12）表示回收商回收的废旧产品数量；式（8.13）表示零售商（兼回收商）运送到所有拆解中心的"可再制造产品"数量等于其回收检测后"可再制造产品"数量；式（8.14）表示零售商（兼回收商）运送到所有废弃处理中心的"不可再制造产品"数量等于其回收检测后"不可再制造产品"数量；式（8.15）表示零售商（兼回收商）的回收能力限制；式（8.16）表示检测误差率和检测费用之间的关系。

对于拆解中心的约束包括：

$$\sum_{k\in K} X_{kl} = X_l, \quad \forall l \tag{8.17}$$

$$\sum_{i\in I} X_{li} = \sum_{k\in K} ((1-b_k)q_k / ((1-b_k)q_k + a_k(1-q_k)))X_{kl}, \quad \forall l \tag{8.18}$$

$$\sum_{m\in M} X_{lm} = \sum_{k\in K} (a_k(1-q_k) / ((1-b_k)q_k + a_k(1-q_k)))X_{kl}, \quad \forall l \tag{8.19}$$

$$0 \leqslant X_l \leqslant e_l, \quad \forall l \tag{8.20}$$

式（8.17）表示拆解中心 l 从所有回收商购买的"可再制造产品"等于其拆解总量；式（8.18）表示拆解中心 l 运送到所有制造/再制造厂的可再制造产品数量等于其拆解后可再制造产品的数量；式（8.19）表示拆解中心 l 运送到所有废弃处理中心的不可再制造产品数量等于其拆解后不可再制造产品的数量；式（8.20）表示拆解中心的拆解能力限制。

8.5　算　例　分　析

考虑制造/再制造 CDPD 网络，其结构如下：2 个制造/再制造商、3 个批发商、4 个零售商（兼回收商）、2 个拆解中心和 1 个废弃处理中心。开始时，制造/再制造商生产一种新产品，并已经通过销售网络销售到消费市场，每周期销售的新产品经过几个周期的使用后，已经陆续进入废旧产品市场等待回收。面对废旧产品市场，制造/再制造商开始同时生产新产品和再制造产品，并委托零售商（兼回收商）对废旧产品进行回收。回收商以一定的回收费用从废旧产品市场回收废旧产品，经过检测，将"不可再制造产品"处理掉，将"可再制造产品"转卖给拆解中心。拆解中心拆解后，将可再制造产品销售给制造/再制造商，将不可再制造产品处理掉。

8.5.1 初始状态最优值分析

初始状态是制造/再制造 CDPD 网络的当前运作状态：回收商以一定的检测成本（初始检测成本）维持一定的检测误差率。

制造/再制造商生产新产品和再制造产品的单位成本、最大生产能力见表 8.1。批发商 1～批发商 3 的最大运营能力依次为 3000 件、2500 件和 3800 件。零售商（兼回收商）回收价格等相关参数设置见表 8.2。另外，其检测成本涉及的参数 V 的值设置为 10。拆解中心单位拆解成本和最大拆解能力见表 8.3。从制造/再制造商到批发商、批发商到零售商、零售商到拆解中心、零售商到废弃处理中心、拆解中心到制造/再制造商、拆解中心到废弃处理中心的单位运输费用见表 8.4。

表 8.1 制造/再制造商相关参数设置

制造/再制造商	再制造产品单位生产成本/元	新产品单位生产成本/元	最大生产能力/件
制造/再制造商 1	150	350	6000
制造/再制造商 2	145	345	5000

表 8.2 零售商（兼回收商）相关参数设置

零售商	回收价格/元	可再制造率	初始检测成本/元	初始检测误差率 a	初始检测误差率 b	最大回收能力/件	新产品需求/件和单位售价/元	再制造产品需求/件和单位售价/元
零售商 1	50	0.6	0.2	0.3	0.25	1200	1100 和 1548	850 和 964
零售商 2	55	0.5	0.1	0.25	0.28	1300	1600 和 1366	860 和 938
零售商 3	45	0.7	0.2	0.3	0.26	1000	1200 和 1730	820 和 990
零售商 4	50	0.6	0.1	0.2	0.28	1200	1600 和 1548	880 和 964

表 8.3 拆解中心相关参数设置

拆解中心	"可再制造产品"单位拆解成本/元	最大拆解能力/件
拆解中心 1	50	1200
拆解中心 2	55	1100

表 8.4 CDPD 网络节点间产品单位运输费用 （单位：元）

成员	批发商 1	批发商 2	批发商 3	拆解中心 1	拆解中心 2	废弃处理中心 1
制造/再制造商 1	6.3	9.6	7.5	5.1	5.0	—
制造/再制造商 2	7.3	8.2	8.0	6.3	5.8	—
零售商 1	6	12.4	11.8	3.92	4.16	3.12
零售商 2	11.2	5.6	11.6	2.6	3.2	2.64
零售商 3	18.4	8	10.2	2.24	3.04	3.12
零售商 4	9.6	17.6	12.8	2.4	1.44	3.52
废弃处理中心 1	—	—	—	3.88	2.68	—

依据以上参数设置，应用 LINGO 16.0 求解得到最优利润为 9082371 元，优化的配送网络见表 8.5 中的初始状态，表中括号数字为相应的配送量（四舍五入）。制造/再制造商 1 生产新产品 2150 件、再制造产品 197 件，制造/再制造商 2 生产新产品 3350 件、再制造产品 1650 件。回收商 1~回收商 4 依次回收废旧产品 1075 件、1157 件、961 件和 1041 件。

8.5.2　检测误差率对 CDPD 网络优化结果的影响

为了分析检测误差率的降低对制造/再制造 CDPD 网络优化结果的影响，给出 6 种情形下的优化结果，其中的配送数量四舍五入。

情形 1：所有回收商在原有检测误差率基础上，将检测误差率降低 0.01。优化结果显示，制造/再制造商 1 生产新产品 2150 件、再制造产品 203 件，制造/再制造商 2 生产新产品 3350 件、再制造产品 1650 件。回收商 1~回收商 4 依次回收废旧产品 1065 件、1141 件、954 件和 1031 件。此时的优化路线及配送数量见表 8.5。

情形 2：所有回收商在原有检测误差率基础上，将检测误差率降低 0.02。优化结果显示，制造/再制造商 1 生产新产品 2150 件、再制造产品 211 件，制造/再制造商 2 生产新产品 3350 件、再制造产品 1650 件。回收商 1~回收商 4 依次回收废旧产品 1055 件、1126 件、948 件和 1021 件。此时的优化路线及配送数量见表 8.5。

情形 3：所有回收商在原有检测误差率基础上，将检测误差率降低 0.05。优化结果显示，制造/再制造商 1 生产新产品 2150 件、再制造产品 231 件，制造/再制造商 2 生产新产品 3350 件、再制造产品 1650 件。回收商 1~回收商 4 依次回收废旧产品 1026 件、1082 件、930 件和 993 件。此时的优化路线及配送数量见表 8.5。

情形 4：所有回收商在原有检测误差率基础上，将检测误差率降低 0.1。优化结果显示，制造/再制造商 1 生产新产品 2150 件、再制造产品 265 件，制造/再制造商 2 生产新产品 3350 件、再制造产品 1650 件。回收商 1~回收商 4 依次回收废旧产品 982 件、1016 件、902 件和 950 件。此时的优化路线及配送数量见表 8.5。

情形 5：所有回收商在原有检测误差率基础上，将检测误差率降低 0.15。优化结果显示，制造/再制造商 1 生产新产品 2150 件、再制造产品 298 件，制造/再制造商 2 生产新产品 3350 件、再制造产品 1650 件。回收商 1~回收商 4 依次回收废旧产品 943 件、957 件、878 件和 912 件。此时的优化路线及配送数量见表 8.5。

情形 6：所有回收商在原有检测误差率基础上，将检测误差率降低 0.2。优化结果显示，制造/再制造商 1 生产新产品 2150 件、再制造产品 331 件，制造/再制造商 2 生产新产品 3350 件、再制造产品 1650 件。回收商 1~回收商 4 依次回收废旧产品 908 件、905 件、856 件和 879 件。此时的优化路线及配送数量见表 8.5。

这 6 种情形下的废旧产品回收总量、再制造产品生产总量和总利润见表 8.6。从表 8.6 容易看出：随着检测误差率的降低，废旧产品回收总量减少，再制造产品生产总量增加，总利润增加。

表 8.5　不同情形下制造/再制造 CDPD 网络配送优化结果

产品及运输		初始状态	情形 1	情形 2	情形 3	情形 4	情形 5	情形 6
制造/再制造商→批发商	新产品	M1→W1(2150) M2→W2(1600) M2→W3(1750)	M1→W1(2150) M2→W2(1600) M2→W3(1750)	M1→W1(2150) M2→W2(1600) M2→W3(1750)	M1→W1(2150) M2→W2(1640) M2→W3(1710)	M1→W1(2150) M2→W2(1625) M2→W3(1725)	M1→W1(2150) M2→W2(1600) M2→W3(1750)	M1→W1(2150) M2→W2(1640) M2→W3(1710)
	再制造产品	M1→W1(197) M2→W1(653) M2→W2(900) M2→W3(97)	M1→W1(203) M2→W1(647) M2→W2(900) M2→W3(103)	M1→W1(211) M2→W1(639) M2→W2(900) M2→W3(111)	M1→W1(231) M2→W1(619) M2→W2(860) M2→W3(171)	M1→W1(265) M2→W1(585) M2→W2(875) M2→W3(190)	M1→W1(298) M2→W1(552) M2→W2(900) M2→W3(198)	M1→W1(331) M2→W1(519) M2→W2(860) M2→W3(271)
批发商→零售商	新产品	W1→R1(1100) W1→R4(1050) W2→R2(1600) W3→R3(1200) W3→R4(550)	W1→R1(1100) W1→R4(1050) W2→R2(1600) W3→R3(1200) W3→R4(550)	W1→R1(1100) W1→R4(1050) W2→R2(1600) W3→R3(1200) W3→R4(550)	W1→R1(1100) W1→R4(1050) W2→R2(1600) W2→R3(40) W3→R3(1160) W3→R4(550)	W1→R1(1100) W1→R4(1050) W2→R2(1600) W2→R3(25) W3→R3(1175) W3→R4(550)	W1→R1(1100) W1→R4(1050) W2→R2(1600) W3→R3(1200) W3→R4(550)	W1→R1(1100) W1→R4(1050) W2→R2(1600) W2→R3(40) W3→R3(1160) W3→R4(550)
	再制造产品	W1→R1(850) W2→R2(860) W2→R3(40) W3→R3(97)	W1→R1(850) W2→R2(860) W2→R3(40) W3→R3(103)	W1→R1(850) W2→R2(860) W2→R3(40) W3→R3(111)	W1→R1(850) W2→R2(860) W3→R3(171)	W1→R1(850) W2→R2(860) W2→R3(15) W3→R3(190)	W1→R1(850) W2→R2(860) W2→R3(40) W3→R3(198)	W1→R1(850) W2→R2(860) W3→R3(271)
回收商→拆解中心	"可再制造产品"	R1→D1(55) R1→D2(558) R2→D1(561) R3→D1(584) R4→D2(533)	R1→D1(63) R1→D2(546) R2→D1(553) R3→D1(584) R4→D2(530)	R1→D1(70) R1→D2(536) R2→D1(546) R3→D1(584) R4→D2(527)	R1→D1(91) R1→D2(504) R2→D1(525) R3→D1(584) R4→D2(518)	R1→D1(122) R1→D2(457) R2→D1(493) R3→D1(585) R4→D2(505)	R1→D1(149) R1→D2(417) R2→D1(464) R3→D1(587) R4→D2(494)	R1→D1(172) R1→D2(382) R2→D1(439) R3→D1(589) R4→D2(485)
拆解中心→制造/再制造商	可再制造产品	D1→M1(197) D1→M2(760) D2→M2(890)	D1→M1(203) D1→M2(764) D2→M2(886)	D1→M1(211) D1→M2(766) D2→M2(884)	D1→M1(231) D1→M2(775) D2→M2(875)	D1→M1(265) D1→M2(788) D2→M2(862)	D1→M1(298) D1→M2(799) D2→M2(851)	D1→M1(331) D1→M2(809) D2→M2(841)
回收商→废弃处理中心	"不可再制造产品"	R1→DI1(462) R2→DI1(596) R3→DI1(377) R4→DI1(508)	R1→DI1(456) R2→DI1(588) R3→DI1(370) R4→DI1(501)	R1→DI1(449) R2→DI1(580) R3→DI1(364) R4→DI1(494)	R1→DI1(431) R2→DI1(557) R3→DI1(346) R4→DI1(475)	R1→DI1(403) R2→DI1(523) R3→DI1(317) R4→DI1(445)	R1→DI1(377) R2→DI1(493) R3→DI1(291) R4→DI1(418)	R1→DI1(354) R2→DI1(466) R3→DI1(267) R4→DI1(394)
拆解中心→废弃处理中心	不可再制造产品	D1→DI1(242) D2→DI1(200)	D1→DI1(232) D2→DI1(189)	D1→DI1(222) D2→DI1(178)	D1→DI1(193) D2→DI1(146)	D1→DI1(146) D2→DI1(99)	D1→DI1(102) D2→DI1(59)	D1→DI1(59) D2→DI1(25)

表 8.6　检测误差率降低对废旧产品回收总量、再制造产品生产总量和总利润的影响

数量和利润	情形 1	情形 2	情形 3	情形 4	情形 5	情形 6
废旧产品回收总量/件	4195	4154	4035	3854	3694	3552
再制造产品生产总量/件	1853	1861	1881	1915	1948	1981
总利润/件	9084145	9085364	9089647	9095383	9099783	9102921

图 8.3 表明废旧产品回收总量减少量和总利润增加量的变化情况。从图中容易得出：当检测误差率降低时，随着其降低幅度从 0.01 增加到 0.2（从情形 1 到情形 6），废旧产品回收总量减少幅度增加，而总利润则有很大幅度的提高。

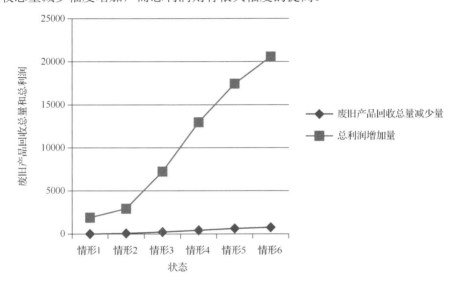

图 8.3　检测误差率降低时废旧产品回收总量和总利润的变化幅度

8.6　本章小结

　　废旧产品存在质量的不确定性已成共识。针对这种质量的不确定性，在对废旧产品进行回收再制造的文献中，开始出现对废旧产品进行分类检测的相关研究。其中，部分研究假定分类检测准确无误，部分研究假定分类检测有检测误差。对于这种检测误差是否值得降低，Gu 等（2017）给出了肯定答案。为了研究检测误差率降低后配送路线和配送数量的优化，考虑到回收商对废旧产品进行检测时产生的检测误差，本章构建了由制造/再制造商、批发商、零售商（兼回收商）和拆解中心构成的、有检测误差的制造/再制造 CDPD 网络优化模型。基于检测误差率和检测费用的关系，通过数值算例，给出了检测误差率降低时制造/再制造 CDPD 网络最优方案。后续研究课题是物联网环境下制造/再制造 CDPD 网络优化模型。

参 考 文 献

崔欣，李波，2008. 一种再制造物流网络设施定位优化方法[J]. 系统管理学报，17（3）：343-347.

狄卫民，马祖军，代颖，2008. 制造/再制造集成物流网络模糊优化设计方法[J]. 计算机集成制造系统，14（8）：1472-1480.

顾巧论，高铁杠，2016. 再制造逆向供应链检测误差率管理策略[J]. 计算机集成制造系统，22（10）：2469-2477.

李伯棠，赵刚，2017. 基于鲁棒优化的低碳再制造物流网络模型[J]. 山东大学学报（理学版），52（1）：43-55.

李晓婧，郭春芳，兰洪杰，2016. 低碳经济环境下双渠道闭环供应链网络均衡模型[J]. 统计与决策，（17）：173-178.

孙嘉轶，滕春贤，陈兆波，2014. 基于再制造的多周期闭环供应链网络均衡模型[J]. 运筹与管理，23（4）：25-32.

王道平，杜海蕾，杨岑，2015. 基于 CVaR 的两阶段第四方逆向物流网络设计模型[J]. 工业工程与管理，20（1）：22-27，42.

王文宾，达庆利，胡天兵，等，2010. 基于惩罚与补贴的再制造闭环供应链网络均衡模型[J]. 运筹与管理，19（1）：65-72.

岳辉，钟学燕，叶怀珍，2007. 随机环境下再制造逆向物流网络优化设计[J]. 中国机械工程，18（4）：442-445.

GU Q L, GAO T G, 2009. Impact of consumer's life-level on R/M integrated supply chain management [C]// The Second International Conference on Business Intelligence and Financial Engineering. Beijing: IEEE: 493-496.

GU Q L, GAO T G, 2017. IERs in reverse supply chain: be worth lowering or not [J]. Computers and industrial engineering, 111: 289-302.

GU Q L, JI J H, 2008. An integrated logistics operational model for R/M system base on the consumer market [J]. International journal of logistics systems and management, 4(1): 21-39.

GU Q L, TAGARAS G, 2014. Optimal collection and remanufacturing decisions in reverse supply chains with collector's imperfect sorting [J]. International journal of production research, 52(17): 5155-5170.

LU Z Q, NATHALIE B, 2007. A facility location model for logistics including reverse flows: the case of remanufacturing activities [J]. Computers and operations research, 34(2): 299-323.

QIANG Q, KE K, ANDERSON T, et al., 2013. The closed-loop supply chain network with competition, distribution channel investment, and uncertainties [J]. Omega, (41): 186-194.

WASSENHOVE L N V, ZIKOPOULOS C, 2010. On the effect of quality overestimation in remanufacturing [J]. International journal of production research, 48(18): 5263-5280.

WOJANOWSKI R, VERTER V, BOYACI T, 2007. Retail-collection network design under deposit-refund [J]. Computers and operations research, 34(2): 324-345.

ZIKOPOULOS C, TAGARAS G, 2008. On the attractiveness of sorting before disassembly in remanufacturing [J]. IIE transactions, 40(3): 313-323.

第9章 IE-with 制造/再制造供应链定价策略

本章研究 IE-with 制造/再制造供应链中逆向供应链的定价问题，其中检测误差率和单位检测成本（unit inspection cost，UIC）分别表示废旧产品检测误差率和单位检测成本。研究基于由再制造商和回收商构成的逆向供应链。回收商负责从废旧产品市场回收废旧产品，并对回收的废旧产品进行检测。为了降低检测误差率，回收商增加投资，即增加单位检测成本。考虑检测误差率和单位检测成本的线性关系，应用博弈论方法，研究该逆向供应链定价策略，并讨论检测误差率和单位检测成本对最优策略的影响。

9.1 引　　言

在由再制造商和回收商组成的逆向供应链中，回收商负责从废旧产品市场回收废旧产品并对回收的废旧产品进行检测，之后，将"可再制造产品"运送给再制造商。再制造商对从回收商处得到的"可再制造产品"进行拆解，然后，生产再制造产品并将它们销售到再制造产品市场。

在对废旧产品进行质量检测时，回收商想要完全避免检测误差比较困难。由于技术或非技术的原因，回收商检测废旧产品可能导致检测误差。检测误差不仅增加运输和拆解成本，而且会浪费很多本来可以进行再制造的废旧产品。与此同时，成本的增加会影响价格决策。本章的目的是研究有检测误差的逆向供应链最优定价策略。

关于检测误差率，Gu 等（2017）应用系统动力学方法探讨了逆向供应链中检测误差率是否值得降低的问题，考虑到检测误差率和单位检测成本的关系，作者提出了最优检测误差率和各成员平均利润的增长率。本章在 Gu 等（2017）研究的基础上进行扩展，给出考虑检测误差率和单位检测成本的逆向供应链定价策略。

9.2 文　献　回　顾

本章研究内容相关文献包括两部分：逆向供应链检测误差的研究和逆向供应链定价决策的研究。

在逆向供应链检测误差的研究中，Blackburn 等（2004）讨论了分级操作的适当位置，研究了废旧产品在一个集中位置进行测试和评价，以及在多个回收点进行分散测试和评价的问题。Zikopoulos 等（2007）基于由单一翻新（再制造）点和两个回收点构成的逆向供应链，研究了最优采购和生产数量。在其研究中，废旧产品由消费者返回到翻新（再制造）点，而分类和翻新在翻新（再制造）点完成。Wassenhove 等（2010）研究了由一个再制造商和若干独立的回收点组成的逆向供应链，他们假定分类（分级和分类）

是不完善的，给出在集中决策下再制造商的最优采购决策。Gu 等（2014）考虑一个由回收商和再制造商构成的逆向供应链，在这个供应链中，回收商负责对回收的废旧产品进行分类处理，然后将"可再制造产品"运送给再制造商。基于不完美分类，作者应用博弈论方法研究了确定和不确定需求下回收商的最优回收量和再制造商的最优订货数量。顾巧论等（2016）考虑了具有检测误差的逆向供应链，用系统动力学方法研究检测误差率的管理策略，并给出降低检测误差率的合理范围。

逆向供应链定价决策问题的研究已有多年的历史。顾巧论等（2005）应用博弈论研究了逆向供应链废旧产品回收定价策略。研究假设，所有返回的废旧产品可以通过必要的处理直接再使用。Savaskan 等（2006）研究在零售商存在竞争时，制造商回收废旧产品的逆向渠道选择与正向渠道的产品定价决策之间的相互作用。Xiao 等（2008）研究了制造商的生产成本中断后，具有一个制造商和两个竞争的零售商的供应链的协调问题。Anderson 等（2010）研究了链与链之间的竞争，即不同的制造商通过独家零售商进行销售，而零售商之间存在竞争，争夺最终消费者。因此，零售商之间存在直接竞争，而制造商之间的竞争是间接的。Rezapour 等（2010）基于价格相关的确定需求，开发了一个均衡模型来设计集中型供应链网络。Jena 等（2014）研究了闭环供应链中的合作和竞争问题。该闭环供应链由两个竞争的制造商组成，并通过一个共同的零售商回收废旧产品进行再制造。Choi（2017）研究了再制造时尚产品的最优定价和品牌投资决策。Yao 等（2017）研究了闭环供应链的决策模型，该闭环供应链由一个制造商、两个竞争的零售商和一个第三方回收商组成。

通过查阅文献获知，对有 IERs 和 UIC 的逆向供应链价格决策的研究还不多。因此，考虑到检测误差率和单位检测成本的线性关系，本章采用博弈论方法对逆向供应链的定价策略进行研究（Gu 等，2018）。

9.3 问 题 描 述

9.3.1 有检测误差率的逆向供应链

本章研究的有检测误差率的逆向供应链如图 9.1 所示。在这个逆向供应链中，再制造商从回收商处获得"可再制造产品"，然后进行废旧产品拆解和再制造产品再制造，再制造商把再制造产品销售到再制造产品市场。在拆解过程中，确实不能再制造的产品被运送到处理厂。回收商从废旧产品市场回收废旧产品，并对废旧产品进行检测。

然而，由于技术或非技术原因，回收商的检测结果可能有两种检测误差，检测误差率分别为 a 和 b（Gu et al.，2017）。检测误差率 a 表示一些不可再制造产品（比率为 a）被检测为可再制造产品，即"可再制造产品"包括一些不可再制造产品。检测误差率 b 表示一些可再制造产品（比率为 b）被检测为不可再制造产品，即"不可再制造产品"包括了一些可再制造产品。

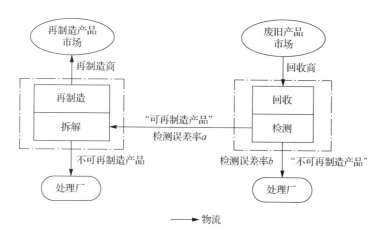

图 9.1　有检测误差率（a 和 b）的逆向供应链

9.3.2　检测误差率和单位检测成本

检测误差率（IERs）与单位检测成本（UIC）之间的关系是：单位检测成本越高，检测误差率越低。

$$UIC = c_0 + V(a_0 - IERs) \tag{9.1}$$

式中，a_0 和 c_0 分别是初始状态下的检测误差率 a 和单位检测成本。V 是一个正数。式（9.1）表示检测误差率（a 和 b）和单位检测成本是线性关系。考虑到检测误差率 a 的影响比检测误差率 b 的影响要明显，而且检测误差率 a 的改善也可以引起检测误差率 b 的改善，故式（9.1）中只用检测误差率 a 来表达（Gu et al.，2017）。

9.3.3　相关符号

本章涉及的变量、参数等符号如下。

p_m：废旧产品单位回收价格，为再制造商的决策变量。再制造商将从回收商处回收所有"可再制造产品"。

p_r：废旧产品的单位回收价格，为回收商的决策变量。回收商从废旧产品市场回收废旧产品。

c_m：再制造产品的单位再制造成本。

c_{dis}："可再制造产品"的单位拆解成本。

c_{tre1}：不可再制造产品的单位处理成本。

c_{ins}：废旧产品的单位检测成本。

c_{tre2}："不可再制造产品"的单位处理成本。

p_0：再制造产品的单位销售价格，再制造产品来自于对可再制造产品的再制造。

$S(p_r)$：废旧产品的回收量，是回收价格的增函数。$S(p_r) = \phi + \alpha p_r$，此处，$\phi$ 表示固定的废旧产品回收量，α 表示最终消费者对废旧产品回收价格的敏感系数，$\alpha > 0$。

q：回收的废旧产品的再制造率。

Π_M：再制造商的总利润。

Π_R：回收商的总利润。

9.4 优化结果

在该逆向供应链中，回收商负责对来自废旧产品市场的废旧产品进行回收，再制造商将从回收商处回收"可再制造产品"。回收商决定来自于废旧产品市场的废旧产品的回收价格，再制造商决定来自回收商的"可再制造产品"的回收价格。

下面将给出再制造商的最优回收价格、回收商的最优回收价格、废旧产品的最优回收数量、再制造商的最优利润和回收商的最优利润。

9.4.1 回收商的定价决策

回收商的问题是通过决策回收价格以最大化其利润，如式（9.2）：

$$
\begin{aligned}
\underset{p_r}{\text{Max}}\, \Pi_R = &\, (p_m((1-b)q + a(1-q)) \\
&- c_{tre2}(bq + (1-a)(1-q)) \\
&- (p_r + c_{ins}))(\phi + \alpha p_r)
\end{aligned}
\tag{9.2}
$$

式中，$c_{ins} = c_0 + V \times (a_0 - a)$。容易证明目标函数式（9.2）是 p_r 的凹函数，由回收商目标函数的一阶条件可得其最优反应

$$
\begin{aligned}
p_r^* = \frac{1}{2\alpha}(&\alpha(p_m((1-b)q + a(1-q)) \\
&- c_{tre2}(bq + (1-a)(1-q)) \\
&- c_{ins}) - \phi)
\end{aligned}
\tag{9.3}
$$

9.4.2 再制造商的定价决策

再制造商的问题是通过决策回收价格以最大化其利润，如式（9.4）：

$$
\begin{aligned}
\underset{p_m}{\text{Max}}\, \Pi_M = &\, ((p_0 - c_m)(1-b)q \\
&- (p_m + c_{dis})((1-b)q + a(1-q)) \\
&- c_{tre1}a(1-q))(\phi + \alpha p_r^*)
\end{aligned}
\tag{9.4}
$$

目标函数（9.4）是 p_m 的凹函数，容易得到最优回收价格 p_m^* 如下：

$$
\begin{aligned}
p_m^* = \{&\alpha((1-b)q + a(1-q)) \\
&[(p_0 - c_m)(1-b)q - c_{tre1}a(1-q) \\
&- c_{dis}((1-b)q + a(1-q))] \\
&+ \alpha c_{tre2}(bq + (1-a)(1-q)) + \alpha c_{ins} \\
&+ (1 - 2((1-b)q + a(1-q)))\phi\} \\
&/(2\alpha((1-b)q + a(1-q))^2)
\end{aligned}
\tag{9.5}
$$

9.4.3　最优结果

由上面的计算可知，再制造商的最优定价策略为式（9.5），将式（9.5）代入式（9.3）可得回收商的最优定价策略，即回收商的废旧产品最优回收价格 p_r^* 是

$$
\begin{aligned}
p_r^* = \frac{1}{2\alpha}(&\alpha(p_m^*((1-b)q + a(1-q)) \\
&- c_{tre2}(bq + (1-a)(1-q)) \\
&- c_{ins}) - \phi)
\end{aligned} \tag{9.6}
$$

进一步将式（9.5）和式（9.6）代入 $S(p_r)$、$\varPi_M$ 和 $\varPi_R$，可得最优的废旧产品回收数量、再制造商和回收商的利润 [式（9.7）～式（9.9）]。

废旧产品最优回收数量 S^* 为

$$
S^* = \phi + \alpha p_r^* \tag{9.7}
$$

再制造商的最优利润 $\varPi_M^*$ 为

$$
\begin{aligned}
\varPi_M^* = ((p_0 - c_m)&((1-b)q) - c_{tre1}a(1-q) \\
&- (p_m^* + c_{dis})((1-b)q \\
&+ a(1-q)))(\phi + \alpha p_r^*)
\end{aligned} \tag{9.8}
$$

回收商的最优利润 $\varPi_R^*$ 为

$$
\begin{aligned}
\varPi_R^* = (p_m^*&((1-b)q + a(1-q)) \\
&- c_{tre2}(bq + (1-a)(1-q)) \\
&- (p_r^* + c_{ins}))(\phi + \alpha p_r^*)
\end{aligned} \tag{9.9}
$$

9.5　检测误差率和单位检测成本对最优结果的影响

本节将通过数值算例分析检测误差率和单位检测成本对最优结果的影响，并探讨再制造商和回收商分担单位检测成本的情况。

9.5.1　初始状态定价策略

为分析检测误差率和单位检测成本对最优结果的影响，首先给出逆向供应链初始状态的定价策略。初始状态指没有进行投资来降低检测误差率，即检测误差率为 a_0，单位检测成本为 c_0。

表 9.1 给出了数值分析中使用的数据。基于这些参数值，再制造商的最优回收价格为 714.4 元，回收商的最优回收价格为 212.3 元，回收商废旧产品最优回收数量为 2322.7 件，再制造商的最优利润是 398500 元，回收商的最优利润是 70310 元。

表 9.1　参数设置

参数	值	参数	值
c_m	200	c_{tre2}	1

续表

参数	值	参数	值
c_{dis}	10	p_0	1800
c_{tre1}	1	φ	200
c_0	2	α	10
a_0	0.3	q	80%
V	10	–	–

9.5.2 检测误差率对最优结果的影响

随着检测误差率 a 的变化，再制造商的最优回收价格、回收商的最优回收价格、回收商废旧产品最优回收数量、再制造商和回收商的最优利润的变化情况如图 9.2 和图 9.3 所示。

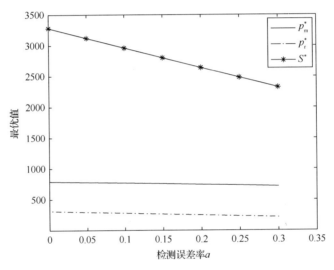

图 9.2　随检测误差率 a 的不同最优价格和回收数量的变化情况

从图 9.2 中可知，当检测误差率 a 减少时，再制造商从回收商回收废旧产品的价格、回收商从废旧产品市场回收废旧产品回收价格及废旧产品最优回收数量将会增加。意义如下：

（1）当检测误差率 a 减少时，回收商对废旧产品检测的准确性得到提高，从而使再制造商对废旧产品的需求增加。

（2）当检测误差率 a 减少时，回收商将提高回收价格，以便激励最终消费者返还其废旧产品，从而可从废旧产品市场获得更多的废旧产品。

（3）当检测误差率 a 减少时，再制造商将提高回收价格，以便激励回收商减少检测误差率 a，从而可以从回收商处获得更多可再制造的废旧产品。

从图 9.3 中可知，当检测误差率 a 减少时，再制造商和回收商的利润将增加。这表明：

（1）当检测误差率 a 减少时，检测精确度的提高可以减少检测后"不可再制造产品"的处理量，从而确保回收商的更高利润。

（2）当检测误差率 a 减少时，检测精确度的提高可以减少拆解后不可再制造产品的处理量，从而确保再制造商获得更高的利润。

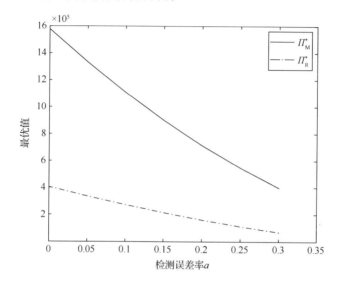

图 9.3　随检测误差率 a 的不同最优利润的变化情况

9.5.3　单位检测成本对最优结果的影响

在上面的研究中，回收商负责单位检测成本。本节将讨论另一种情况，即再制造商与回收商分担单位检测成本，用 β 代表回收商的分担比例。

当再制造商与回收商分担单位检测成本时，再制造商最优回收价格和回收商最优回收价格如下 ［式（9.10）和式（9.11）］：

$$
\begin{aligned}
p_{\mathrm{m}}^{*} = \{ & \alpha((1-b)q + a(1-q)) \\
& [(p_0 - c_{\mathrm{m}})(1-b)q - c_{\mathrm{tre1}}a(1-q) \\
& - c_{\mathrm{dis}}((1-b)q + a(1-q)) - (1-\beta)c_{\mathrm{ins}}] \\
& + \alpha c_{\mathrm{tre2}}(bq + (1-a)(1-q)) + \alpha\beta c_{\mathrm{ins}} \\
& + (1 - 2((1-b)q + a(1-q)))\phi\} \\
& / (2\alpha((1-b)q + a(1-q))^2)
\end{aligned}
\tag{9.10}
$$

$$
\begin{aligned}
p_{\mathrm{r}}^{*} = \frac{1}{2\alpha}(& \alpha(p_{m}^{*}((1-b)q + a(1-q)) \\
& - c_{\mathrm{tre2}}(bq + (1-a)(1-q)) \\
& - \beta c_{\mathrm{ins}}) - \phi)
\end{aligned}
\tag{9.11}
$$

此时，废旧产品的最优回收数量、再制造商和回收商的最优利润随最优价格而改变。表 9.2 给出了分担比例变化时（ $\beta = 1, 0.5, 0$ ）的最优结果。

表 9.2 UIC 对最优结果的影响（ $\beta = 1, 0.5, 0$ ）

β 值和优化变量		最优结果						
		$a = 0.3$	$a = 0.25$	$a = 0.2$	$a = 0.15$	$a = 0.1$	$a = 0.05$	$a = 0$
$\beta = 1$	p_m^*	714.4	729.7	743.7	756.6	768.5	779.5	789.7
	p_r^*	212.3	228.2	244.2	260.2	276.2	292.2	308.3
	S^*	2322.7	2482.3	2642.0	2802.0	2962.1	3122.4	3282.8
	Π_M^*	398500	546700	714000	900500	1106300	1331700	1576700
	Π_R^*	70310	113500	161700	214910	273140	336390	404680
$\beta = 0.5$	p_m^*	712.3	727.3	741.0	753.6	765.3	776.1	786.1
	p_r^*	211.1	226.8	242.5	258.3	274.0	289.8	305.6
	S^*	2311.2	2468.1	2625.3	2782.7	2940.4	3098.2	3256.2
	Π_M^*	401400	549600	716600	902500	1107500	1331800	1575400
	Π_R^*	69600	112440	160210	212930	270620	333270	400900
$\beta = 0$	p_m^*	710.1	724.8	738.3	750.7	762.1	772.8	782.7
	p_r^*	210.0	225.4	240.9	256.3	271.9	287.4	303.0
	S^*	2299.6	2453.9	2608.5	2763.4	2918.6	3074.0	3229.6
	Π_M^*	404200	552500	719100	904500	1108600	1331700	1573900
	Π_R^*	68900	111380	158730	210960	268100	330150	397120

从表 9.2 可知：

（1）当分担比例固定时，再制造商的最优回收价格、回收商的最优回收价格、废旧产品的最优回收数量，以及再制造商和回收商的最优利润随着检测误差率 a 的减少而增加。

（2）当检测误差率 a 固定时，再制造商的最优回收价格、回收商的最优回收价格、废旧产品的最优回收数量，以及回收商的最优利润随 β 的减少而减少，然而，再制造商的最优利润随 β 的减少而增加。这表明，如果再制造商与回收商分担单位检测成本，那么再制造商可能会降低其回收价格。再制造商分担的比例越高，回收价格就越低。同时，再制造商的行为会影响其他最优值。

从上述分析可知，检测误差率的降低和单位检测成本的分担比例将影响最优价格决策和成员的利润。因此，再制造商和回收商需要根据检测误差率和单位检测成本分担比例制定最优定价策略。

9.6 本章小结

本章考虑废旧产品检测误差率和单位检测成本的线性关系，研究逆向供应链的定价策略。该逆向供应链由两个成员组成：再制造商和回收商。回收商的责任是从废旧产品市场回收废旧产品，并对回收的废旧产品进行检测，检测存在检测误差。为了减少检测误差率，回收商将增加更多投资，即单位检测成本将增加。本章基于检测误差率与单位检测成本之间的线性关系，利用博弈论方法，给出再制造商从回收商回收废旧产品的最优回收价格、回收商从废旧产品市场回收废旧产品的最优回收价格。此外，研究还得到了回收商废旧产品最优回收数量、再制造商和回收商的最优利润，并进一步分析了检测误差率和单位检测成本对最优结果的影响，为再制造商和回收商做出定价决策提供帮助。

参 考 文 献

顾巧论，高铁杠，2016. 再制造逆向供应链检测误差率管理策略[J]. 计算机集成制造系统，22（10）：2469-2477.

顾巧论，高铁杠，石连栓，2005. 基于博弈论的逆向供应链定价策略分析[J]. 系统工程理论与实践，25（3）：20-25.

ANDERSON E J, BAO Y, 2010. Price competition with integrated and decentralized supply chains [J]. European journal of operational research, 200(1): 227-234.

BLACKBURN J D, GUIDE JR V D R, SOUZA G C, et al., 2004. Reverse supply chains for commercial returns [J]. California management review, 46(2): 6-22.

CHOI T M, 2017. Pricing and branding for remanufactured fashion products [J]. Journal of cleaner production, 165: 1385-1394.

GU Q L, GAO T G, 2017. IERs in reverse supply chain: be worth lowering or not [J]. Computers and industrial engineering, 111: 289-302.

GU Q L, GAO T G, 2018. Price decisions for reverse supply chain considering IERs and UIC [C]// The 30th Chinese Control and Decision Conference. Shenyang: Institute of Electrical and Electronics Engineers Inc.: 417-422.

GU Q L, TAGARAS G, 2014. Optimal collection and remanufacturing decisions in reverse supply chains with collector's imperfect sorting [J]. International journal of production research, 52(17): 5155-5170.

JENA S K, SARMAH S P, 2014. Price competition and co-operation in a duopoly closed-loop supply chain [J]. International journal of production economics, 156(5): 346-360.

REZAPOUR S, FARAHANI R Z, 2010. Strategic design of competing centralized supply chain networks for markets with deterministic demands [J]. Advances in engineering software, 41(5): 810-822.

SAVASKAN R C, WASSENHOVE L N V, 2006. Reverse channel design: the case of competing retailers [J]. Management science, 52(1): 1-14.

WASSENHOVE L N V, ZIKOPOULOS C, 2010. On the effect of quality overestimation in remanufacturing [J]. International journal of production research, 48(18): 5263-5280.

XIAO T J, QI X, 2008. Price competition, cost and demand disruptions and coordination of a supply chain with one manufacturer and two competing retailers [J]. Omega, 36(5): 741-753.

YAO F M, TENG C X, 2017. Decision models for closed-loop supply chain with two competing retailers considering fairness concern [J]. Computer integrated manufacturing systems, 23(8): 1731-1738.

ZIKOPOULOS C, TAGARAS G, 2007. Impact of uncertainty in the quality of returns on the profitability of a single-period refurbishing operation [J]. European journal of operational research, 182(1): 205-225.

第 10 章 IE-with 制造/再制造供应链新型模式 R/MiSC&QC

R/M 集成供应链是以制造/再制造商为核心的、面向制造业的闭环供应链。质量链管理是供应链环境下新的质量管理理论及模式。本章将 R/M 集成供应链与质量链相融合，提出 IE-with 制造/再制造供应链新型模式 R/MiSC&QC，给出 R/MiSC&QC 的定义和结构，并探讨 R/MiSC&QC 的特点和物联网环境下的运作方式，明确 R/MiSC&QC 优化的进一步研究内容。

10.1 引　　言

物联网（Internet of things，IoT）技术及应用已引起各国政府的极大关注。中国已制定了《物联网"十二五"发展规划》《"十三五"国家信息化规划》，国务院在 2015 年印发的《中国制造 2025》中明确指出要加快开展物联网技术研发和应用示范，培育智能监测、远程诊断管理、全产业链追溯等工业互联网新应用；美国已将物联网上升为国家创新战略的重点之一；欧盟制定了促进物联网发展的 14 点行动计划；日本的 U-Japan 计划将物联网作为 4 项重点战略领域之一；韩国的 IT839 战略将物联网作为三大基础建设重点之一。早期的物联网是以物流系统为背景提出的，以 RFID 技术作为条码识别的替代品，实现对物流系统的智能化管理。随着技术和应用的发展，物联网的内涵得到了扩展。物联网指通过信息传感设备，按照约定的协议，把任何物品（每个物品有唯一的 EPC）与互联网连接起来，进行信息交换和通信，以实现智能化识别、定位、跟踪、监控和管理的一种网络。物联网内涵的扩展更有利于物联网在供应链管理领域的应用。

目前，对 R/M 集成供应链优化的研究主要包括 R/M 集成供应链库存优化、物流网络优化和定价策略等。这些研究中除用个别参数（如可再利用率、可再制造率等）表示废旧产品质量的不确定性外，很少考虑本代产品生命周期（或多代产品生命周期）中产品的其他质量信息，并用这些信息帮助评测产品质量以降低质量的不确定性。其主要原因是有些信息无法保存，或即使保存了也不易追踪获取。在物联网环境下，这一问题得到了解决，即本代产品生命周期（或多代产品生命周期）的信息很容易通过质量流信息共享追溯获取，并将获取的信息用于质量评测。

因此，本章基于物联网环境，将 R/M 集成供应链与质量链相融合，提出 IE-with 制造/再制造供应链新型模式 R/MiSC&QC，给出 R/MiSC&QC 的定义和结构，并探讨 R/MiSC&QC 的特点和物联网环境下的运作方式，明确 R/MiSC&QC 优化的进一步研究内容，为后续研究奠定基础。

10.2　文　献　回　顾

与 R/MiSC&QC 相关的研究包括物联网环境下供应链管理、质量链管理和 R/M 集成供应链协调优化。

1. 关于物联网环境下供应链管理的研究

关于物联网环境下供应链的管理已有很多研究成果。国外的研究中，为了在大规模使用 RFID 的供应链中有效地跟踪带有 RFID 标签的产品，Ko 等（2011）结合 EPC 网络设计了一个产品跟踪系统，为供应链中 RFID 数据的管理提供网络服务。Jakkhupan 等（2011）应用仿真技术将 RFID 系统纳入一个简单供应链中，通过依据所设计情景进行仿真，对供应链过程重组和 EPC 信息流进行了评估。Kiritsis（2011）介绍了物联网环境下智能产品的概念，试图从闭环产品生命周期管理的角度给出产品数据技术的现状和未来规划。Caballero-Gil 等（2013）提出了应用物联网技术控制货物从生产、运输到最终顾客的安全系统。Verdouw 等（2013）从物联网的角度对虚拟化花卉供应链进行了回顾，并探讨了如何应用物联网增强花卉领域的虚拟化供应链。Ondemir（2014）在物联网环境下建立了多目标订单驱动的再制造和拆解系统，通过一个混合整数目标规划模型得到了最优解。David 等（2015）应用物联网技术为协作供应链构建了协作平台架构，用于托盘和集装箱的定位、识别和追踪等。Ng 等（2015）探讨了物联网的发展及在供应链管理中的应用，并开发了一种分析框架用以说明产品供应商/生产商在不同策略间的选择机制。Dweekat 等（2016）介绍了一个新的物联网功能模型来收集信息，以便对供应链性能做出评价。Parry 等（2016）研究了如何在家庭环境中运用物联网技术收集消费者使用产品的数据，并应用到逆向供应链中。Verdouw 等（2016）从物联网的角度分析了虚拟化食品供应链的概念，给出了其信息系统实施的框架。

国内的研究中，黄广文（2011）研究了 RFID 和 EPC 技术在水产品供应链追溯中的应用，开发了基于 RFID 技术的水产品供应链追溯平台。包厚华（2012）建立了基于物联网的供应链库存管理体系，研究了物联网在库存管理中信息数据共享的应用机制。颜波等（2014）研究了物联网环境下的农产品供应链运作模式，找出衡量供应链风险波动的定量指标，提出了物联网环境下农产品供应链风险管理与控制的措施和建议。杨蕊（2015）将物联网技术运用到农产品冷链物流上，建立了可追溯、可监控的信息化管理体系。夏娣娜（2015）构建了关于 RFID 和 EPC 物联网的水产品供应链可追溯平台。赵道致等（2016）从资源的经济所属关系角度，对物联网环境下的供应链企业运营行为进行了分析，通过分析得出物联网给供应链管理带来的若干新的研究问题和挑战。买买提·海力力（2016）提出通过将物联网 RFID 技术应用于智能仓储系统中，降低供应链中的不确定性，来减弱供应链中的牛鞭效应，从而实现供应链协调。曹慧娟等（2016）针对物联网环境下农产品供应链风险信息缺乏和风险属性的模糊性，建立了一种基于三角模糊数的物联网环境下农产品供应链风险源分析方法。何永贵等（2016）为促进化工企业之间的信息共享，将物联网技术应用于化工行业供应链中，建立了一个基于物联网技术的化工供应链信息共享模式。庄玉良等（2016）以汽车行业为对象，基于物联网技术设计闭环供应链信息采集体系，并据此构建以维修和拆卸决策、零部件和单元价值判断、零部件和单元匹配决策及生产计划调整和资源调度管理等为主要内容的再制造决策支持系统。

特别地，在物联网环境下闭环供应链和 R/M 集成供应链管理方面，Gu 等（2011；2012a）为了分析物联网环境下 R/M 集成供应链的新特征，提出了物联网环境下 R/M 集成供应链的结构，引入 3 个层次（不使用 RFID/EPC、仅使用 RFID 和使用 RFID/EPC）的 R/M 集成供应链，并将第三层次特征与第一、二层次特征进行比较，进而对物联网环境下的 R/M 集成供应链新型运作模型进行了研究。唐燕等（2012）将物联网和云计算等支撑技术与再制造服务的信息收集、分析、集成、推送和优化等技术体系相结合，构建了面向再制造的闭环供应链云制造服务平台。贺超等（2012）对基于物联网技术的闭环供应链信息采集与共享体系进行了研究。Zhou 等（2013）研究了如何基于物联网质量数据的信息化来进行整个闭环供应链的质量改进和精益生产活动。Ondemir 等（2013）等认为通过 RFID 技术可以识别退回产品的质量水平，并以此来增加创造的价值。高杨等（2014）将物联网技术与再制造信息服务体系相结合，构建了基于物联网技术的再制造闭环供应链信息服务系统。Gu 等（2014）将物联网支持的废旧产品的检测应用到逆向供应链中，给出了具有回收商检测误差的回收和再制造最优决策。Fang 等（2016）通过在闭环供应链中运用物联网技术，获取产品详细信息，建立了基于详细信息的整数线性规划模型，得到采购、生产、回收利用等最优决策。

2. 关于质量链管理的研究

质量链的概念最早由加拿大哥伦比亚大学的学者提出。Kannan 等（2005）探讨了准时生产、全面质量管理和供应链管理之间的关系，促进了全面质量管理和供应链管理的整合。唐晓芬等（2005）认为质量链是组织群共同参与实现的质量过程集合体，是质量流及信息流、价值流运行的载体。刘微等（2005）从基础环境层、技术平台层、执行层和目标层 4 个方面构建了质量链管理实施框架。欧阳涌江等（2007）探讨了家具质量链管理的全球化商业模式，以及影响质量链质量特性的因素；并通过质量链各个节点的纵向控制和优化供应链的横向传递、转换及相互作用，实现了质量的持续改善。蔡政英（2008）提出了逆向质量链的观点，认为逆向质量流程分为逆向采购、逆向制造和逆向配送，逆向活动对象不仅包括返回产品，也包括回收产品和再制造等。肖人彬等（2009）通过改进现有的供应链运作参考模型，建立了闭环质量链的过程模型，提出了一种工程化的质量成本核算体系。沙鸣等（2011）利用问卷调查数据，分析了猪肉质量链各链节点对于保障猪肉质量安全的重要性，结合理论分析与相关主体的认知和行为状况确定了猪肉质量链的关键链节点及重要链节点。Rong 等（2011）研究了在供应链中对新鲜食品质量管理的优化方法。Dabbene 等（2014）对食物供应链中质量可追溯性问题的研究成果进行了综述。姚仲敏等（2014）提出了基于物联网技术构建乳品质量链追溯及服务信息平台的 3 层技术架构解决方案。孟秀丽等（2014）针对食品质量链多主体企业协同过程中的冲突问题，提出了一种基于协商的冲突消解方法。孙世民等（2016）针对畜产品供应链质量信息不对称的特点，在提出并论证养殖档案的畜禽质量信号传递功能的基础上，通过构建信号博弈模型，分析了畜产品供应链中畜禽养殖场户与屠宰加工企业质量控制的信号博弈均衡条件及其演变过程。Hsiao 等（2017）依食物种类和储存温度的不同定义食物质量水平，研究了易腐食品冷链质量管理。

3. 关于 R/M 集成供应链协调优化的研究

国内外关于制造和再制造供应链的协调优化研究成果很多，这里仅介绍和本章内容有关的生产计划和库存优化控制、物流网络设计、定价策略方面的研究成果。

在生产计划和库存优化控制方面，袁开福等（2010）假定制造与再制造的准备次数未知，且在计划期的开始对没有用于再制造的旧产品进行处置，把旧产品的处置成本和制造与再制造的变动成本引入目标函数中，构建了有限计划期间更加普遍的总成本模型，给出了周期盘点库存系统的最优策略。孙浩（2011）在风险规避环境下建立了一个包含再制造的多产品、有能力约束的单周期报童模型，给出了模型存在最优解的库恩-塔克条件，对回收不确定性、风险规避程度等参数对系统利润的影响进行了灵敏度分析。Cai 等（2014）针对不同的质量条件研究了混合制造/再制造系统的采购生产计划问题。Chang 等（2015）研究了有碳排放与交易机制的混合制造-再制造系统的生产决策。许民利等（2016）在需求与价格、质量相关的假设下，提出再制造产品的 3 种生产模式，给出最优生产决策。Gu 等（2017）对 R/M 集成供应链生产中断风险发生后的生产计划和库存控制进行了研究。Wang 等（2017）针对制造商制造/再制造生产计划问题，考虑资金和/或碳排放限制，给出 3 个数学模型决定最优的新产品和再制造产品生产数量，以最大化总利润。Giglio 等（2017）通过建立混合整数规划模型研究了制造/再制造系统中集成节能和批量生产的调度问题。

在物流网络设计方面，Lu 等（2007）考虑制造工厂、再制造工厂和回收中心 3 种形式的物流设施，提出同一工厂备选地点可以同时选择制造工厂和再制造工厂的物流网络优化设计模型。岳辉等（2007）建立了在第三方逆向物流企业参与情况下的再制造逆向物流网络随机规划模型，给出了用期望值方法和机会约束规划方法求解模型的步骤，通过实例仿真，揭示了回收量的波动对最优选址策略的影响。崔欣等（2008）建立了关于生产中心、再制造中心和回收中心选址的混合整数线性规划模型。狄卫民等（2008）将设施生产或处理能力看作容差型模糊参数，建立了相应的模糊混合整数线性规划模型，然后重点探讨了模糊约束置信水平的选取问题。Gu 等（2008）对于 R/M 集成供应链，基于消费市场，给出了一个费用最小化运作模型。Gu 等（2009）给出了消费者生活水平对回收价格影响的描述方法，应用该描述方法对 R/M 集成供应链优化模型进行改进，并通过算例分析了消费者生活水平对 R/M 集成供应链管理的影响。Qiang 等（2013）对具有竞争、配送渠道投资和不确定性的闭环供应链网络进行了研究。该网络成员包括原材料供应商、销售点和制造商，而制造商直接从需求市场回收废旧产品。

在定价策略方面，Ferrer 等（2006）针对公司在第一周期生产新产品，在以后的各周期除了生产新产品以外，还用回收回来的核心部件提供再制造产品的情况，对定价策略进行研究发现，如果再制造是有利可图的，那么制造商会在第一周期放弃一些利润，通过降低销售价格来销售更多的新产品，为将来的再制造提供更多的核心部件。Karakayali 等（2007）研究了由回收商和再制造商组成的供应链渠道中的回收定价问题。李响等（2009）在再制造随机产率实现前决策废旧产品的回收价格、在市场随机需求实现前决策再制造产品的销售价格，得到了给定再制造产品数量时最优销售价格的解析解。Gu 等（2012b）对两个竞争的 R/M 集成供应链的定价策略进行了研究。魏杰等（2012）研究了模糊不确定环境下制造/再制造供应链系统的定价与协调问题。谢家平等（2014）对广告影响消费偏好时制造/再制造的产量-价格优化决策进行了研究。Huang 等（2017）开发了 3 个模型对制造商负责回收的闭环供应链定价策略进行了研究。

10.3   R/MiSC&QC 的定义和结构

10.3.1   R/MiSC&QC 的定义

随着物联网技术的日趋成熟，物联网环境下的供应链管理越来越受到重视，其中多数研究涉及信息化和质量管理。供应链的特点不同，其物联网环境下的质量管理策略也会有所不同。

R/M 集成供应链（顾巧论，2005；顾巧论，2007；顾巧论，2015）是以再制造/制造商为核心的、面向制造业的闭环供应链，其产品质量起伏较大，如新产品/再制造产品、废旧产品等，且产品质量形成过程有其特殊性。质量链管理是供应链环境下新的质量管理理论及模式。图 10.1 所示的 R/M 集成供应链与质量链（R/MiSC&QC）将质量链管理纳入 R/M 集成供应链中，即 R/MiSC&QC 是 R/M 集成供应链与质量链的融合。

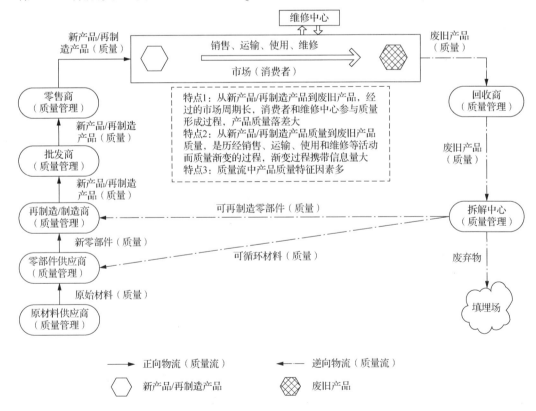

图 10.1   R/M 集成供应链与质量链（R/MiSC&QC）

作为 IE-with 制造/再制造供应链新型模式，R/MiSC&QC 中产品质量的管理包括产品质量评测。产品质量评测是指非产品生产者利用质量信息对产品质量的评估和推测，主要包括回收商对废旧产品的质量评测、消费者对再制造产品和待返还废旧产品的质量评测等。正如 IE-with 制造/再制造供应链中存在检测误差，R/MiSC&QC 中的产品质量评测过程中也不可避免产生评测误差。对 R/MiSC&QC 的优化包括对质量评测误差的管理。

10.3.2　R/MiSC&QC 的结构

R/MiSC&QC 结构如下（图 10.1）。

（1）R/M 集成供应链成员包括原材料供应商、零部件供应商、再制造/制造商、批发商、零售商、回收商和拆解中心；其质量链包括原材料供应商质量管理、零部件供应商质量管理、再制造/制造商质量管理、批发商质量管理、零售商质量管理、回收商质量管理和拆解中心质量管理，还有市场中消费者和维修中心参与质量形成。

（2）R/M 集成供应链物流中涉及原始材料、新零部件、新产品/再制造产品、废旧产品、可再制造零部件、可循环材料和废弃物；其质量流中涉及原始材料质量、新零部件质量、新产品/再制造产品质量、废旧产品质量、可再制造零部件质量和可循环材料质量。

（3）R/M 集成供应链中产品生命周期不仅包括本代产品生命周期的全部时间，也包括本代产品报废或停止使用后，产品或其有关零部件在多代产品中循环利用的时间；其质量链中涉及的质量信息不仅包括本代产品生命周期的质量信息，也包括本代产品报废或停止使用后，产品或其有关零部件在多代产品中循环利用的质量信息。

10.4　R/MiSC&QC 的特点和运作方式

10.4.1　R/MiSC&QC 的特点

R/MiSC&QC 有如下特点。

（1）从新产品/再制造产品到废旧产品，经过的市场周期长，消费者和维修中心参与质量形成过程，产品质量落差大。

（2）从新产品/再制造产品质量到废旧产品质量，是历经销售、运输、使用和维修等活动而质量渐变的过程，渐变过程携带信息量大。

（3）质量流中产品质量特征因素多。

物联网技术的日益成熟，为具有以上特点的 R/MiSC&QC 中产品质量追踪、质量信息管理、质量信息共享和质量评测提供了保障。

10.4.2　物联网环境下 R/MiSC&QC 的运作方式

物联网环境下的 R/MiSC&QC 运作方式如图 10.2 所示（Gu et al.，2011；Gu et al.，

2012a），包括 3 层：质量流和物流层、EPC 层和信息层。在物联网环境下的 R/M 集成供应链与质量链中，再制造/制造商生产的每个新产品（或再制造产品）都有唯一的 EPC，构成该产品的每个零部件（或再制造零部件）都有唯一的 EPC，生产零部件的每批原材料也有唯一的 EPC。从原材料供应商、零部件供应商、再制造/制造商、批发商、零售商、维修中心、回收商、拆解中心到消费者，具体运作如下。

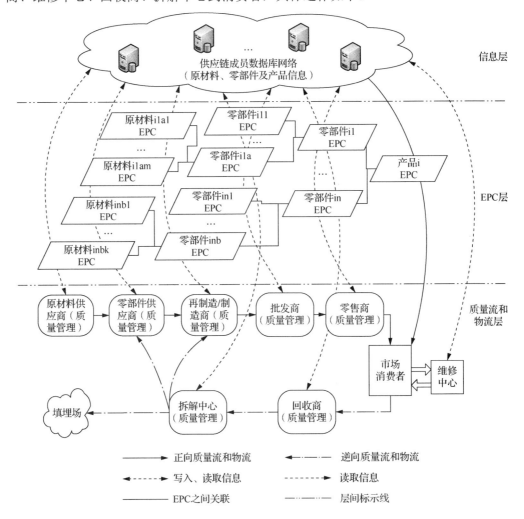

图 10.2 物联网环境下 R/MiSC&QC 运作方式

各原材料供应商通过原材料 EPC 维护原材料相关信息（包括质量信息）并将其保存在共享的数据库中。

各零部件供应商通过零部件 EPC 维护零部件相关信息（包括质量信息）并将其保存在共享的数据库中。

再制造/制造商通过产品 EPC 维护产品相关信息（包括质量信息）并将其保存在共享的数据库中。

批发商通过产品 EPC 查询产品相关信息（包括质量信息），并将相应的批发信息保存在共享的数据库中。

零售商通过产品 EPC 查询产品相关信息（包括质量信息），并将相应的销售信息保存在共享的数据库中。

维修中心则通过产品 EPC 将维修信息保存在共享的数据库中。

回收商对回收的废旧产品，通过产品 EPC 查询、追踪产品相关信息（包括质量信息），依据质量信息要素或要素组合对产品进行质量评测，并将相应的回收处理信息保存在共享的数据库中。

拆解中心从回收商得到废旧产品，可通过产品 EPC 查询、追踪产品相关信息（包括质量信息），依据质量信息要素或要素组合做进一步的处理，并将相应的处理信息保存在共享的数据库中。拆解中心对废旧产品的进一步处理包括：对废旧产品进行拆解，得到可再制造零部件、可循环材料和废弃物，可再制造零部件通过再制造过程形成再制造零部件（具有唯一 EPC），供给再制造/制造商，生产出再制造产品（具有唯一 EPC）；可循环材料经循环处理后作为原始材料，供给零部件供应商生产新零部件（具有唯一 EPC）；废弃物焚烧填埋。

消费者可通过产品 EPC 查询产品信息（包括质量信息），对产品质量进行质量评测，并据此做出是否购买新产品或返还废旧产品的决定。

另外，信息层保存了 R/MiSC&QC 中的质量流信息，包括原材料质量信息、零部件质量信息、新产品/再制造产品质量信息、废旧产品质量信息、可再制造零部件质量信息和可循环材料质量信息等。

物联网环境下质量流信息的共享，可用来追溯 R/MiSC&QC 中各种产品的质量信息。追踪获取的质量信息可用于对产品质量进行质量评测。

10.5　R/MiSC&QC 优化相关研究内容

针对图 10.1 所示的 R/MiSC&QC 的特点，基于图 10.2 所示的物联网环境下 R/MiSC&QC 运作方式，本节给出物联网环境下 R/MiSC&QC 优化涉及的一系列有待研究的科学问题，为后续研究奠定基础。

10.5.1　物联网环境下 R/MiSC&QC 质量评测方法研究

质量评测即对产品质量进行评估和推测。在 R/MiSC&QC 中，回收商和消费者对产品进行的质量评测将影响到 R/MiSC&QC 的有效运作。

对于回收商而言，回收商会依据对回收的废旧产品的质量评测做进一步的处理：将废旧产品废弃掉或供应给拆解中心以备再制造，即回收商对废旧产品的质量评测将对可再制造产品数量产生影响，进而影响正向供应链成员的生产计划和库存控制等。

至于消费者，2016 年 6~9 月对消费者再制造产品购买行为和废旧产品返还行为的问卷调查显示：86%的消费者在购买再制造产品时，主要考虑再制造产品质量并与新产品质量比较,即对再制造产品进行质量评测;92%的消费者在返还废旧产品时主要考虑其使用寿命,即对废旧产品进行质量评测。即消费者对产品的质量评测会影响消费者的购买行为和返还行为,从而影响新产品/再制造产品的市场销售量和配送物流、废旧产品回收及回收物流。

对物联网环境下 R/MiSC&QC 质量评测的方法进行研究包括:对质量评测的基础进行分析、确定质量评测的条件、给出产品质量评测准确率与产品数量之间的定量表达式等。具体研究内容如下。

1. 质量评测基础分析

质量流信息共享是质量评测的基础。在图 10.1 所示的 R/MiSC&QC 中,质量流可共享的质量信息包括原始材料质量信息、新零部件质量信息、新产品/再制造产品质量信息、废旧产品质量信息、可再制造零部件质量信息和可循环材料质量信息。物联网环境下这些信息的共享是质量评测赖以进行的根基。研究结果需要给出质量流信息共享(尤其是消费者和回收商共享质量流信息)对质量评测作用的深入、系统的分析,以助于质量评测条件的确定。

2. 质量评测条件确定

不论是消费者还是回收商,当通过质量流信息共享评测产品质量时,都需要一个评测依据,称为质量评测条件。质量评测条件即产品质量信息要素及多个要素的组合。不同数量和种类要素的组合,即不同的评测条件将产生不同的产品质量评测结果、需要不同的费用投入。究竟哪些信息要素或要素组合能够更好地评测产品质量,即如何确定产品质量的评测条件是对质量流信息共享有效利用、提高质量评测准确率的前提和保障。研究结果需要通过问卷调查和实证研究等,分析统计数据、筛选质量流共享的产品质量信息要素,给出质量评测条件集合。该集合包括回收商关于回收废旧产品的质量评测条件、消费者关于再制造产品质量评测条件和消费者关于待返还废旧产品的质量评测条件。

3. 质量评测准确率与产品数量的内在关系及定量表达式

质量评测条件不同,其产品质量评测准确率也不同。当回收商和消费者采用各自的质量评测条件后,经过固定周期(比如 3 个月或半年)的实践,相应的实证数据可以用来计算质量评测准确率,进而得出质量评测准确率与产品数量的内在关系。研究结果需要通过对实证数据的统计分析,探讨产品质量评测准确率与产品数量的内在关系,并给出这种内在关系的定量表达式。例如,回收商对回收废旧产品的质量评测准确率与可再制造产品数量之间的定量表达式,消费者对待返还废旧产品质量评测准确率与废旧产品返还数量之间的定量表达式,消费者对再制造产品质量评测准确率与再制造产品销售数量之间的定量表达式等。这些定量表达式可为物联网环境下 R/MiSC&QC 的优化提供理论依据。

10.5.2　基于质量评测的 R/MiSC&QC 在线和动态优化问题研究

不同的产品质量评测条件对产品的数量产生影响。例如，对废旧产品质量进行评测时，不同的质量评测条件将产生不同数量的可再制造零部件和可再循环材料。而数量的不同直接影响到供应链成员生产计划的制订、库存控制和物流网络优化等。

对基于质量评测的 R/MiSC&QC 在线和动态优化问题研究，将基于对质量评测基础的分析、质量评测条件、质量评测准确率与产品数量关系表达式，研究基于质量评测的计划制订与库存控制在线优化问题和物流网络动态优化问题。具体研究内容如下。

1. 依评测条件的计划制订与库存控制在线优化问题研究

依评测条件的计划制订与库存控制在线优化问题研究主要包括消费者质量评测、回收商质量评测、消费者和回收商质量评测 3 种情况下的计划制订和库存控制在线优化问题。

1）消费者质量评测与计划制订和库存控制在线优化

质量流信息共享会影响消费者的购买行为，尤其是再制造产品质量信息共享，不仅影响到消费者对再制造产品的购买行为，也影响到消费者对新产品的购买行为，从而影响到再制造/制造商对新产品和再制造产品的生产计划和库存控制，也间接影响到零部件供应商、原材料供应商的生产计划和库存控制，以及批发商和零售商的订购计划和库存控制。研究结果需要给出消费者对再制造产品质量评测条件下的再制造/制造商对新产品和再制造产品的生产计划和库存控制在线优化模型，零部件供应商对新零部件生产计划和库存控制在线优化模型，原材料供应商对新材料生产计划和库存控制在线优化模型，批发商和零售商的订购计划和库存控制在线优化模型及供应链成员之间生产或订购计划和库存控制的联合在线优化模型。

2）回收商质量评测与回收拆解计划和库存控制在线优化

质量流信息共享会影响到回收商对废旧产品质量的评测，从而影响回收商对废旧产品回收计划和拆解中心的拆解计划及相应的库存控制。研究结果需要给出回收商对废旧产品质量评测条件下的回收商对废旧产品回收计划和库存在线优化模型，拆解中心对废旧产品拆解计划和库存控制在线优化模型，回收商和拆解中心回收和拆解计划及库存控制联合在线优化模型。

3）消费者和回收商质量评测与计划制订和库存控制在线优化

质量流信息共享会影响到回收商对废旧产品质量的评测，从而影响回收商对废旧产品回收计划和拆解中心的拆解计划及相应的库存控制。进而，拆解中心拆解计划会影响到再制造/制造商对新产品和再制造产品的生产计划、对新零部件订购计划。研究结果需要给出消费者和回收商质量评测条件下的拆解中心拆解计划和再制造/制造商生产计划及相应库存控制在线优化模型，所有供应链成员生产计划/回收/拆解计划及库存控制联合在线优化模型。

2. 依评测条件的物流网络动态优化模型研究

在物联网环境下，利用以上研究给出的依评测条件的计划制订与库存控制在线优化模型，各种生产或订购计划和库存控制可在线完成。要满足各种计划和库存调控量，需要在尽量短的时间内完成配送。即依评测条件对物流网络进行动态优化，主要包括消费者质量评测、回收商质量评测、消费者和回收商质量评测 3 种情况下的物流网络动态优化问题。

1）消费者质量评测与物流配送网络动态优化

质量流信息共享对消费者购买行为的影响，也影响到物联网环境下的物流配送网络优化。在物联网环境下 R/M 集成供应链与质量链中，依消费者质量评测条件的配送网络包括原材料和零部件供应商与再制造/制造商之间原材料和零部件的配送，再制造/制造商与批发商和零售商之间新产品/再制造产品的配送。研究结果需要给出消费者质量评测条件下的原材料供应商、零部件供应商、再制造/制造商、批发商和零售商间的"时延最小"物流网络动态优化模型。

2）回收商质量评测与回收物流网络动态优化

质量流信息共享对回收商回收废旧产品的影响，也影响到物联网环境下的回收物流网络优化。在物联网环境下 R/M 集成供应链与质量链中，依回收商质量评测条件的回收物流网络包括回收商与拆解中心之间废旧产品回收物流、拆解中心与再制造/制造商之间可再制造零部件的回收物流、拆解中心与零部件供应商之间可循环材料之间的回收物流等。研究结果需要给出回收商质量评测条件下的回收商和拆解中心、再制造/制造商等成员之间"时延最小"物流网络动态优化模型。

3）消费者和回收商质量评测与配送-回收网络动态优化

质量流信息共享影响消费者再制造产品和新产品购买行为和回收商对废旧产品的回收行为，也影响到两种产品的市场需求量、废旧产品回收量。而且，当消费者通过质量流信息共享而愿意购买再制造产品时，再制造产品市场需求量会影响新产品市场需求量。质量流信息共享带来的两种产品市场需求量和废旧产品回收量的变动，也使配送-回收网络优化较为复杂。研究结果需要给出消费者和回收商质量评测条件下的原材料供应商、零部件供应商、再制造/制造商、批发商、零售商、回收中心和拆解中心等成员之间"时延最小"物流网络动态优化模型。

10.5.3 基于质量评测的 R/MiSC&QC 实时定价问题研究

在对消费者购买和返还行为的问卷调查中发现：在购买再制造产品时，超过 84% 的消费者会参考新产品的质量和价格。消费者会依据质量评测条件估测再制造产品质量和预期价格。对于待返还的废旧产品，消费者也会依据质量评测条件估测其质量和预期回收价格。而对于回收商，回收商会依据产品质量评测条件对废旧产品质量进行评估，并据此制订回收价格的定价策略。

对基于质量评测的 R/MiSC&QC 实时定价问题的研究，将利用前面研究中给出的质量评测条件、质量评测准确率与产品数量关系定量表达式，研究消费者质量评测与新产品和再制造产品实时定价策略、回收商质量评测与废旧产品回收实时定价策略、消费者和回收商质量评测与多种产品联合实时定价策略。具体研究内容如下。

1. 消费者质量评测与新产品和再制造产品实时定价策略

大多数（问卷调查结果是 84%以上）消费者在购买再制造产品时会参考新产品的质量和价格。在物联网环境下，消费者很容易通过产品 EPC 获取产品信息，并依据质量评测条件估测产品质量、预期产品价格。由于新产品和再制造产品生产成本不同、销售渠道及消费市场相同或不同，因此依消费者质量评测条件的定价策略不同。研究结果需要给出消费者质量评测条件下的销售渠道、消费市场相同或不同时两种产品的实时定价策略。

2. 回收商质量评测与废旧产品回收实时定价策略

对于回收商和拆解中心而言，回收商依据对回收废旧产品的质量评测条件估测废旧产品的质量，拆解中心共享质量评测结果，双方协商给出联合定价策略。另外，在依据质量评测条件、通过产品 EPC 对质量流信息进行追溯并对获取的信息进行处理时，回收商需要投入一定的资金和时间。因此，回收商可能不情愿和拆解中心无偿分享质量评测结果，此时，拆解中心需要和回收商分担质量评测成本。研究结果需要给出回收商质量评测条件下废旧产品实时定价策略及质量评测费用分担时的废旧产品实时定价策略。

3. 消费者和回收商质量评测与多种产品联合实时定价策略

质量流信息共享时，消费者可获知其拥有的废旧产品的质量，并将依据回收价格决定是否将废旧产品返还给回收商。而废旧产品回收价格，也是回收商通过质量流信息共享、依据不同的质量评测条件制订出来的。研究结果需要给出消费者和回收商质量评测条件下新产品、再制造产品、废旧产品、可再制造零部件和可循环材料等的联合实时定价策略，质量评测费用分担时多种产品联合实时定价策略。

10.6　本章小结

本章基于物联网环境，对 IE-with 制造/再制造供应链新型模式进行探讨：

（1）将 R/M 集成供应链与质量链相融合，分析 IE-with 制造/再制造供应链新型模式 R/MiSC&QC，给出 R/MiSC&QC 定义和结构，并探讨 R/MiSC&QC 的特点和物联网环境下的运作方式。

（2）给出 R/MiSC&QC 优化相关研究内容，包括物联网环境下 R/MiSC&QC 质量评测方法研究、基于质量评测的 R/MiSC&QC 在线和动态优化问题研究及基于质量评测的 R/MiSC&QC 实时定价问题研究，为后续研究奠定了基础。

参 考 文 献

包厚华，2012. 基于云计算和物联网的供应链库存协同管理和信息共享机制[D]. 广州：华南理工大学.

蔡政英，2008. 基于 SCOR 模型的循环质量链运作优化[D]. 武汉：华中科技大学.

曹慧娟，汪伟忠，朱礼龙，2016. 基于物联网的农产品供应链风险源模型构建[J]. 新疆大学学报（哲学·人文社会科学版），44（1）：23-27.

崔欣，李波，2008. 一种再制造物流网络设施定位优化方法[J]. 系统管理学报，17（3）：343-347.

狄卫民，马祖军，代颖，2008. 制造/再制造集成物流网络模糊优化设计方法[J]. 计算机集成制造系统，14（8）：1472-1480.

高杨，李健，2014. 基于物联网技术的再制造闭环供应链信息服务系统研究[J]. 科技进步与对策，31（3）：19-25.

顾巧论，2005. 再制造系统建模与优化方法研究[D]. 天津：南开大学.

顾巧论，2007. 三类供应链若干问题的研究——逆向供应链、R/M 集成供应链与 MC/MP 集成供应链[R]. 上海：上海交通大学博士后研究工作报告.

顾巧论，2015. R/M 集成供应链模型与决策[M]. 北京：科学出版社.

何永贵，张万磊，2016. 基于物联网技术的化工供应链信息共享模式研究[J]. 物流技术，35（9）：130-135.

贺超，庄玉良，2012. 基于产品多生命周期的闭环供应链信息采集与共享[J]. 中国流通经济，26（9）：44-48.

黄广文，2011. 基于 RFID 和 EPC 物联网的水产品供应链追溯研究[D]. 广州：华南理工大学.

李响，李勇建，蔡小强，2009. 随机产率和随机需求下的再制造系统的回收定价决策[J]. 系统工程理论与实践，29（8）：19-27.

刘微，王耀球，2005. 供应链环境下的质量链管理[J]. 物流技术，（6）：10-12.

买买提·海力力，2016. 基于物联网 RFID 技术的供应链协调机制研究[J]. 物流工程与管理，38（1）：62-63.

孟秀丽，王海燕，唐润，尹小华，2014. 基于协商视角的食品质量冲突消解策略[J]. 系统工程理论与实践，34（12）：3130-3137.

欧阳涌江，胡传双，李重根，等，2007. 全球化供应链环境下的家具质量链管理[J]. 木材工业，21（6）：23-26.

沙鸣，孙世民，2011. 供应链环境下猪肉质量链链节点的重要程度分析——山东等 16 省（市）1156 份问卷调查数据[J]. 中国农村经济，（9）：49-59.

孙浩，2011. 考虑风险规避的制造/再制造系统生产计划研究[J]. 工业工程与管理，16（3）：106-112.

孙世民，张园园，2016. 基于养殖档案的畜产品供应链质量控制信号博弈分析[J]. 技术经济，35（7）：64-70.

唐晓芬，邓绩，金升龙，2005. 质量链理论与运行模式研究[J]. 中国质量，（9）：16-19，15.

唐燕，李健，张吉辉，2012. 面向再制造的闭环供应链云制造服务平台设计[J]. 计算机集成制造系统，18（7）：1554-1562.

魏杰，赵静，2012. 不确定环境下制造再制造供应链定价与协调问题研究[J]. 模糊系统与数学，26（2）：165-174.

夏娣娜，2015. 关于 RFID 和 EPC 物联网的水产品供应链可追溯平台开发[J]. 电子技术与软件工程，（24）：75-75.

肖人彬，蔡政英，2009. 不确定质量水平下闭环质量链的成本模糊控制[J]. 计算机集成制造系统，15（6）：1207-1214.

谢家平，迟琳娜，梁玲，等，2014. 广告影响消费偏好下制造/再制造的产量-价格优化决策[J]. 中国地质大学学报（社会科学版），14（3）：30-41.

许民利，梁红燕，简惠云，2016. 产品质量和 WTP 差异下的制造/再制造生产决策[J]. 控制与决策，31（3）：467-476.

颜波，石平，丁德龙，2014. 物联网环境下的农产品供应链风险评估与控制[J]. 管理工程学报，28（3）：196-203.

杨蕊，2015. 物联网技术下的我国农产品冷链物流优化研究[D]. 太原：山西财经大学.

姚仲敏，林大伟，2014. 基于物联网的低成本乳品质量链追溯平台设计[J]. 中国乳品工业，42（8）：47-50.

袁开福，高阳，2010. 周期盘点库存系统的制造与再制造最优策略[J]. 计算机集成制造系统，16（2）：310-316.

岳辉，钟学燕，叶怀珍，2007. 随机环境下再制造逆向物流网络优化设计[J]. 中国机械工程，18（4）：442-445.

赵道致，潘新宇，吴成霞，2016. 物联网环境下供应链企业运营行为分析与展望[J]. 管理现代化，36（1）：118-120.

庄玉良，贺超，2016. 基于物联网的汽车业再制造信息采集与决策支持系统研究[J]. 物流技术，35（6）：19-23.

CABALLERO-GIL C, MOLINA-GIL J, CABALLERO-GIL P, et al., 2013. IoT application in the supply chain logistics [C]// International Conference on Computer Aided Systems Theory. Berlin: Springer: 55-62.

CAI X Q, LAI M H, LI X, et al., 2014. Optimal acquisition and production policy in a hybrid manufacturing/remanufacturing system with core acquisition at different quality levels [J]. European journal of operational research, 233(2): 374-382.

CHANG X Y, XIA H Y, ZHU H Y, et al., 2015. Production decisions in a hybrid manufacturing-remanufacturing system with carbon cap and trade mechanism [J]. International journal of production economics, 162: 160-173.

DABBENE F, GAY P, TORTI C, 2014. Traceability issues in food supply chain management: a review [J]. Biosystems engineering, 120(3): 65-80.

DAVID R, GNIMPIEBA Z, NAIT-SIDI-MOH A, et al., 2015. Using internet of things technologies for a collaborative supply chain: application to tracking of pallets and containers [J]. Procedia computer science, 56(1): 550-557.

DWEEKAT A J, PARK J, 2016. Internet of things-enabled supply chain performance measurement model [C]// International Conference on Industrial Engineering, Management Science and Applications. Jeju: IEEE: 1-3.

FANG C, LIU X B, PEI J, et al.,2016. Optimal production planning in a hybrid manufacturing and recovering system based on the internet of things with closed loop supply chains [J]. Operational research, 16(3):543-577.

FERRER G, SWAMINATHAN J, 2006. Managing new and remanufactured products [J]. Management science, 52(1):15-26.

GIGLIO D, PAOLUCCI M, ROSHANI A, 2017. Integrated lot sizing and energy-efficient job shop scheduling problem in manufacturing/remanufacturing systems [J]. Journal of cleaner production, 148: 624-641.

GU Q L, GAO T G, 2009. Impact of consumer's life-level on R/M integrated supply chain management [C]// The Second International Conference on Business Intelligence and Financial Engineering. Beijing: IEEE: 493-496.

GU Q L, GAO T G, 2011. R/M integrated supply chain based on IoT [C]// The 14th IEEE International Conference on Computational Science and Engineering. Dalian: IEEE: 290-294.

GU Q L, GAO T G, 2012a. New operational mode of R/M integrated supply chain based on IoT [C]// Fifth International Conference Business Intelligence and Financial Engineering. Lanzhou: IEEE: 108-112.

GU Q L, GAO T G, 2012b. Management of two competitive closed-loop supply chains [J]. International journal of sustainable engineering, 5(4): 325-337.

GU Q L, GAO T G, 2017. Production disruption management for R/M integrated supply chain using system dynamics methodology [J]. International journal of sustainable engineering, 10(1): 44-57.

GU Q L, JI J H, 2008. An integrated logistics operational model for R/M system base on the consumer market [J]. International journal of logistics systems and management, 4(1): 21-39.

GU Q L, TAGARAS G, 2014. Optimal collection and remanufacturing decisions in reverse supply chains with collector's imperfect sorting [J]. International journal of production research, 52(17): 5155-5170.

HSIAO Y H, CHEN M C, CHIN C L, 2017. Distribution planning for perishable foods in cold chains with quality concerns: Formulation and solution procedure [J]. Trends in food science and technology, 61: 80-93.

HUANG Y T, WANG Z J, 2017. Closed-loop supply chain models with product take-back and hybrid remanufacturing under technology licensing [J]. Journal of cleaner production, 142: 3917-3927.

JAKKHUPAN W, ARCH-INT S, LI Y F, 2011. Business process analysis and simulation for the RFID and EPCglobal Network enabled supply chain: a proof-of-concept approach [J]. Journal of network and computer applications, 34(3): 949-957.

KANNAN V R, TAN K C, 2005. Just in time, total quality management, and supply chain management: understanding their linkages and impact on business performance [J]. Omega, 33(2): 153-162.

KARAKAYALI I, EMIR-FARINAS H, AKCALI E, 2007. An analysis of decentralized collection and processing of end-of-life products [J]. Journal of operations management, 25(6): 1161-1183.

KIRITSIS D, 2011. Closed-loop PLM for intelligent products in the ear of the internet of things [J]. Computer-aided design, 43(5): 479-501.

KO J M, KWAK C, CHO Y, et al., 2011. Adaptive product tracking in RFID-enabled large-scale supply chain [J]. Expert systems with applications, 38(3): 1583-1590.

LU Z Q, NATHALIE B, 2007. A facility location model for logistics including reverse flows: the case of remanufacturing activities [J]. Computers and operations research, 34(2): 299-323.

NG I, SCHARF K, POGREBNA G, et al., 2015. Contextual variety, internet-of-things and the choice of tailoring over platform: mass customization strategy in supply chain management [J]. International journal of production economics, 159(4): 76-87.

ONDEMIR 0, GUPTA S M, 2013. Quality assurance in remanufacturing with sensor embedded products[M]// Quality management in reverse logistics. London: Springer.

ONDEMIR O, GUPTA S M, 2014. Quality management in product recovery using the Internet of Things: an optimization approach [J]. Computers in industry (SI), 65(3): 491-504.

PARRY G C, BRAX S A, MAULL R S, et al., 2016. Operationalising IoT for reverse supply: the development of use-visibility measures [J]. Supply chain management-an international journal, 21(2): 228-244.

QIANG Q, KE K, ANDERSON T, et al., 2013. The closed-loop supply chain network with competition, distribution channel investment, and uncertainties [J]. Omega, 41(2): 186-194.

RONG A, AKKERMAN R, GRUNOW M, 2011. An optimization approach for managing fresh food quality throughout the supply chain [J]. International journal of production economics, 131(1): 421-429.

VERDOUW C N, BEULENS A J M, VAN DER VORST J G A J, 2013. Virtualisation of floricultural supply chains: a review from an internet of things perspective. Computers and electronics in agriculture, 99(6): 160-175.

VERDOUW C N, WOLFERT J, BEULENS A J M, et al., 2016. Virtualization of food supply chains with the internet of things [J]. Journal of food engineering, 176(1): 128-136.

WANG Y J, CHEN W D, LIU B Y, 2017. Manufacturing/remanufacturing decisions for a capital-constrained manufacturer considering carbon emission cap and trade [J]. Journal of cleaner production, 140: 1118-1128.

ZHOU W, PIRAMUTHU S, 2013. Remanufacturing with RFID item-level information: optimization，waste reduction and quality improvement [J]. International journal of production economics, 145(2): 647-657.

附　　录

附录1　3.1节变量、常量和等式

1. 图3.2中变量和常量说明

adjust time：回收库存调整时间。

adjust time of remanufacturable part inventory：可再制造零部件库存调整时间。

adjust time of reusable product inventory：可再使用产品库存调整时间。

adjust time of RMI：可再循环材料库存调整时间。

"adjust time of used-product inventory"：废旧产品库存调整时间。

collection inventory：回收库存，即回收商拥有的回收废旧产品库存。

cover time of collection inventor：回收库存覆盖时间，此处实际为期望回收库存覆盖时间。

cover time of desired recyclable material inventory：期望可再循环材料库存的覆盖时间。

cover time of desired remanufacturable part inventory：期望可再制造零部件库存覆盖时间。

"cover time of desired used-product inventory"：期望废旧产品库存覆盖时间。

cover time of DRPI：期望可再使用产品库存覆盖时间。

desired collection inventory：期望回收库存。

desired recyclable material inventory：期望可再循环材料库存。

desired remanufacturable part inventory：期望可再制造零部件库存。

desired reusable product inventory：期望可再使用产品库存。

"desired used-product inventory"：期望废旧产品库存。

disassembly time：拆解时间。

disassembly rate：拆解速率。

discrepancy of collection inventory：期望回收库存和实际回收库存的差额。

discrepancy of recyclable material inventory：期望可再循环材料库存和实际可再循环材料库存的差额。

discrepancy of remanufacturable part inventory：期望可再制造零部件库存和实际可再制造零部件库存的差额。

discrepancy of reusable product inventory：期望可再使用产品库存和实际可再使用产品库存的差额。

"discrepancy of used-product inventory"：期望废旧产品库存和实际废旧产品库存的差额。

expected purchase rate：期望购买速率。

expected recycled material demand rate：期望循环材料需求速率。

expected remanufactured part demand rate：期望再制造零部件需求速率。

expected reused product demand rate：期望再使用产品需求速率。

"expected used-product demand rate"：期望废旧产品需求速率。

expected collecting rate：期望回收速率。

r：期望拆解的废旧产品的拆解比例，是可控制参数。

N units：单位废旧产品拆解后可获得的可再制造零部件数量，为可控制参数。

M units：单位废旧产品拆解后可获得的可再循环材料总量，为可控制参数。

L units：单位废旧产品拆解后获得的废弃物总量。

material can be recycled：废旧产品拆解后可再循环材料进入可循环材料库存的速率。

process rate：处理速率。

process time：处理时间。

purchase time：购买时间。

parts can be remanufactured：废旧产品拆解后可再制造零部件进入可再制造零部件库存的速率。

purchase rate：拆解中心从回收商购买废旧产品的购买速率。

product can be reused directly：废旧产品检测后可直接再使用产品进入可再使用产品库存的速率。

product can't be reused directly：废旧产品检测后不可直接再使用产品进入等待拆解的废旧产品库存的速率。

reusable product inventory：可再使用产品库存。

remanufacturable part inventory：可再制造零部件库存，隶属于拆解中心。

recyclable material inventory：可再循环材料库存。

recycling time：再循环时间。

remanufacturing time：再制造时间。

reusing percentage：再使用比例。

reusing time：再使用时间。

recycled material demand rate：再循环材料需求速率。

reused product demand rate：再使用产品需求速率。

remanufactured part demand rate：再制造零部件需求速率。

remanent trash：废弃物存放处（库存），隶属于拆解中心。

reused product demand：再使用产品需求量（累积量）。

reusable product should satisfy：可再使用产品应满足量（累积量）。

remanufactured part demand：再制造零部件需求量（累积量）。

remanufacturable part should satisfy：可再制造零部件应满足量（累积量）。

recycled material demand：再循环材料需求量（累积量）。

recyclable material should satisfy：可再循环材料应满足量（累积量）。

remanent trash will be disposed：废弃物进入废弃物存放处的速率。

reusing rate：再使用速率。

remanufacturing rate：再制造速率。

recycling rate：再循环速率。

service level for recycled material：再循环材料服务水平。

service level for remanufactured part：再制造零部件服务水平。

service level for reused product：再使用产品服务水平。

satisfied rate of reused product：再使用产品满足速率，等于再使用速率。

satisfied rate of reusable product：可再使用产品满足速率。

satisfied rate of remanufactured part：再制造零部件满足速率。

satisfied rate of remanufacturable part：可再制造零部件满足速率。

satisfied rate of recycled material：再循环材料满足速率。

satisfied rate of recyclable material：可再循环材料满足速率。

"satisfied rate of used-product"：废旧产品满足速率。

should satisfy rate of reusable product：可再使用产品应满足速率。

should satisfy rate of remanufacturable part：可再制造零部件应满足速率。

should satisfy rate of recyclable material：可再循环材料应满足速率。

"should satisfy rate of used-product"：废旧产品应满足速率。

testing time：检测时间。

"used-Product Inventory"：废旧产品库存，隶属于拆解中心。

"used-Product will be disassembled"：等待拆解的废旧产品库存。

"used-product should satisfy"：应满足的废旧产品量（累积量）。

2. 其他等式

adjust time = 3

adjust time of remanufacturable part inventory = 3

adjust time of reusable product inventory = 3

adjust time of RMI = 3

"adjust time of used-product inventory" = 3

cover time of collection inventory = 2

cover time of desired recyclable material inventory = 1.5

cover time of desired remanufacturable part inventory = 1.5

"cover time of desired used-product inventory" = 2

cover time of DRPI = 1

desired collection inventory = expected purchase rate × cover time of collection inventory

desired recyclable material inventory = expected recycled material demand rate
  × cover time of desired recyclable material inventory

desired remanufacturable part inventory = expected remanufactured part demand rate
  × cover time of desired remanufacturable part inventory

desired reusable product inventory = expected reused product demand rate
  × cover time of DRPI

"desired used-product inventory" = "expected used-product demand rate"
  × "cover time of desired used-product inventory"

disassembly time = 1.5

discrepancy of collection inventory = desired collection inventory − collection inventory

discrepancy of recyclable material inventory = MAX (desired recyclable material inventory
  − recyclable material inventory, 0)

discrepancy of remanufacturable part inventory = MAX (desired remanufacturable part inventory
  − remanufacturable part inventory, 0)

discrepancy of reusable product inventory = MAX (desired reusable product inventory
  − reusable product inventory, 0)

"discrepancy of used-product inventory" = MAX ("desired used-product inventory"
  − "used-product inventory", 0)

expected purchase rate = DELAY FIXED (purchase rate, 1 , purchase rate)

expected recycled material demand rate = DELAY FIXED (recycled material demand rate, 1 , recycled material demand rate)

expected remanufactured part demand rate = DELAY FIXED (remanufactured part demand rate, 1 , remanufactured part demand rate)

expected reused product demand rate = DELAY FIXED (reused product demand rate, 1 , reused product demand rate)

"expected used-product demand rate" = DELAY FIXED (MAX (expected remanufactured part demand rate / N units , expected recycled material demand rate / M units) + expected reused product demand rate, 1 , MAX (expected remanufactured part demand rate / N units , expected recycled material demand rate / M units) + expected reused product demand rate)

L units = 3

process rate = remanent trash / process time

process time = 1

purchase time = 2

recycled material demand = INTEG (recycled material demand rate

－ satisfied rate of recycled material, 0)

recycled material demand rate = 1000

recycling time = 1

Remanent Trash = INTEG (remanent trash will be disposed － process rate, 0)

remanent trash will be disposed = disassembly rate × L units

remanufactured part demand = INTEG (remanufactured part demand rate

－ satisfied rate of remanufactured part, 0)

remanufactured part demand rate = 300

remanufacturing time = 2

reusable product should satisfy = INTEG (should satisfy rate of reusable product

－ satisfied rate of reusable product, 0)

reused product demand = INTEG (reused product demand rate

－ satisfied rate of reused product, 0)

reused product demand rate = 50

reusing percentage = 0.4

reusing time = 1

satisfied rate of recyclable material = material can be recycled

satisfied rate of recycled material = recycling rate

satisfied rate of remanufacturable part = parts can be remanufactured

satisfied rate of remanufactured part = remanufacturing rate

satisfied rate of reusable product = product can be reused directly

satisfied rate of reused product = reusing rate

"satisfied rate of used-product" = purchase rate

should satisfy rate of recyclable material = expected recycled material demand rate

+ discrepancy of recyclable material

inventory / adjust time of RMI

should satisfy rate of remanufacturable part = expected remanufactured part demand

rate + discrepancy of remanufacturable

part inventory / adjust time of

remanufacturable part inventory

should satisfy rate of reusable product = expected reused product demand rate

+ discrepancy of reusable product inventory

/ adjust time of reusable product inventory

"should satisfy rate of used-product" = "expected used-product demand rate"

+ "discrepancy of used-product inventory" /

"adjust time of used-product inventory"

testing time = 1

"used-product should satisfy" = INTEG ("should satisfy rate of used-product"

− "satisfied rate of used-product", 0)

附录2　3.2 节变量、常量和等式

1. 变量和常量说明（Gu et al.，2012a）

1）积分量（存量）

raw materials supplier's inventory：原材料供应商的库存，这些材料将销售给零部件生产商。（单位：kg）

parts producer's inventory：零部件供应商的库存，这些零部件将销售给制造商。（单位：个）

manufacturer's inventory：制造商的库存，这些产品销售给批发商。（单位：件）

wholesaler's inventory：批发商的库存，这些产品来自制造商并被销售给零售商。（单位：件）

retailer's inventory：零售商的库存，这些产品来自批发商，并销往最终用户。（单位：件）

used-product amount：废旧产品潜在市场，这些废旧产品将被回收商回收。（单位：件）

collection inventory：回收商的已回收的废旧产品库存，这些废旧产品将被出售给拆解中心。（单位：件）

used-product inventory：拆解中心的废旧产品库存，这些废旧产品来自于回收商，并将被测试，然后直接再使用或拆解。（单位：件）

reusable product inventory：拆解中心的可再使用产品库存，这些产品测试后直接再使用（销售到二手市场等）。（单位：件）

used-product will be disassembled：拆解中心的不能被直接再使用的废旧产品临时库存，这些废旧产品将被拆解。（单位：件）

remanufacturable part inventory：拆解中心的可再制造零部件库存，拆解废旧产品后得到的可再制造零部件库存，这些零部件经再制造后将被销往制造商。（单位：个）

recyclable material inventory：从拆解废旧产品中得到的可再循环材料库存，这些材料经再循环处理后将销售给零部件生产商。（单位：kg）

remanent trash：拆解废旧产品时的废弃物堆积量（临时库存）。（单位：kg）

wholesaler's orders backlog：批发商未被满足的订单量，在后续周期中当制造商有库存时将被满足。（单位：件）

retailer's orders backlog：零售商未被满足的订单量，在后续周期中当批发商有库存

时将被满足。（单位：件）

demand backlog：未满足的市场需求，在后续周期中当零售商有库存时将被满足。（单位：件）

reused product demand：未满足的再使用产品的需求，在后续周期中将被满足。（单位：件）

reusable product should satisfy：未满足的可再使用产品的需求，在后续周期中将被满足。（单位：件）

used-product should satisfy：未满足的废旧产品的需求，在后续周期中将被满足。（单位：件）

2）速率量（流量）

coming rate of raw material：原材料到达原材料供应商的速率。（单位：kg/周）

purchase rate of new material：新原材料到达零部件生产商的速率。（单位：kg/周）

part production rate：零部件生产速率。（单位：个/周）

purchase rate of new part：新零部件到达制造商的速率。（单位：个/周）

production rate：产品生产速率。（单位：件/周）

shipment to wholesaler：从制造商到批发商的运输速率。（单位：件/周）

shipment to retailer：从批发商到零售商的运输速率。（单位：件/周）

sales：产品销售给用户的销售速率。（单位：件/周）

coming rate1：废旧产品进入废旧产品市场的速率。（单位：件/周）

outing rate：废旧产品被收集离开废旧产品市场的速率。（单位：件/周）

expected collecting rate：回收商回收废旧产品的速率。（单位：件/周）

purchase rate：拆解中心从回收商购买废旧产品的速率。（单位：件/周）

product can be reused directly：检测后可直接再使用的废旧产品进入可再使用产品库存的速率。（单位：件/周）

reusing rate：再使用产品进入消费市场的速率。（单位：件/周）

product can't be reused directly：检测后不能被直接再使用的废旧产品进入将被拆解的废旧产品临时库存的速率，这些产品将被拆解。（单位：件/周）

disassembly rate：不能被直接再使用的废旧产品的拆解速率。（单位：件/周）

parts can be remanufactured：拆解后可再制造的零部件进入可再制造零部件库存的速率。（单位：个/周）

remanufacturing rate：再制造速率，即再制造零部件送达制造商的速率。（单位：个/周）

material can be recycled：拆解后可再循环材料进入可再循环材料库存的速率。（单位：kg/周）

recycling rate：再循环速率，即再循环材料到达零部件生产商的速率。（单位：kg/周）

remanent trash will be disposed：拆解后废弃物进入废弃物临时库存的速率。（单位：kg/周）

process rate：废弃处理速率，废弃物送达填埋中心的速率。（单位：kg/周）

wholesaler's orders：批发商提供给制造商的订单。（单位：件/周）

wholesaler's orders reduction rate：批发商订单被制造商满足的速率。（单位：件/周）

retailer's orders：零售商提供给批发商的订单。（单位：件/周）

retailer's orders reduction rate：零售商订单被批发商满足的速率。（单位：件/周）

demand：零售商应该满足的消费者对产品的需求率。（单位：件/周）

demand backlog reduction rate：零售商对市场需求的满足率。（单位：件/周）

reused product demand rate：消费者对再使用产品的需求率。（单位：件/周）

satisfied rate of reused product：再使用产品市场需求的被满足率。（单位：件/周）

should satisfy rate of reusable product：消费者对可再使用产品需求应被满足的速率。（单位：件/周）

satisfied rate of reusable product：可再使用产品被满足的速率。（单位：件/周）

should satisfy rate of used-product：拆解中心对废旧产品的需求率。（单位：件/周）

satisfied rate of used-product：废旧产品需求被满足的速率。（单位：件/周）

3）中间变量（辅助量）

adjust time of collection inventory：回收商库存的调整时间。（单位：周）

adjust time of manufacturer's inventory：制造商库存的调整时间。（单位：周）

adjust time of producer's inventory：零部件生产商库存的调整时间。（单位：周）

adjust time of retailer's inventory：零售商库存的调整时间。（单位：周）

adjust time of reusable product inventory：可再使用产品库存的调整时间。（单位：周）

adjust time of RMSI：原材料供应商库存（raw material supplier's inventory）的调整时间。（单位：周）

adjust time of used-product inventory：拆解中心废旧产品库存的调整时间。（单位：周）

adjust time of wholesaler's inventory：批发商库存的调整时间。（单位：周）

collection time：回收需要的时间。（单位：周）

cover time of DCI：回收商期望回收库存（desired collection inventory）的覆盖时间。（单位：周）

cover time of DRPI：拆解中心期望可再使用产品库存（desired reusable product inventory）的覆盖时间。（单位：周）

cover time of DUPI：拆解中心期望废旧产品库存（desired used-product inventory）的覆盖时间。（单位：周）

cover time of manufacturer's inventory：制造商库存的覆盖时间。（单位：周）

cover time of PPI：零部件生产商期望库存（desired part producer inventory）的覆盖时间。（单位：周）

cover time of retailer's inventory：零售商期望库存的覆盖时间。（单位：周）

cover time of RMSI：期望原材料库存的覆盖时间。（单位：周）

cover time of wholesaler's inventory：批发商库存的覆盖时间。（单位：周）

delivery time：产品从零售商到消费者的运输时间。（单位：周）

demand time：用来计算消费者需求的时间段。（单位：周）

desired collection inventory：回收商的期望回收库存。（单位：件）

desired manufacturer's inventory：制造商的期望库存。（单位：件）

desired part producer's inventory：零部件生产商的期望库存。（单位：个）

desired raw material inventory：期望原材料库存。（单位：kg）

desired retailer's inventory：零售商期望库存。（单位：件）

desired reusable product inventory：可再使用产品期望库存。（单位：件）

desired used-product inventory：拆解中心的期望废旧产品库存。（单位：件）

desired wholesaler's inventory：批发商的期望库存。（单位：件）

disassembly time：拆解不能被直接再使用的废旧产品的时间。（单位：周）

discrepancy of collection inventory：期望回收库存和实际回收库存之间的差额。（单位：件）

discrepancy of manufacturer's inventory：制造商期望库存和实际库存之间的差额。（单位：件）

discrepancy of producer's inventory：零部件生产商期望库存和实际库存之间的差额。（单位：个）

discrepancy of raw material inventory：期望原材料库存和实际库存之间的差额。（单位：kg）

discrepancy of retailer's inventory：零售商期望库存和实际库存之间的差额。（单位：件）

discrepancy of reusable product inventory：可再使用产品期望库存和实际库存之间的差额。（单位：件）

discrepancy of used-product inventory：拆解中心废旧产品期望库存和实际库存之间的差额。（单位：件）

discrepancy of wholesaler's inventory：批发商期望库存和实际库存之间的差额。（单位：件）

expected demand：零售商对市场需求率的预测。（单位：件/周）

expected purchase rate：回收商对废旧产品购买率的预测。（单位：件/周）

expected purchase rate of new material：原材料供应商对新材料购买率的预测。（单位：kg/周）

expected purchase rate of the new part：零部件生产商对新零部件购买率的预测。（单位：个/周）

expected retailer's orders：批发商对零售商订单的预测。（单位：件/周）

expected reused product demand rate：可再使用产品需求率的预测。（单位：件/周）

expected used-product demand rate：废旧产品需求率的预测。（单位：件/周）

expected wholesaler's orders：制造商对批发商订单的预测。（单位：件/周）

potential demand market：市场需求潜在总量。（单位：件）

process time：废弃物的处理时间。（单位：周）

production time：产品（新产品/再制造产品）生产时间。（单位：周）

production time of new part：新零部件生产时间。（单位：周）

purchase time：从回收商购买废旧产品的时间。（单位：周）

purchase time of new material：从原材料供应商购买新原料的时间。（单位：周）

purchase time of new part：从零部件生产商购买新零部件的时间。（单位：周）

recycling time：可循环材料再循环处理的时间。（单位：周）

remanufacturing time：可再制造零部件再制造的时间。（单位：周）

reusing time：可再使用产品简单处理再使用的时间。（单位：周）

shipment time to retailer：产品从批发商到零售商的运输时间。（单位：周）

shipment time to wholesaler：产品从制造商到批发商的运输时间。（单位：周）

testing time：废旧产品测试时间。（单位：周）

total amount of the material：零部件生产商对原料的需求总量。（单位：kg）

total amount of the part：制造商对零部件的需求总量。（单位：个）

4）常量

r：再制造率和再制造开始周期。（单位：无）

M units(average)：拆解一件废旧产品获得的可循环材料的量。（单位：kg/件）

M_0 units：生产一个新零部件需要的原材料的量。（单位：kg/个）

N units(average)：拆解一件废旧产品获得的可再制造零部件的数量。（单位：个/件）

N_0 units：生产一件新产品需要的零部件的数量。（单位：个/件）

L units：拆解一件废旧产品产生的废弃物的量。（单位：kg/件）

reusing percentage：废旧产品可再使用的比率。（单位：无）

2. 其他等式（Gu et al.，2012a）

adjust time of collection inventory = 3

adjust time of manufacturer's inventory = 3

adjust time of producer's inventory = 3

adjust time of retailer's inventory = 3

adjust time of reusable product inventory = 1

adjust time of RMSI = 3

"adjust time of used-product inventory" = 3

adjust time of wholesaler's inventory = 3

collection inventory = INTEG (expected collecting rate-purchase rate, 0)

collection time = 2

coming rate of raw material = expected purchase rate of new material + discrepancy of raw material inventory / adjust time of RMSI

coming rate1 = DELAY FIXED(sales + reusing rate, 7 , sales + reusing rate) cover time of DCI = 2

cover time of DRPI = 1

cover time of DUPI = 1.5

cover time of manufacturer's inventory = 2

cover time of PPI = 2

cover time of retailer's inventory = 1.5

cover time of RMSI = 1.5

cover time of wholesaler's inventory = 1

delivery time = 1

demand = potential demand market/demand time

demand backlog = INTEG (demand-demand backlog reduction rate, 0)

demand backlog reduction rate = sales

demand time = 1

desired collection inventory = expected purchase rate × cover time of DCI

desired manufacturer's inventory = expected wholesaler's orders × cover time of
manufacturer's inventory

desired part producer's inventory = expected purchase rate of the new part
× cover time of PPI

desired raw material inventory = expected purchase rate of new material
× cover time of RMSI

desired retailer's inventory = expected demand × cover time of retailer's inventory

desired reusable product inventory = expected reused product demand rate
× cover time of DRPI

"desired used-product inventory" = "expected used-product demand rate"
× cover time of DUPI

desired wholesaler's inventory = expected retailer's orders × cover time of wholesaler's
inventory

disassembly rate = MIN("used-product will be disassembled", total amount of the part
× r / "N units(average) ") / disassembly time

disassembly time = 1.5

discrepancy of collection inventory = desired collection inventory − collection inventory

discrepancy of manufacturer's inventory = MAX(desired manufacturer's inventory
− manufacturer's inventory, 0)

discrepancy of producer's inventory = MAX(desired part producer's inventory
− parts producer's inventory, 0)

discrepancy of raw material inventory = desired raw material inventory
− raw materials supplier's inventory

discrepancy of retailer's inventory = MAX(desired retailer's inventory
$-$ retailer's inventory, 0)

discrepancy of reusable product inventory = MAX(desired reusable product inventory
$-$ reusable product inventory, 0)

"discrepancy of used-product inventory" = MAX("desired used-product inventory"
$-$ "used-product inventory", 0)

discrepancy of wholesaler's inventory = MAX(desired wholesaler's inventory
$-$ wholesaler's inventory, 0)

expected collecting rate = MIN(expected purchase rate + discrepancy of collection
inventory/adjust time of collection inventory, "used-product
amount"/collection time)

expected demand = DELAY FIXED(demand, 1, demand)

expected purchase rate = DELAY FIXED(purchase rate, 1, purchase rate)

expected purchase rate of new material = DELAY FIXED(purchase rate of new material,
1, purchase rate of new material)

expected purchase rate of the new part = DELAY FIXED(purchase rate of new part, 1,
purchase rate of new part)

expected retailer's orders = DELAY FIXED(retailer's orders, 1, retailer's orders)

expected reused product demand rate = DELAY FIXED(reused product demand rate, 1,
reused product demand rate)

"expected used-product demand rate" = DELAY FIXED (remanufacturing rate/"N
units(average) " + reusing rate, 1,
remanufacturing rate/"N units(average) "
+ reusing rate)

expected wholesaler's orders = DELAY FIXED(wholesaler's orders, 1, wholesaler's orders)

L units = 3

"M units(average) " = 40

M_0 units = 12

manufacturer's inventory = INTEG (production rate-shipment to wholesaler, 0)

material can be recycled = disassembly rate $\times$ "M units(average) "

"N units(average) " = 3

N_0 units = 3

outing rate = expected collecting rate

part production rate = expected purchase rate of the new part + discrepancy of producer's
inventory/adjust time of producer's inventory

parts can be remanufactured = disassembly rate $\times$ "N units(average) "

parts producer's inventory = INTEG (part production rate-purchase rate of new part, 1000) potential demand market = 10000

process rate = remanent trash/process time

process time = 1

product can be reused directly = MIN(reusable product should satisfy, "used-product
       inventory" × reusing percentage)/testing time

product can't be reused directly = "used-product inventory" × (1 − reusing percentage)
       /testing time

production rate = expected wholesaler's orders + discrepancy of manufacturer's inventory
      /adjust time of manufacturer's inventory

production time = 2

production time of new part = 1.5

purchase rate = "used-product should satisfy"/purchase time

purchase rate of new material = (total amount of the material − recycling rate
       × recycling time)/purchase time of new material

purchase rate of new part = (total amount of the part − remanufacturing rate
       ×remanufacturing time)/purchase time of new part

purchase time = 2

purchase time of new material = 1.5

purchase time of new part = 2

raw materials supplier's inventory = INTEG (coming rate of raw material
       − purchase rate of new material, 100000)

recyclable material inventory = INTEG (material can be recycled − recycling rate, 0)

recycling rate = MIN(recyclable material inventory, total amount of the material)
      /recycling time

recycling time = 1

remanent trash = INTEG (remanent trash will be disposed − process rate, 0)

remanent trash will be disposed = disassembly rate × L units

remanufacturable part inventory = INTEG (parts can be remanufactured
       − remanufacturing rate, 0)

remanufacturing rate = MAX(remanufacturable part inventory, total amount of the part
      × r)/remanufacturing time

remanufacturing time = 2

retailer's inventory = INTEG (shipment to retailer − sales, 0)

retailer's orders = expected demand + discrepancy of retailer's inventory/adjust time of
      retailer's inventory

retailer's orders backlog = INTEG (retailer's orders − retailer's orders reduction rate, 0)

retailer's orders reduction rate = shipment to retailer

reusable product inventory = INTEG (product can be reused directly – reusing rate, 0)

reusable product should satisfy = INTEG (should satisfy rate of reusable product
– satisfied rate of reusable product, 0)

reused product demand = INTEG (reused product demand rate – satisfied rate of reused
product, 0)

reused product demand rate = 20

reusing percentage = 0.2

reusing rate = MIN(reused product demand, reusable product inventory)/reusing time

reusing time = 2

sales = MIN(retailer's inventory, demand backlog)/delivery time

satisfied rate of reusable product = product can be reused directly

satisfied rate of reused product = reusing rate

"satisfied rate of used-product" = purchase rate

shipment time to retailer = 1.5

shipment time to wholesaler = 1

shipment to retailer = MIN(wholesaler's inventory, retailer's orders backlog)
/shipment time to retailer

shipment to wholesaler = MIN(manufacturer's inventory, wholesaler's orders backlog)
/shipment time to wholesaler

should satisfy rate of reusable product = expected reused product demand rate
+ discrepancy of reusable product inventory
/adjust time of reusable product inventory

"should satisfy rate of used-product" = "expected used-product demand rate"
+ "discrepancy of used-product inventory"
/"adjust time of used-product inventory"

testing time = 1

total amount of the material = part production rate × production time of new part × M_0 units

total amount of the part = production rate × production time × N_0 units

"used-product amount" = INTEG (coming rate1 – outing rate, 0)

"used-product inventory" = INTEG (purchase rate – product can be reused directly
– product can't be reused directly, 0)

"used-product should satisfy" = INTEG ("should satisfy rate of used – product"
– "satisfied rate of used-product", 0)

"used-product will be disassembled" = INTEG ((product can't be reused directly
– disassembly rate) × 1, 0)

wholesaler's inventory = INTEG (shipment to wholesaler – shipment to retailer, 0)

wholesaler's orders = expected retailer's orders + discrepancy of wholesaler's inventory/adjust time of wholesaler's inventory

wholesaler's orders backlog = INTEG (wholesaler's orders － wholesaler's orders reduction rate, 0)

wholesaler's orders reduction rate = shipment to wholesaler

附录 3　第 7 章变量、常量和等式

1. 其他等式

$I_{\text{nrpdi}} = \text{INTEG}(R_{\text{"nrp"}} - R_{\text{treat}}, 0)$

$I_{\text{ri}} = \text{INTEG}(R_{\text{pur}} - R_{\text{dis}}, 0)$

$R_{\text{"rp"s}} = R_{\text{pur}}$

$R_{\text{"rp"ss}} = \text{MAX}(R_{\text{enrrp}} + D_{\text{ri}} / T_{\text{ri}}, 0)$

$A_{\text{"rp"ss}} = \text{INTEG}(R_{\text{"rp"ss}} - R_{\text{"rp"s}}, 0)$

$A_{\text{rpss}} = \text{INTEG}(R_{\text{need}} - R_{\text{sat}}, 0)$

$A_{\text{upm}} = \text{INTEG}(R_{\text{crup}} - R_{\text{ecr}}, 0)$

$I_{\text{ci}} = \text{INTEG}(R_{\text{col}} - R_{\text{ins}}, 0)$

$R_{\text{col}} = R_{\text{ecr}}$

$R_{\text{crup}} = \text{DELAY3}I(A_{\text{snp}}, T_{\text{uspe}}, A_{\text{snp}})$

$D_{\text{ci}} = A_{\text{eci}} - I_{\text{ci}}$

$D_{\text{ri}} = A_{\text{eri}} - I_{\text{ri}}$

$A_{\text{eci}} = R_{\text{epur}} \times T_{\text{cci}}$

$R_{\text{ecr}} = \text{IF THEN ELSE}(A_{\text{upm}} > 0, \text{MIN}(A_{\text{upm}} / T_{\text{col}}, \text{MAX}(R_{\text{epur}} + D_{\text{ci}} / T_{\text{ci}}, 0)), 0)$

$R_{\text{enrrp}} = \text{SMOOTHI}(R_{\text{need}} \times L, T_{\text{sm2}}, R_{\text{need}} \times L)$

$R_{\text{epur}} = \text{SMOOTHI}(R_{\text{"rp"ss}}, T_{\text{sm1}}, R_{\text{"rp"ss}})$

$A_{\text{eri}} = R_{\text{enrrp}} T_{\text{cri}}$

$R_{\text{need}} = \text{RANDOM NORMAL}(\text{Min}V, \text{Max}V, \text{mean}V, \text{standard}D, \text{seed}V)$

$I_{\text{updi}} = \text{INTEG}(R_{\text{nrp}} - R_{\text{retr}}, 0)$

$R_{\text{rpar}} = R_{\text{rempart}} M$

$I_{\text{rpi}} = \text{INTEG}(R_{\text{remp}} - R_{\text{rempart}}, 0)$

$I_{\text{rpdi}} = \text{INTEG}(R_{\text{rpar}} - R_{\text{sal}}, 0)$

$R_{\text{retr}} = I_{\text{updi}} / T_{\text{retr}}$

$R_{\text{sat}} = R_{\text{sal}}$

$$R_{\text{treat}} = I_{\text{nrpdi}} / T_{\text{treat}}$$

2. 式（7.1）~式（7.13）和附录 3 的 "1. 其他等式" 涉及的符号、参数和变量

等式	符号	参数和变量	解释
式（7.1）和式（7.2）	T	\<time\> (a shadow variable of Vensim 5.10)	\<time\>（Vensim 5.10 中的影子变量）
式（7.3）	C_{ins}	inspection cost	检测成本
式（7.4）	$R_{\text{nrp"}}$	"non-remanufacturable product" rate	"不可再制造产品" 速率
	R_{ins}	inspection rate	检测速率
式（7.5）	R_{nrp}	non-remanufacturable product rate	不可再制造产品速率
	R_{dis}	disassembly rate	拆解速率
式（7.6）	R_{pur}	purchasing rate	购买速率
	T_{ins}	inspection time	检测时间
	T_{pur}	purchasing time	购买时间
式（7.7）	R_{remp}	remanufacturable part	可再制造零部件速率
	N	N units	N 个单位
式（7.8）	I_{ci}	collection inventory (CI)	回收库存（CI）
	$A_{\text{rp"ss}}$	amount of "remanufacturable product" should satisfy	"可再制造产品" 应满足的数量
式（7.9）	I_{ri}	"remanufacturable product" inventory (RI)	"可再制造产品" 库存（RI）
	T_{dis}	disassembly time	拆解时间
式（7.10）	R_{rempart}	part remanufacturing rate	零部件再制造速率
	I_{rpi}	remanufacturable part inventory (RPI)	可再制造零部件库存（RPI）
	T_{rem}	remanufacturing time	再制造时间
式（7.11）	R_{sal}	sale rate	销售速率
	I_{rpdi}	remanufactured product inventory (RPdI)	再制造产品库存（RPdI）
	A_{rpss}	amount of remanufactured product should satisfy	再制造产品应满足的数量
	T_{sal}	sale time	销售时间
式（7.12）	Π_{r}	profit of remanufacturer	再制造商利润
	P_{sprp}	sell price of remanufactured product	再制造产品销售价格
	E_{retr}	retreating revenue	再处理收益
	R_{retr}	retreating rate	再处理速率
	T_{retr}	retreating time	再处理时间
	P_{pur}	purchasing price	购买价格
	H_{ri}	holding cost of RI	RI 持有成本
	I_{updi}	non-remanufacturable product inventory (UPdI)	不可再制造产品库存（UPdI）
	H_{updi}	holding cost of UPdI	UPdI 持有成本
	H_{rpi}	holding cost of RPI	RPI 持有成本
	H_{rpdi}	holding cost of RPdI	RPdI 持有成本
	C_{dis}	disassembly cost	拆解成本
	C_{rem}	remanufacturing cost	再制造成本

等式	符号	参数和变量	解释
式（7.13）	$\varPi_c$	profit of collector	回收商利润
	E_{treat}	treating revenue	处理收益
	R_{treat}	treating rate	处理速率
	T_{treat}	treating time	处理时间
	R_{col}	collection rate	回收速率
	T_{col}	collecting time	回收时间
	C_{col}	collecting cost	回收成本
	H_{ci}	holding cost of CI	CI 持有成本
	I_{nrpdi}	"non-remanufacturable product" inventory (NRPdI)	"不可再制造产品" 库存（NRPdI）
	H_{nrpdi}	holding cost of NRPdI	NRPdI 持有成本
	C_{trans}	transportation cost	运输成本
附录 3 的 "1. 其他等式" 中的等式	$R_{"rp"s}$	"remanufacturable product" satisfied rate	"可再制造产品" 满足速率
	$R_{"rp"ss}$	"remanufacturable product" should satisfy rate	"可再制造产品" 应满足速率
	R_{enrrp}	expected need rate of remanufactured product	再制造产品期望需求速率
	D_{ri}	discrepancy of RI	RI 的差额
	T_{ri}	adjust time of RI	RI 的调整时间
	R_{need}	need rate	需求速率
	R_{sat}	satisfy rate	满足速率
	A_{upm}	amount of used-product market	废旧产品市场拥有量
	R_{crup}	coming rate of used-product	废旧产品形成速率
	R_{ecr}	expected collecting rate	期望回收速率
	A_{snp}	sold new products	已销售的新产品数量
	T_{uspe}	using period	使用周期
	D_{ci}	discrepancy of CI	CI 的差额
	A_{eci}	expected CI	期望 CI
	A_{eri}	expected RI	期望 RI
	R_{epur}	expected purchase rate	期望购买速率
	T_{cci}	cover time of CI	CI 覆盖时间
	T_{ci}	adjust time of CI	CI 调整时间
	L	L units	L 个单位
	T_{sm2}	smooth time 2	平滑时间 2
	T_{sm1}	smooth time 1	平滑时间 1
	T_{cri}	cover time of RI	RI 覆盖时间
	R_{rpar}	remanufactured product assembly rate	再制造产品装配速率
	M	M units	M 个单位